中青年经济学家文库

哈尔滨商业大学博士科研启动金项目《地理标志农产品质量安全协同治理机制研究》
2017BS005

地理标志农产品质量安全协同治理机制研究

陈彦丽 赵 慧/著

中国财经出版传媒集团
经济科学出版社
Economic Science Press

图书在版编目（CIP）数据

地理标志农产品质量安全协同治理机制研究/陈彦丽，赵慧著．—北京：经济科学出版社，2021.5
（中青年经济学家文库）
ISBN 978 – 7 – 5218 – 2560 – 2

Ⅰ.①地… Ⅱ.①陈…②赵… Ⅲ.①农产品 – 质量管理 – 安全管理 – 研究 – 中国 Ⅳ.①F326.5

中国版本图书馆 CIP 数据核字（2021）第 089374 号

责任编辑：李 雪 袁 溦
责任校对：郑淑艳
责任印制：王世伟

地理标志农产品质量安全协同治理机制研究
陈彦丽 赵 慧/著
经济科学出版社出版、发行 新华书店经销
社址：北京市海淀区阜成路甲 28 号 邮编：100142
总编部电话：010 – 88191217 发行部电话：010 – 88191522
网址：www.esp.com.cn
电子邮箱：esp@esp.com.cn
天猫网店：经济科学出版社旗舰店
网址：http://jjkxcbs.tmall.com
北京季蜂印刷有限公司印装
710×1000 16 开 15.25 印张 210000 字
2021 年 5 月第 1 版 2021 年 5 月第 1 次印刷
ISBN 978 – 7 – 5218 – 2560 – 2 定价：66.00 元
（图书出现印装问题，本社负责调换。电话：010 – 88191510）
（版权所有 侵权必究 打击盗版 举报热线：010 – 88191661
QQ：2242791300 营销中心电话：010 – 88191537
电子邮箱：dbts@esp.com.cn）

前　言

"国以民为本，民以食为天，食以安为先。"自古以来，健康就是人类不懈追求的永恒话题，而食品安全则是健康的保障和依托，食品安全问题是人们关注的热点内容。随着居民生活水平的提高，城乡居民食品消费结构正在转型，对高层次、优质食品的需求不断加大。作为特殊区域品牌的地理标志农产品，具有高品质和声誉特征，是农产品质量和信誉的有力保证。消费者可以凭借购买地理标志农产品，将其与普通农产品进行分辨，减少选择成本，降低认知风险，提升选择效率。根据第四次全国地理标志调研报告显示，截止到2020年10月10日，全国地理标志数量有8563个，地理标志农产品在人们生产生活中起着举足轻重的作用。然而，当前我国地理标志农产品存在较严重的质量安全问题，"冒牌""造假""违法添加"等现象较多，限制了地理标志农产品进一步发展，同时也造成了社会不公平，加大了社会交易成本。地理标志农产品质量安全如果不能保障，常常会扩散成为整个社会的焦点，将会引发"多米诺骨牌"式的信任危机。因此，推动地理标志农产品发展，提升农产品内在品质势在必行。

我国当前地理标志农产品质量安全治理依然是政府单一监管体制。食品质量安全监管体制的多次变革似乎只限于顶层设计层面，地方政府监管体制并未有实质变化。虽然《食品安全法》规定所有社会组织以及个人都可对食品安全进行治理，但实际上除政府以外的其他主体都不具备威慑力，也缺少参与的热情。基于单一政府的局限性，我国提出了协同治理理念。在不断完善监管制度的基础上，我国将出现多元主体协同治理的新局面。然而，如何提高多元主体对地理标志农产品质量安全治理的参与程度、如何有效发挥多元主体在治理中的作用、如何设计多元主体之间的合作机制是当前亟待解决的问题。

本书探讨地理标志农产品质量安全治理的内在协同机制，完善我国的地理标志农产品质量安全治理体系。运用协同学原理，分析地理标志农产品质量安全治理的内在协同运作机制，为多元主体参与地理标志农产品质量安全治理提供理论依据和实现途径。以期构建地理标志农产品质量安全治理新格局，从根本上解决地理标志农产品质量安全问题，进一步提升我国地理标志农产品的品牌价值，促进经济的发展。运用协同治理理论分析了地理标志农产品质量安全治理的协同机制，设计了包括主体协同、利益协同、机制协同、信息协同的地理标志农产品质量安全协同治理体系，完善了地理标志农产品质量安全协同治理理论体系。分析了地理标志农产品质量安全治理协同机制的运作机理，对激励机制、约束机制和减熵机制进行了应然标准与实然状态的比较分析，并据以提出了建立地理标志农产品质量安全治理协同机制的政策建议，丰富了治理理论的应用领域。在当前，我国地理标志农产品质量安全问题凸显的背景下，本书设计了多元参与主体与地理标志农产品质量安全协同治理的有效方式与路径。对于人们唤起共同关注地理标志农产品的保护、促使地理标志农产品质量安全协同治理在全社会范围内的广泛协同、解决地理标志农产品质量安全协同治理问题、保护消费者权益、提高品牌价值、促进区域经济发展、推动国家经济发展都有重要意义。

本书只是确立了一个研究框架，对于地理标志农产品质量安全治理还需要更细致、更深入的探索，受作者学识和时间的限制，书中难免有疏漏和不当之处，恳请读者批评指正。

陈彦丽　赵　慧
2021 年 5 月

目 录

第1章 绪论 1
  1.1 研究背景 1
  1.2 研究的目的与意义 4
  1.3 国内外研究现状 6
  1.4 研究内容 21
  1.5 研究方法 22

第2章 概念界定与基础理论 24
  2.1 概念界定 24
  2.2 基础理论 37
  2.3 地理标志农产品质量安全与品牌价值 44

第3章 地理标志农产品发展现状及规制困境 55
  3.1 地理标志农产品发展概况 55
  3.2 地理标志农产品发展的制约因素——食品质量安全 66
  3.3 地理标志农产品质量安全规制制度 68
  3.4 地理标志农产品质量安全的规制困境 75

第4章 地理标志农产品质量安全治理的内涵及协同机制的构成 80
  4.1 地理标志农产品质量安全治理的内涵 80

4.2 地理标志农产品协同机制存在的必要性 ………………… 83
4.3 地理标志农产品治理协同机制的形成机理 ……………… 84
4.4 地理标志农产品治理协同机制的构成 …………………… 91

第5章 地理标志农产品质量安全治理协同机制的效应分析 ……… 100
5.1 地理标志农产品治理激励机制分析——利益机制 ……… 100
5.2 地理标志农产品治理约束机制分析——法律制度 ……… 131
5.3 地理标志农产品治理减熵机制分析——信息系统 ……… 140

第6章 地理标志农产品质量安全治理协同度评价
　　　　——基于黑龙江省28个市县的调查数据 …………… 154
6.1 黑龙江省地理标志农产品发展现状 ……………………… 155
6.2 评价指标的选择 …………………………………………… 163
6.3 指标基础数据的获得 ……………………………………… 168
6.4 SPSS 计算过程 …………………………………………… 170
6.5 研究结论 …………………………………………………… 176

第7章 建立地理标志农产品质量安全治理协同机制的对策 …… 177
7.1 构建多元治理格局——实现主体协同 …………………… 177
7.2 建立科学合理的利益机制——实现利益协同 …………… 184
7.3 完善法律制度——实现体制协同 ………………………… 187
7.4 建立畅通的信息系统——实现信息协同 ………………… 191

结论 ……………………………………………………………………… 196

附录Ⅰ 地理标志农产品质量安全治理现状调查问卷 ……………… 198

附录Ⅱ 2020年全国农产品地理标志登记汇总表 …………………… 202

参考文献 ………………………………………………………………… 227

第1章

绪　　论

1.1 研究背景

农产品作为居民日常生活中的基本食物来源，直接关系到人民的身体健康，其质量安全问题受到广大群众的密切关注。加入世界贸易组织以后，国际交流日渐增强，农产品作为世界贸易的重要组成部分，在国与国之间得到了大力发展，流通与周转变得更为频繁。农产品贸易开始面临着复杂多变的国际竞争环境。作为农产品的出口贸易大国，我国政府对农产品贸易的发展非常重视，先后出台了一系列的出口惠农政策。但是，随着农产品贸易竞争从价格竞争向质量品牌竞争与服务竞争的转变，绿色壁垒也逐渐成为新的贸易保护手段，大多数发达国家更多的用生态环境、知识产权、动物福利、质量标准及社会责任等形式来保护本国农业，制定数量众多的检验要求、设置技术性贸易壁垒，从而限制我国农产品的出口。发达国家日趋严格的食品卫生标准和技术壁垒的阻碍作用，极大削弱了我国农产品的比较优势[①]。这迫切要求我国对农产品的品质、结构进一步优化。因此，推动地理标志农产品发展，提升农产品内在品质势在必行。

---

① 李江鹏. 农产品地理标志品牌建设及经济效益研究［D］. 兰州：兰州大学，2019.

从短期来看，在农产品市场上对于产品的甄别选择采用价格机制就可以解决。但从长期角度来说，建立良好的声誉机制才是科学合理的破解之道，才能促进农产品质量安全，推动产品保值增值。现代社会中常常以生人交易为主，双方处于信息不对称的环境之中，声誉作为过去行为的一个印记，为交易者提供了重要的决策信息，成为重要的信息来源之一，决定了交易的成败。实际上，声誉是一种公共舆论，具备信号功能，向公众传递着某种信息[①]。声誉机制的建立有效促使区域内所有生产者共享因其品牌带来的溢价收益，更能遏制因生产者共用品牌而导致的以次充好、滥竽充数等"搭便车"现象的发生。

地理标志农产品，作为特殊的区域品牌产品，具有高品质性和特色声誉性，是农产品质量和信誉的有力保证。地理标志农产品具有地理指示的作用，能够表明一种产品来源于某地理地区，当消费者看到地理标志产品的标识时就会产生"产品—产地"的联想。接着会有"产地—品质、信誉或者其他特征—优质产品"的联想。它具备质量信号传递和信号显示的作用，向市场传递着其产品的高质量、高品质信号，能够有效发挥声誉机制的作用，促进信息优势方的信号传递与信息劣势方的信息甄别，通过声誉信号有效破解信息不对称的难题。消费者同时可以凭借购买地理标志农产品，将其与普通农产品进行分辨，减少选择成本，降低认知风险，提升选择效率。

但同时，地理标志俱乐部质量声誉模型表明：在缺乏有效约束的情况下，地理标志农产品的平均质量将随着产区内生产者数量的增加而不断降低。随着我国"三农"经济取得巨大成就的同时，农业资源过度开发、农业投入品过量使用、地下水超采以及农业内外源污染相互叠加等一系列问题日益凸显。工业、旅游业、房地产业等行业的繁荣和发展在大量占用农产品赖以生存的土地、水源的同时，也不可避免地污染了土壤、空气和水质，致使其生态环境恶化，农业可持续发展面临重大挑战。随着农产品

---

① 吴元元. 信息基础、声誉机制与执法优化——食品安全治理的新视野[J]. 中国社会科学，2012（6）：115-133.

产业的发展和经济全球化步伐的加快,一方面地理标志农产品的数量供应不断提高,另一方面地理标志农产品的质量安全问题依旧存在。在实践中,地理标志产品所蕴含的巨大综合价值早已被社会认同,地理标志的综合价值包括法律价值、经济价值、社会价值、人文价值、生态价值及教育价值等,并与地理标志的区域性、长久性、群体性相关联,经过与当地人文的结合而成为风俗习惯和社会生活的一部分。根据第四次全国地理标志调研报告显示,截止到2020年10月10日,全国地理标志数量有8563个,是第一次调研数量的26.07倍,年均增长率为24.28%,数量增长非常快。但同时观察到,地理标志的独特品质和声誉出现了淡化趋势。从以上数据中可以看出,地理标志农产品在人们生产生活中起着举足轻重的作用。但令人担忧的事情是近年来许多知名地理标志农产品被曝出发生过质量安全事故,如原阳蜡白油大米[1]、平遥骡马肉[2]、龙口吊白块粉丝[3]、五常香精大米[4]、赣南染色脐橙[5]等。

地理标志农产品质量安全如果不能保障,常常会扩散成为整个社会的焦点,将会引发"多米诺骨牌"式的信任危机。研究地理标志农产品质量安全协同治理,一方面是响应国家政策的号召,推动政府相关部门实现治理能力现代化。另一方面通过研究地理标志农产品质量安全问题,保障其质量,为居民生命健康保驾护航。如果能够充分保障地理标志农产品的质量安全,有利于发展地区经济的比较优势,增加农民收入,推动产业升

---

[1] 中新网. 河南紧急排查流出"毒米"的原阳大米市场[N/OL]. 2000 – 12 – 10. https://www.chinanews.com/2000 – 12 – 10/26/60569.html.

[2] 搜狐网.《每周质量报告》:骡马肉冒充平遥牛肉[N/OL]. 2004 – 02 – 15. http://news.sohu.com/2004/02/15/20/news219082041.shtml.

[3] 东方网. 山东龙口粉丝有毒?[N/OL]. 2001 – 11 – 06. http://news.eastday.com/epublish/gb/paper148/20011106/hwz530249.html.

[4] 中国经济网. 五常大米"掺假"乱象遭曝光[N/OL]. 2015 – 05 – 27. http://www.ce.cn/cysc/sp/info/201505/27/t20150527_5473342.shtml.

[5] 王胜利, 刘娇娇. 地理标志农产品的利用与产业发展[J]. 发展研究, 2020 (8): 69 – 74.

级转型。但如果地理标志农产品存在质量安全问题隐患,就显然不能发挥其应有的作用,反而会对当地农业生产、经济、环境等产生负面影响。

从事实上来讲,食品质量安全监管体制的多次变革似乎只限于顶层设计层面,地方监管体制并未有实际变化。虽然《中华人民共和国食品安全法》(以下简称《食品安全法》)明确指出,所有社会组织以及任何个人都可对食品安全问题进行适当地监督和管理,但在现实生活中,除政府以外的其他主体都不具备现实的监管威慑力,多元化的社会主体协同治理格局尚未形成。地理标志农产品质量安全问题需要多方主体共同参与,没有任何一方可以独善其身。

基于单一政府的局限性,我国提出了协同治理理念。党的十八届三中全会明确了"建立政府治理和社会自我调节,居民自治良性互动"的社会治理方式,确定了"正确处理政府和社会的关系,加快实现政企分开,推进社会组织明确权责、依法自治"的方向。在不断完善监管制度的基础上,我国将出现多元主体协同治理的新局面。然而,如何提高产品质量安全多元主体的参与程度、如何有效发挥多元主体在治理中的作用、如何设计多元主体之间的合作机制是当前政府亟待解决的问题。本书探讨地理标志农产品质量安全治理的内在协同机制,完善我国的地理标志农产品质量安全治理体系[①]。

1.2 研究的目的与意义

1.2.1 研究目的

运用协同学原理,分析地理标志农产品质量安全治理的内在协同运作

---

① 哈肯,赫尔曼.协同学:大自然构成的奥秘[M].上海:上海译文出版社,2005.

机制，为多元主体参与地理标志农产品质量安全治理提供理论依据和实现途径。以期构建地理标志农产品质量安全治理新格局，从根本上解决地理标志农产品质量安全问题，进一步提升我国地理标志农产品的品牌价值，促进经济的发展。

1.2.2 研究意义

1. 理论意义

（1）本书运用协同治理理论分析了地理标志农产品质量安全治理的协同机制，设计了包括主体协同、利益协同、机制协同、信息协同的地理标志农产品质量安全协同治理体系，完善了地理标志农产品质量安全协同治理理论体系。

（2）分析了地理标志农产品质量安全治理协同机制的运作机理，对激励机制、约束机制和减熵机制进行了应然标准与实然状态的比较分析，并据以提出了建立地理标志农产品质量安全治理协同机制的政策建议，丰富了治理理论的应用领域。

2. 现实意义

（1）在当前，我国地理标志农产品质量安全问题凸显的背景下，本书设计了多元参与主体与地理标志农产品质量安全协同治理的有效方式与路径。对于人们唤起共同关注地理标志农产品的保护、促使地理标志农产品质量安全协同治理在全社会范围内的广泛协同、解决地理标志农产品质量安全协同治理问题、保护消费者权益、提高品牌价值、促进区域经济发展、推动国家经济发展都有重要意义。

（2）在目前政府大部制改革、实施《食品安全法》的背景下，本书深入分析了制约地理标志农产品质量安全协同治理绩效的关键变量，从利益机制、法律制度、信息系统三个方面把地理标志农产品质量安全相关决定因素整合在一起，对于完善地理标志农产品保护制度、完善地理标志农产品质量安全法律体系都具有重要意义。本书可以作为地理标志农产品质量安全协同治理政策制定和政府改革的参考，也可作为解决其他公共问题的借鉴。

1.3 国内外研究现状

本书围绕着地理标志农产品主题，梳理地理标志农产品经济效应、品牌价值、区域品牌发展、质量安全治理及协同治理机制等方面的文献。

1.3.1 关于地理标志农产品经济效应的研究

从提质增效的角度来说，郭守亭（2005）认为打造地理标志农产品品牌能够增强产品溢价能力，推动农业生产转变发展方式，建设优质、高效、生态、安全的现代农业，是提高农业综合生产能力、增强农业竞争力、提高农业综合效益的必由之路，是实现地方经济可持续发展的良好途径[①]。周曙东和张西涛（2007）则对地理标志品牌农产品对经济效益的提升进行研究，发现地理标志能明显地增加农产品的经济收入，在相同条件下，地理标志的使用能够使农产品的经济效益有效提高20.78%[②]。同时，池木胜（2007）认为地理标志具有强大的品牌效应，较强的品牌渗透力，在区域经济发展方面更是具有强劲的驱动力，甚至是欠发达地区提高地方经济竞争力的基石，而且通过发展地理标志有助于突破贸易绿色壁垒，促

---

① 郭守亭．对我国实施农产品品牌工程的几点思考 [J]．农业经济问题，2005（12）：61-64．

② 周曙东，张西涛．地理标志对陕西苹果经济效益影响的实证分析 [J]．农业技术经济，2007（6）：56-61．

进产品的出口①。夏龙、姜德娟、隋文香等学者（2015）从微观收入流的角度讨论，采用空间自相关模型（SAR），引入城市化比率及人均耕地面积为其中两个控制变量，采用空间经济学的方法来考察地理标志农产品对农民收入的增收效应，认为地理标志存在价格溢出机制，并对农村的发展具有直接利益和间接利益。直接利益在于通过地理标志与非标志产品区分开来，进而获得相当的经济利益。间接利益在于地理标志保护制度带来的示范效应，能够激励其他传统生产方式加入地理标志农产品保护的行列中，进而确保代际公平②。王文龙（2016）指出质量控制力弱是我国品牌农产品的共同软肋，发展农产品地理标志品牌是过剩经济时代取得竞争优势的前提条件，能有效缓解我国的"三农"问题。因此，提升地理标志农产品品牌竞争力是时代发展的需要，是满足国内消费者持续提高的消费需求的需要，是符合中国国情的需要。因此，要全面提高地理标志农产品的品牌竞争力，就要提高地理标志农产品的质量控制能力；积极发展健康、生态农业来适应消费观念的发展；提高地理标志农产品的深加工能力，突破流通中存在的障碍，提高产品的附加值。彭贝贝（2019）利用特征价格模型，探究信息不对称的情况下地理标志对农产品市场价格影响。结果表明：在市场上存在大量难以辨识的伪品牌产品的情况下，地理标志的获得对产品价格的贡献有限。这意味着地理标志农产品实际价格低于市场合意价格，引发逆向选择市场行为，地理标志农产品市场陷入"柠檬市场"困境。由此，规范地理标志的使用将有助于提高地理标志农产品效益③。李娜娜（2019）通过选取部分地区的地理标志农产品作为研究样本，从区位、文化、生产的维度利用二项Logistic回归模型对地理标志农

---

① 池木胜，章胜勇. 开发地理标志应对农产品绿色壁垒［J］. 农村经济，2007（11）：57 - 59.

② 夏龙，姜德娟，隋文香. 中国地理标志农产品的空间分布与增收效应［J］. 产经评论，2015，6（1）：78 - 91.

③ 彭贝贝，周应恒. 信息不对称情况下地理标志农产品"柠檬市场"困境——基于淘宝网"碧螺春"交易数据的分析［J］. 世界农业，2019（5）：91 - 95.

产品的经济效益进行分析。经验证,地理标度差异、特殊气候资源、文化底蕴及创新性的销售推广模式对地理标志农产品的经济效益提高具有显著推动作用①。杨永（2020）主张推动地理标志的经济价值保护,地理标志农产品具有相对较高的价格,能够形成品牌溢价。一方面可以把从事个体生产经营的农民聚集在地理标志品牌下共同经营,另一方面又可以禁止发展过程中的搭便车行为,推动乡村经济发展走向特色化、品牌化、产业化道路。因而,生产经营者有着广阔的发展空间,可以获得持续的、有保障的收益②。

从地理标志农产品的负效应角度来说,蒂迪格（Thiedig, 2000）以欧盟的地理标志制度为依托,运用图形分析法,从自愿性、共享性和排他性三方面对地理标志的俱乐部产品属性进行了论证,指出地理标志俱乐部的成员们在共享因地理标志的使用而获得的溢价收益的同时,也要对俱乐部的组建成本和排他成本进行分摊③。朗格卡（Rangnekar, 2003）通过博弈分析认为,生产者的经营规模越大就越有动力对地理标志品牌声誉的维护和提升进行投入,而中小经营者则更倾向于采取"搭便车"策略,就如同智猪博弈中的小猪躺着大猪跑一般,因此,鼓励生产者扩大规模或组建具有较强约束力的生产者联盟将有利于地理标志品牌声誉维护问题的解决④。阿加瓦尔（Agarwal, 2005）指出地理标志农产品作为一种区域性公共产品,其产权模糊性和品牌区域共享性对其管理上带来一定负面影响,

---

① 李娜娜. 基于 Logistic 二元回归的陕西地理标志农产品经济效益研究 [J]. 浙江农业科学, 2019, 60 (6): 1064-1067.

② 杨永. 乡村治理体系现代化中的农产品地理标志发展研究 [J]. 甘肃理论学刊, 2020 (4): 110-115.

③ THIEDIG F, SYLVANDER B. Welcome to the club? – An economical approach to geographical indications in the European Union [J]. German Journal of Agricultural Economics/Agrarwirtschaft, 2000, 49 (12): 428-437.

④ RANGNEKAR D. Geographical indications: A review of proposals at the TRIPS council: Extending article 23 to products other than wines and spirits [M]. International Centre for Trade and Sustainable Development (ICTSD), 2003.

产权模糊容易导致生产商的投机行为,而品牌区域共享则容易对消费者产生误导,使其无法识别在同一地理标志品牌下的不同生产商,造成信息不对称,从而出现品牌使用中的"一荣俱荣、一损俱损"[1]。王志本(2006)、邓启明等学者从地理标志农产品品牌保护的角度出发,探讨地理标志品牌的负向效应。地理标志农产品有着准公共品的特性,存在着"搭便车"与道德风险的可能,这就要求区分政府、合作社、行业协会、龙头企业等相关利益主体的质量控制责任,在全供应链系统上监督管理,建设可追溯系统,保证产品质量水平,维护品牌声誉[2]。郝亚玮(2013)认为地理标志品牌由于公共性的存在,一些使用者追求短期利益的短视行为会产生有损品牌形象的情况,限制其激励效应的发挥,从而使区域内的所有共用主体甚至其他利益相关者受到牵连形成株连效应,其分为内部株连效应和外部株连效应两种,对品牌形象和声誉产生负面影响[3]。

1.3.2 关于地理标志农产品品牌价值的研究

从情感价值角度来说,贝拉德(Bérard,2006)通过对法国南部地区数个知名地理标志品牌的实地调研,认为地理标志除了具有极高的经济价值外,还是保护本地传统文化与自然资源的重要工具,有助于消费者实现情感联结[4]。辛格(Singh,2010)从地理标志的历史声誉出发,指出地理标志在保护区域内特色产品生产者权益的同时,也使得那些濒临消失的传

---

[1] AGARWAL S, BARONE M J. Emerging Issues for Geographical Indication Branding Strategies [J]. Midwest Agribusiness Trade Research and Information Coneer Publication, 2005 (1).

[2] 王志本. 实施地理标志保护 促进中国东北大豆产业发展 [J]. 中国农村经济, 2006 (12): 25-31.

[3] 李秉龙,郝亚玮,尚旭东,等. 养羊户行为及其对地理标志保护效应的影响分析——以宁夏"盐池滩羊"为例 [J]. 中国畜牧杂志, 2013, 49 (4): 55-60.

[4] BÉRARD L, MARCHENAY P. Local products and geographical indications: taking account of local knowledge and biodiversity [J]. International Social Science Journal, 2006, 58 (187): 109-116.

统工艺得以重获新生，唤起消费者的情感共鸣①。乔万努奇（Giovannucci，2010）认为地理标志农产品价值的提升可以与消费者情感因素联系起来，由于地标农产品具有强烈的地域性，容易唤起本地消费者的情感共鸣，因此突出地域特色是地理标志农产品品牌价值提升的途径之一②。范德坎德拉（Vandecandelaere，2010）认为地理标志是一方水土地理性格的代表，是地（place）、人（people）、物（product）和谐依存的产物。当地特色的历史传统更容易推动人们进行情感交流，从而创造与维护地理标志的集体品牌价值③。

从品牌竞争力的角度来说，菲什拜因（Fishbein，1977）认为地理标志农产品由于存在原产地效应，通常情况下其市场竞争力的影响要比价格、声誉等效应更大，甚至在某种情况下比一般品牌更具有竞争力④。威尔金森（Wilkinson，2017）主张地理标志品牌产品的价值更多地体现于产品质量方面或其他特质方面，消费者在购买地理标志品牌产品时，产品质量和产品价格对消费者的购买行为影响较大，是主要影响因素。而在相同市场条件下，消费者越容易被低成本的品牌产品所打动而发生购买行为。也就是说产品越具有价格优势，其同类市场品牌竞争力越强。与普通农产品相比地理标志品牌农产品突出了产品的特殊品质，市场价格波动小，具有更高的溢价能力和经济效益⑤。而品牌忠诚度主要取决于消费者价值优

---

① BABURAM S. Registration of geographical indications and Orissa [J]. Orissa Review, 2010 (November): 46-48.

② GIOVANNUCCI D, BARHAM E, PIROG R. Defining and marketing "local" foods: Geographical indications for US products [J]. The Journal of World Intellectual Property, 2010, 13 (2): 94-120.

③ AHMAD M. Linking people, places and products: a guide for promoting quality linked to geographical origin and sustainable geographical indication [Z]. Rome: Food and Agriculture Organisation, 2010.

④ FISHBEIN M, AJZEN I. Belief, attitude, intention, and behavior: An introduction to theory and research [M]. Reading, MA Addison – Wesley Publishing Company, 1977.

⑤ WILKINSON J, CERDAN C, DORIGON C. Geographical Indications and "Origin" Products in Brazil – The Interplay of Institutions and Networks [J]. World Development, 2017, 98: 82-92.

势。当产品来源地与农产品区域品牌地一致，也就是说价值优势不明显时，在考虑消费者个体因素的影响下，消费者拥有的相关信息越缺乏、介入度越低，农产品地理标志品牌越是容易影响消费者对质量信息的获取[1]。莫金玲（2006）从品牌竞争力的角度出发，说明由于地理标志农产品存在其特殊性，相对于普通农产品来说。获得地理标志认证的农产品基于品牌自身的服务与质量水平、品牌声誉等信息，在同类商品的竞争中更具有产品竞争优势，其市场竞争力更持久更强劲，更容易获得消费者的信任，推动地理标志农产品高附加价值的实现[2]。余可发等（2008）从品牌市场竞争力的衡量角度认为其指标由多个维度构成，构建了品牌竞争力四维度结构模型，包括品牌赢利力、品牌市场力、品牌权益力及品牌国际力，具体涵盖品牌市场力、品牌认知度、品牌满意度、品牌美誉度和品牌忠诚度等要素[3]。晋雪梅（2010）进一步地研究了农产品品牌的特殊性，认为地理标志农产品经过国家认证，认为农产品品牌具有品牌形象的特殊性、拥有主体的特殊性、价值开发的外在性、自然环境的依附性等特性，而这些特殊性最终表现在品牌农产品的特殊性上，使得地理标志农产品品牌更具有比较优势，产品竞争力大大增强[4]。董谦（2015）认为地理标志品牌作为一种产品识别标志和产品质量与生产者声誉的保证，可以向消费者展现出其产品或服务等有别于消费市场同类产品的不同之处，有利于消费者识别该品牌产品并做出反应。同时，品牌作为一种无形资产，具有保值增值的作用，不但能够体现产品的物质属性，还能体现产品所包含的精神文化内涵，提升产品溢价能力，产生增值效应[5]。王文龙（2018）在他

---

[1] 杨佳利. 农产品区域品牌对消费者感知质量的影响——以消费者产品知识、介入度和来源地为调节变量 [J]. 湖南农业大学学报（社会科学版），2017，18（1）：15-22.

[2] 莫金玲. 农产品品牌建设——山东平度农产品品牌战略的启示 [J]. 华南农业大学学报（社会科学版），2006（S1）：257-263.

[3] 余可发. 品牌竞争力结构维度及其测量研究 [J]. 商业研究，2008（4）：41-45.

[4] 晋雪梅. 我国农产品品牌成长环境的SWOT分析 [J]. 生态经济，2010（3）：85-87，92.

[5] 董谦. 中国羊肉品牌化及其效应研究 [D]. 北京：中国农业大学，2015.

的文章中提到了提升地理标志农产品品牌竞争力对于加快我国乡村振兴策略具有重要作用。在供给侧改革的背景下，依据品牌的综合价值指数和品质的独特性来筛选具有建设价值的地理标志农产品，从而构建品牌建设效果评估体系，进一步提升地理标志农产品的品牌竞争力[①]。

1.3.3 关于地理标志农产品区域品牌发展的研究

根据品牌理论，品牌类型的四种形式是：产品品牌、个人品牌或组织品牌、区域品牌、国家品牌[②]。

阿什沃思（Ashworth，1990）最早在研究城市营销的过程中提出区域品牌的概念，他认为，区域品牌是品牌深化扩展后的结果，集中体现了区域内某特色产品的产业化、集群化发展[③]。雷尼斯托（Rainisto，2001）对区域品牌进行了定义，提出区域品牌化的核心是一个品牌识别的构造，以此增加某一地区及其区域品牌形象对消费者的吸引力，区域产品涵盖了该区域向人们提供的所有消费品[④]。伦德奎斯特（Lundequist，2002）以瑞典区域集群建设的过程为研究对象，详细介绍了四种不同的集群模型，得出产业集群是提高区域品牌竞争力的一个工具[⑤]。坎德尔（Candel，2003）认为地域性会对消费者的购买产生积极的作用，尤其是在自然环境或人为因素起决定性因素的农产品。当其区域特性符合消费者的区域形象联想

---

① 王文龙. 中国地理标志农产品品牌竞争力提升路径研究［J］. 青海社会科学，2018（5）：110 – 116.
② 黄俐晔. 农产品区域品牌研究——基于主体、机制的角度［J］. 贵州社会科学，2008（4）：97 – 101.
③ ASHWORTH G J, VOOGD H. Selling the city: Marketing Approaches in Public Sector Urban Planning. ［M］. Belhaven Press，1990.
④ RAINISTO S. City Branding – Case Studies Lahti and Helsinki［J］. Licentiate Thesis, Helsinki University of Technology, 2001.
⑤ LUNDEQUIST P, POWER D. Putting Porter into practice? Practices of Regional Cluster Building: Evidence From Sweden［J］. European Planning Studies, 2002, 10（6）：685 – 704.

时，这种作用更加明显。消费者之所以对地域性农产品产生消费偏好，主要有两个原因：质量推断和情感传递①。莫斯基尼（Moschini，2014）认为地理标志农产品是一种区域品牌产品，能够降低消费者识别成本，促进产品质量的竞争性供给，给消费者带来更高的质量属性认知，促进消费者的购买和溢价支付行为②。

韦光（2006）从农业产业集群角度，探讨了地理标志的区域品牌建设。他认为地理标志是一种区域品牌，因为区域品牌作为集体品牌，具有明显的外部性和公共物品性，是保护地方农民利益，促进地方农业集群发展的重要措施③。梁文玲（2007）认为区域品牌是指某个行政或地理区域内某一优势产业经过长期努力而形成或创建的为该产业企业所共同拥有的在产业市场具有较高市场份额和影响力的知名品牌，其总体表现形式通常为区域名称+优势产业（或产品）名称，其具体表现形式有两种，即集体商标和地理标志。她在文章中分析了区域品牌的推动作用，具体表现在区域品牌的辨识促销效应、区域品牌的外部正效应、区域品牌的品牌伞效应、区域品牌的自强化与品牌维护效应、更持久的品牌效应④。李亚林（2010）以地理标志为代表的农产品区域品牌具有外部性、公共物品性、区域独特性和柠檬市场效应⑤。王莉（2015）指出地理标志农产品作为一种地域性、独特性及制度赋予的特定农产品，对其他经济资源具有集聚效

---

① VAN ITTERSUM K, CANDEL M J, MEULENBERG M T. The Influence of the Image of A Product's Region of Origin on Product Evaluation [J]. Journal of Business Research, 2003, 56 (3): 215 – 226.

② MENAPACE L, MOSCHINI G C. Strength of Protection for Geographical Indications: Promotion Incentives and Welfare Effects [J]. American Journal of Agricultural Economics, 2014, 96 (4): 1030 – 1048.

③ 韦光，左停. 农业产业集群发展与"地理标志"区域品牌建设——基于 SWOT 分析框架的战略选择研究 [J]. 经济界，2006 (2): 90 – 96.

④ 梁文玲. 基于产业集群可持续发展的区域品牌效应探究 [J]. 经济经纬，2007 (3): 114 – 117.

⑤ 李亚林. 农产品区域品牌：内涵、特征和作用 [J]. 企业导报，2010 (2): 107 – 108.

应，利用品牌产品的规模效应和集聚效应推动区域经济健康发展[①]。刘丽（2016）在对促进辽宁西北地区地理标志农产品区域品牌建设的研究中提出以下品牌建设与推广策略：大力发展产业集群，发展龙头企业，增强地理标志农产品竞争力；加强生产者品牌意识，实施区域品牌商标注册，创建优势区域品牌；给予地理标志农产品区域品牌准确定位，扩大区域品牌推广渠道，提高知名度。通过地理标志农产品区域品牌的发展带动地区农业产业经济的发展，极大地促进消费者和市场对特殊农产品的认可[②]。徐兴兵（2018）提出农产品区域品牌是指特定地理范围界限内形成的品牌，这主要是指区域范围内的，是一种独特的地理标志，这一地理标志代表着当地的优势农产品，是各经营主体的综合表现形式，主要是将其与市场上其他同类农产品区分开来，能够做到"人无我有，人有我优"。通过建设农产品区域品牌，发挥其集聚效应和溢出效应[③]。

1.3.4 关于地理标志农产品质量安全治理的研究

从质量安全的角度出发，美国学者金赛（Kinsey，2003）研究认为农产品质量安全问题涉及农产品生产、加工、销售的每一个环节，具体表现在：农业生态环境资源因素，有毒有害化学物质的残留因素，添加剂不当使用的因素，微生物诱发因素，新原料、新工艺使用因素，市场与政府双失灵因素，科技进步带来的控制和技术风险因素等[④]。郭守亭（2005）认为，对于地理标志农产品品牌，质量是品牌的基础，也是本质。要想实施农产品品牌工程，树立良好的地理标志农产品品牌形象，就要把好地理标

---

① 王莉. 欧盟地理标志产品管理研究 [D]. 长春：吉林大学，2015.
② 刘丽. 基于地理标志的农产品区域品牌建设与推广研究——以辽宁西北地区为例 [J]. 农业经济，2016（7）：136-138.
③ 徐兴兵. 农民专业合作社联合下我国农产品区域品牌构建与运行机理 [J]. 改革与战略，2018，34（2）：102-105.
④ 杨建辉. 不同农产品质量安全规制体系研究 [D]. 济南：山东师范大学，2016.

志农产品质量安全的关口,以农产品质量为基础实施农产品品牌工程。地理标志农产品与其他产品的显著区别是在于品牌质量、品牌定位、品牌服务等诸项内容中,其中,地理标志农产品品牌的质量安全占据的比重要大得多,是得到消费者认可的首要因素。在现实生活中,地理标志农产品质量事故频发导致政府和消费者日益关注地理标志产业链中的违规生产行为。洪琳(2016)通过研究地理标志农产品质量安全管理方面存在不足和治理缺陷,发现地理标志农产品为典型的俱乐部产品,因其明显的声誉共享性而引发的"公地悲剧"和"搭便车"现象,使其质量安全保障变得更为复杂。主要涉及多方主体,政府机构对地理标志农产品保护管理存在部门职责交叉和监管冲突的现象;地理标志农产品的生产者受到经济利益的驱使减少自我约束,导致区域内地理标志农产品生产者在质量控制上存在一定的机会主义行为,甚至为了获取不正当利益而损害地理标志产品的信誉,使整个地区和相关行业蒙受损失。[①]

1.3.5 关于协同治理机制的研究

协同治理由两大重要理论构成,分别是作为自然科学的协同学和社会科学的治理理论,属于跨界交叉学科理论。协同学(synergetics)是由德国著名物理学家赫尔曼·哈肯于20世纪70年代创立的。该理论主要研究由完全不同性质的大量子系统(诸如电子、原子、分子、细胞、神经元、力学元、光子、器官、动物乃至人类)所构成的各种系统以及这些子系统是通过怎样的合作才能在宏观尺度上产生空间、时间或功能结构的,尤其要集中研究以自组织形式出现的那类结构,从而寻找与子系统性质无关的支配着自组织过程的一般原理[②]。协同学的理论基础是序参量和支配原理。该原理认为,系统的稳定性受两种不同的变量影响,一种是快变量,

---

① 洪琳. 地理标志农产品质量安全管理浅论[J]. 杭州学刊, 2016(3): 77-84.
② 哈肯,赫尔曼. 协同学:大自然构成的奥秘[M]. 上海:上海译文出版社, 2005.

另一种是慢变量，系统演化在临界点发生相变时，快变量不再起作用，而慢变量主宰着演化过程并支配着快变量的行为，这种主宰系统演化进程，能表达系统最终演化结构的慢变量就是序参量[①]。而罗西瑙（Rosenau，2001）认为在社会科学领域应将治理和统治区分开来，治理不仅仅包含政府，也包括非正式、非政府的机构，各色人种和各类组织将在治理范围扩大之后从中满足各自的需要[②]。卡尔佩珀（Culpepper，2004）认为协同治理指的是政府和非政府行动人在一个既定的政策领域内进行日常性的互动，且在这个过程中，政府对问题的界定以及实施方法的选择上均没有垄断的权力[③]。多纳休（Donahue，2004）认为协同治理的精髓就是社会不同部门之间进行的一种新层次的社会、政治参与，以期更有效地满足当代社会的诸多需求，而这些仅仅依靠政府一己之力是无法实现的[④]。因佩里亚尔（Imperial，2005）突出了协同治理中个人和组织的自主性，协同治理是指为实现共同目标对具有不同程度自主性的个人和组织进行指导、控制和协调的方式[⑤]。扎德克（Zadek，2006）突出了规则的重要性，强调协同治理需要来自公共和私人机构的多方行动人一起制定、执行和管理规则，为共同面对的挑战提供长期解决方案的过程[⑥]。库珀（Cooper，2006）认为协同治理指的是公民与公共机构代表进行理性协商，且这种协商方式已逐渐嵌入地方治理的工作中[⑦]。希（Chi，2008）认为协同治理指的是

[①] 黄永军. 自组织管理原理——通往秩序与活力之路 [M]. 北京：新华出版社，2006：17.

[②] [美] 詹姆斯·N. 罗西瑙（James N. Rosenau）. 没有政府的治理 [M]. 张胜军，刘小林等译. 南昌：江西人民出版社，2001.

[③] CULPEPPER P D. Institutional rules, social capacity, and the stuff of politics: Experiments in collaborative governance in France and Italy [C]. Working Papers, 2004.

[④] DONAHUE J. On collaborative governance [J]. Corporate Social Responsibility Initiative Working Paper, 2004, 2.

[⑤] IMPERIAL M T. Using collaboration as a governance strategy: Lessons from six watershed management programs [J]. Administration & Society, 2005, 37 (3): 281 – 320.

[⑥] ZADEK S. The logic of collaborative governance: corporate responsibility, accountability, and the social contract [J]. Corporate Social Responsibility Initiative Working Paper, 2006, 17: 1 – 30.

[⑦] COOPER T L, BRYER T A, MEEK J W. Citizen – centered collaborative public management [J]. Public Administration Review, 2006, 66: 76 – 88.

参与方以平等伙伴的身份共同合作的情形，各参与方需要通过正式或非正式的协议放弃一部分的独立性或自主性[1]。安塞尔（Ansell，2008）将协同治理定义为一种治理安排：单一或多个公共机构与非国家部门利害关系人在正式的、以达成共识为目的的、协商的集体决策过程中直接对话，以期制定或执行公共政策或者管理公共项目或财产[2]。法国学者皮埃尔·戈丹（Pierre Gaudin，2010）在其著作《何谓治理》一文中指出，"治理并非是由某一个人提出的理念，也不是某个专门学科的理念，而是一种集体产物，或多或少带有协商和混杂的特征"[3]。美国学者多纳休和泽克豪泽认为协同治理主体多元协同。协同治理与政府管制相比较，既包括政府、企业，也包括社会组织和公众，以及多主体之间展开的有效合作和竞争。因为，"我们生活在一个激变的时代，其压力和动乱的幅度达到前所未有的程度。没人会相信仅靠按比例增加合适的政府解决方案就是问题的答案。学者们更多地开始关注各个主体间的互动形式，共享裁量权的方式，合作协同与社会问题的匹配度等"[4]。

孙萍（2013）在她的文章中总结了学者们利用统计分析方法探索构建评估指标，如成本指标、效能指标等指标，但仍缺乏科学论证。号召学者要深入协同治理过程推进的"黑箱"，了解协同治理机制，探索协同治理的影响因素、评价方法等相关内容[5]。田培杰（2014）认为协同治理是政府与企业、社会组织、公民等利益相关者，以比较正式方式进行互动与决策，共同解决社会问题，并承担责任。他从历史维度和多学科维度进行了阐述，总结出了协同治理具备公共性、多元性、互动性、正式性、主导

---

[1] CHI K S. Four strategies to transform state governance [M]. IBM Center for the Business of Government, 2008.
[2] ANSELL C, GASH A. Collaborative governance in theory and practice [J]. Journal of Public Administration Research and Theory, 2008, 18 (4): 543–571.
[3] 让-皮埃尔·戈丹. 何谓治理 [M]. 北京：社会科学文献出版社, 2010.
[4] [美] 约翰·D. 多纳休, [美] 理查德·J. 泽克豪泽. 合作：激变时代的合作治理 [M]. 北京：中国政法大学出版社, 2015.
[5] 孙萍, 闫亭豫. 我国协同治理理论研究述评 [J]. 理论月刊, 2013 (3): 107–112.

性、动态性六个特征①。黄思棉（2015）认为协同治理指的是整个系统中，管理者和利益相关方通过合作治理协同参与到公共管理中，最大限度地维护和增进公共利益。通过梳理政府转型背景下的协同治理、公共危机中的协同治理及社会组织为主体的协同治理，总结出注入新的主体力量对社会治理将起到举足轻重的作用，要把研究重点放在多元化主体如何与政府构建良好互助合作关系②。闫亭豫（2015）主张协同治理是多元利益主体相关者参与公共事务的治理活动，本质是公共权力由单一公共行政机构向多元利益相关者渗透。在研究协同治理背景的基础上，寻找协同治理机制的子机制与关键要件探索协同治理机制的构建③。王伟（2016）强调政府、企业、第三方、媒体、公民等多元主体参与治理，以协作参与和互动交流的方式来进行利益整合和理性化决策，共享治理资源和治理成果④。李静（2016）在借鉴欧盟及其成员国的食品安全协同治理机制的基础上，通过构建多层次、多维度、网络化的组织体系，探索协同治理的中国路径，为我国协同治理提供理论范式⑤。西宝（2016）强调协同治理主体的多元性，治理权威的多样性，各主体的自愿平等协作。通过梳理和比较，分析了网络治理理论、多中心治理理论、自主自立理论、整体治理理论以及协同治理理论之间的差异，总结得到协同治理理论的优势，提出"结构—过程—关系"框架，构建问责、参与、交流、评价与共享的协同治理机制⑥。吕丹丹（2016）从政治宏观架构、全球治理及政府与多元主体间

---

① 田培杰. 协同治理概念考辨 [J]. 上海大学学报（社会科学版），2014，31（1）：124 - 140.
② 黄思棉，张燕华. 国内协同治理理论文献综述 [J]. 武汉冶金管理干部学院学报，2015，25（3）：3 - 6.
③ 闫亭豫. 国外协同治理研究及对我国的启示 [J]. 江西社会科学，2015，35（7）：244 - 250.
④ 王伟，张海洋. 协同治理：我国社会治理体制创新的理论参照 [J]. 理论导刊，2016（12）：9 - 13.
⑤ 李静. 食品安全的协同治理：欧盟经验与中国路径 [J]. 求索，2016（11）：104 - 108.
⑥ 西宝，陈瑜，姜照华. 技术协同治理框架与机制——基于"价值—结构—过程—关系"视角 [J]. 科学学研究，2016，34（11）：1615 - 1624.

的关系等角度对协同治理展开理解，强调主体协同，内容协同并对协同治理制度进行分析[1]。张贤明（2016）通过梳理总结不同学者关于协同内涵的理解，得出协同的五个特征：目标一致、资源共享、互利互惠、责任共担、深度交互。并从决策制定过程、构建良善关系、实现善治三个维度阐释了协同治理的内涵，借助协同治理方式实现巩固和改善民生的目的[2]。张宏邦（2017）利用数据挖掘技术，统计分析了2007~2016年被曝光的食品安全事件，并提出相应措施提高群众的认知与素养，实现协同治理，确保社会稳定[3]。蓝剑平（2018）研究了社会协同治理，指出在网络信息技术支持下，通过协调政府机构、市场组织、社会组织以及公民个人等社会多元主体之间的关系，彼此间相互依赖，合作共治社会事务。并总结了社会协同治理的五个特征：主体多元性、权威多中心、系统协作性、方式复合性、目标公共性[4]。周广亮（2019）研究了协同治理视阈下的食品安全监管路径，分析协同治理现存的问题，并找出相应原因，提出多方面的治理对策，实现善治[5]。代文彬（2019）研究了协同治理的理论范式和治理对策，比较了府际关系理论、多中心治理理论、协同治理理论的提出背景、理论内涵及功能特征，并从立法、机制创新角度探索了协同治理机制的创新。强调协同治理理论要提供完善的制度保障，建立多元主体的信息共享网络，统筹多元主体利益协调机制，进而达成协同治理的目标共

---

[1] 吕丹丹，刘晓莉. 我国食品安全政府协同治理的制度研究[J]. 理论与改革，2016（6）：119-123.

[2] 张贤明，田玉麒. 论协同治理的内涵、价值及发展趋向[J]. 湖北社会科学，2016（1）：30-37.

[3] 张宏邦. 食品安全风险传播与协同治理研究——以2007~2016年媒体曝光事件为对象[J]. 情报杂志，2017，36（12）：58-62.

[4] 蓝剑平. 我国社会协同治理的主体障碍及解决路径[J]. 中共福建省委党校学报，2018（12）：71-75.

[5] 周广亮. 协同治理视域下国家食品安全监管路径研究[J]. 中州学刊，2019（2）：73-79.

识[①]。佟德志（2020）借助知识图谱可视化软件分析近一千余篇文章，发现我国协同治理呈现多元化、多层次、多角度的特点，研究内容主要围绕治理主体、治理客体、治理模式及价值研究展开，并发现近些年的研究热点在社区治理、治理体系、协同发展等方面[②]。

1.3.6 简要评述

通过上述文献回顾可以发现，地理标志农产品作为农产品中的一个重要门类，随着人民生活水平的提高，越来越受到大家更多的关注，学者们对其理论研究也从知识产权保护渗透到经济、管理等许多范畴，然而对于地理标志农产品质量安全的研究目前还较少，仍处于起步阶段，具有较大的研究空间。

（1）国外学者较早地针对地理标志农产品进行了大量研究，研究成果丰富。他们分别从法律政策、社会道德、市场监管、品牌建设与保护、生产者经营、消费者行为等方面对地理标志农产品进行了探讨和分析，并针对存在的问题提出了相应改进措施和建议。这为我国地理标志农产品的发展指明了方向，也为政府决策提供了很好的借鉴作用。

（2）关于地理标志农产品品牌价值的研究，主要探讨情感价值对于消费者的作用。通过研究地理标志农产品价值，想方设法与消费者情感因素联系起来，地理标志农产品具有强烈的地域性，容易唤起本地消费者的情感共鸣，突出地域特色是地理标志农产品品牌价值提升的途径。

（3）国内外关于农产品质量安全规制形成了较完整的研究框架。农

[①] 代文彬，华欣．京津冀食品安全舆情协同治理：一个文献综述［J］．天津商业大学学报，2019，39（1）：48-52．

[②] 佟德志，林锦涛．协同治理的研究主题与前沿热点——基于CSSCI文献的知识图谱可视化分析［J］．社会科学战线，2020（4）：206-214．

产品质量安全作为经济学命题，因信息不对称和外部性导致的市场失灵而需政府规制，现有文献对农产品质量安全规制的必要性、相关各方行为、规制体系及绩效等方面作了较深入的研究。

（4）以政府为中心的地理标志农产品质量安全规制存在许多弊端，容易出现政府失灵。治理理论跳出了非市场即政府的思维局限，构建了政府、第三部门、企业、消费者、公众的多维框架，为解决地理标志农产品质量安全问题提供了新思路。学者们已把治理理论引入我国的地理标志农产品质量安全领域，提出进行地理标志农产品质量安全治理，但对于地理标志农产品质量安全治理的运行机制、实现路径的研究还明显不足。

（5）协同学的基本原理对于地理标志农产品质量安全治理的运行机制设计有重要作用。现有文献对地理标志农产品质量安全协同治理的研究很少，仅限于对政府协同监管和多元主体参与问题的研究，缺少运用协同学原理对地理标志农产品质量安全问题的系统研究。本书拟以此为研究方向。

1.4 研究内容

1.4.1 理论分析

分析了地理标志农产品质量安全治理协同机制的运行机理。运用委托—代理理论确定了地理标志农产品质量安全治理协同机制的构成；设计了包括主体协同、体制协同、利益协同、信息协同的地理标志农产品质量安全治理协同体系；分析了地理标志农产品质量安全治理的协同形成机制和协同实现机制。

1.4.2 现状分析

分析了我国地理标志农产品的发展现状及当前的规制体制,分析了政府监管存在的问题及规制困境;分析了地理标志农产品治理激励机制、约束机制、减熵机制的内容及不足;以黑龙江省为例对当前地理标志农产品质量治理协同度状况进行评价,结果显示,地理标志农产品质量安全治理整体协同度不高,还需多元主体广泛参与。

1.4.3 政策建议

本书从政府角色定位、培育多元治理主体、建立科学合理的利益机制、建立高效的法律制度、建立畅通的信息系统等方面提出构建我国地理标志农产品质量安全治理协同机制的对策建议。

1.5 研究方法

运用经济社会学研究方法,即强调理性分析,又注重经济建模,主要有系统分析方法、规范分析方法、实证分析方法、博弈分析方法等。

1.5.1 系统分析法

本书运用协同学原理对地理标志农产品质量安全协同治理系统进行研究,研究系统内各子系统相互作用而使系统由无序到有序的过程。

1.5.2 规范分析与实证分析

本书在研究中采用了规范分析方法，即运用经济学原理对我国地理标志农产品质量安全协同治理的改革进程和现实困境进行分析，坚持效益与效率的价值取向；同时运用了实证分析法，对我国现行地理标志农产品质量安全协同治理的协同度进行评价。

1.5.3 博弈分析方法

地理标志农产品质量安全协同治理是一个多元主体的博弈过程，本书在分析地理标志农产品质量安全协同治理各主体行为是运用了博弈分析方法，具体分析了地理标志农产品供给者—消费者博弈、地理标志农产品供给者—供给者博弈、政府—地理标志农产品供给者博弈、第三部门—政府博弈、第三部门—地理标志农产品供给者博弈。

第 2 章

概念界定与基础理论

2.1 概念界定

2.1.1 地理标志

地理标志是由"货源标志""原产地名称"逐步发展而来的,《与贸易有关的知识产权协议》(TRIPS)协定后,地理标志逐渐被广泛使用,成为当今国际社会广泛关注的一项重要知识产权。它既是产地标志,也是质量标准,更是一种知识产权,是推动我国农产品走向世界市场的重要工具。积极推动地理标志的保护工作,在我国尤其具有重要的意义,它有利于促进农村经济的发展,有利于农民增收,有利于农村经济结构的调整,是一项实实在在的富民工程。对地理标志农产品的保护不仅能够增强地方区域经济的实力,还有助于提升特色产品的国际竞争力。

国际社会对地理标志的保护经历了从《巴黎公约》《马德里协定》到《里斯本协定》,再到 TRIPS 协议中有关地理标志部分保护协议的过程。其间的转变不仅仅是条约名称的变化,体现的是保护观念和保护强度的变化,也是保护制度的变迁。

在《巴黎公约》中货源标志或原产地名称两个名词混合使用。"原产地名称"并没有作为一种独立于"货源标志"之外的客体而存在；在1985年的《里斯本协定》中上述状况得到了改变，"原产地名称"作为一种工业产权已经独立于"货源标志"，同时在制度上和观念上都得到了确认；而在TRIPS协议中"原产地名称"的外延更是得到了扩大，保护的范围也相应得以延伸，并统一使用了新的术语——地理标志。

在TRIPS协议关于地理标志的部分，地理标志这一概念是首次引入的，明确把地理标志和商标、专利、版权等共同作为知识产权保护的并列客体；同时对地理标志保护问题做出了更为明确的规定，包括对地理标志的保护和对葡萄酒地理标志的补充保护。许多国家也逐渐制定或修订法规，加强对地理标志产品的保护力度，欧盟、意大利等还专门制定了对农产品地理标志的保护制度。这也促进了国外学者对地理标志问题的研究与关注。

地理标志（geographical indications）是外来词，也曾被翻译为地理标记、地理标识。在TRIPS第22条第1款中有明确的解释，即："标示出某商品来源于某成员领域内，或该领域内的某一区域或某地方，该商品的特定质量、信誉或其他特征，主要与该地理标志来源相关联的标志。"该定义能够被广泛大众所接受，并在国际上具有较强的代表性。地理标志是特定产品来源的标志，其名称可以是国家名称以及不会引起误认的行政区划名称和地区、地域名称与商品名称的结合表达，如"安溪铁观音""涪陵榨菜"等。地理标志标明商品或服务的真实来源（即原产地的地理位置），标明该商品或服务具有独特品质、声誉或其他特点，标明该品质或特点本质上可归因于其特殊的地理来源。

我国《中华人民共和国商标法》（以下简称《商标法》）第十六条明确规定，地理标志即："标示某一特定商品来源于特定区域，或来源于该地域中的某地区或某地方，该商品的优良质量、信誉及其他特征，主要是受到该地区自然条件或者人文因素所影响的标志。"

我国《农产品地理标志管理办法》中将"农产品地理标志"定义为："标示农产品来源于特定地域，产品质量和相关特征主要取决于自然生态环境和历史人文因素，并以地域名称冠名的特有农产品标志。"

2.1.2 地理标志农产品

国家质量监督检验检疫总局在《地理标志产品保护规定》中将"地理标志产品"定义为："产自特定地域，所具有的质量、声誉或其他特性本质上取决于该产地的自然因素和人文因素，经审核批准以地理名称进行命名的产品。地理标志产品包括：来自本地区的种植、养殖产品；原材料全部来自本地区或部分来自其他地区，并在本地区按照特定工艺生产和加工的产品。"根据该定义，地理标志保护的主要构成要件有以下几点：一是商品特征，包括特定质量、声誉或其他特征；二是地理来源，即地理标志表示商品来源于某一地域；三是特定联系，即商品特征与地理来源之间存在特定的联系。

我国对《中华人民共和国农业法》（以下简称《农业法》）进行修改，其中的第二十三条有如下规定："符合法律规定的来源地及生产要求的农产品允许依据相关法律或行政法规的规定对农产品地理标志进行申请使用。"除了《商标法》之外，这也是我国提到地理标志相关问题的另一部法律。

综合可以看出，TRIPS及我国多个保护体系及其部门对地理标志的定义虽有不同，但都强调地理标志与特定区域相关，大多包含以下内容：产地识别标志，即证明使用该地理标志的产品来自特定的地理空间范围，而这个地理空间范围是事实中存在的；产品质量标志，即消费者通过该地理标志就能了解到该产品的质量；经过地理标志认证的产品都具有特定质量、声誉或其他特征，而这些都与产地独特的自然因素和人文因素有关，其中自然因素包含地理位置、气候、土壤、水质等，人文因素则包括此处居民在长期的生产实践中探索开发并继承下来的工艺、技术等。

本书并不对地理标志或地理标志农产品做出额外的定义。地理标志农产品，就是指农业生产经营者在农产品上使用的，那些来自特定的区域，其所特有的质量、信誉以及其他的特性根本上取决于此来源地的自然生态因素和人文历史因素，并且经过申请、审核、批准，最终以地域名称来进行冠名的农产品。

本书所研究的"地理标志农产品"主要包括：在国家工商行政管理总局注册了证明商标、集体商标的农产品，由国家质量监督检验检疫总局发布公告予以保护的地理标志产品中的农产品以及由农业部发布公告准许登记农产品地理标志的农产品。地理标志农产品具有以下特征：

（1）地域性。地理标志农产品与其所在的地域具有很强的相关性，特别是当地特有的地理自然环境和历史人文环境的影响。地理标志农产品都必须在一定的区域范围内进行生产，不同区域会有不同的风土、物种、工艺、人文等。地理标志可以表示出产品的真实来源地（即原产地的地理位置），而且必须是现实存在的地名，正是由于地名所标示的地理空间才使得其具有独特的品质特征，不能是虚构而实际不存在或者没有存在过的地名，杜撰的地名。地理名称的范围没有限制，按 TRIPS 协议的规定它可以包括国名，如法国白葡萄酒，也可能包括一国之内的地区名，如新疆葡萄干，还可能包括某一地区内更小的地名，如烟台苹果、库尔勒香梨、金乡大蒜等。有的国家如美国还规定，具有显著识别性的名称、符号、图形标志也可以构成地理标志。

（2）共有性和排他性。地理标志只有指定地域范围内的生产者才可以使用，地域外生产者所生产的产品即使其品质、特点甚至生产方式都与地理标志产品的要求相一致，也不能使用该地理标志。由于地理标志的形成与特定地区长期以来的自然或人文环境有着密切联系，故该地所有的符合条件的生产经营者均是该地理标志的潜在使用者。地理标志不能专属于某一个人或组织而独有，它是一种准公共物品，是该地理区域内某产品生产企业的一项共同的财产权利,能够为相关的生产者带来利益。而本地之外的个人或组织所生产的产品,即使其质量或特点与该地理标志特定的内在要求一致,甚至质量超出,也不能使用该地理标志。因此,地理标志权是一种集体性权利,不得为个人、单位或其他组织独占和垄断。

(3)不可转让性。地理标志的拥有者在平等的基础上共同享有使用的权利,这份权利是任何人都无法独占,也不能以个人的名义进行转让。地理标志只限于地理空间范围内的成员共享,这些成员平等享有这种不可分割的权利,而地理空间范围外的生产者及销售者不论其产品质量、特点与地理标志产品是否一致,即使使用相同的生产方式、工艺,都不得在其产品上使用地理标志标签。

(4)永久性。不同于著作权、专利权等传统的知识产权,国内外相关国际条约、法律以及规定都没有地理标志的存续期限做出限制性规定。地理标志没有时间的限制,即使个别拥有者不使用也不会消失。地理标志是当地居民经历长期、共同努力而形成的,是历史的积淀。对形成后的地理标志实施有效保护,就是维护地理标志的独特品质和特征,使其不断延续。只要形成的条件如自然和人文因素不改变,该地区的地理标志就会永久存在。地理标志作为一项知识产权,目的在于保护某种自然、文化资源并使其得到良好的存续和发展。允许地理标志所标示的地理范围内人及组织无限制地使用该地域资源是保证该产权方式得到有效利用的最佳方式。因此,相关法律对地理标志的存续期限并未做出严格规定。

(5)品质性和独特性。地理标志农产品反映了其由所在地域的自然、人文环境所决定的特殊品质,而这种品质不同于其他地域的同类型产品。某一个地理标志所标志的产品必须具有特定的不同于其他地区产品的品质和质量,而且这种特定的质量、信誉或其他特征必须与该地理来源的地理因素密切相关,包括该地区的自然因素和人文因素,也可以体现为品种独特性、品质风味差异性、原材料特色、特殊工艺、特殊人文因素等。这是地理标志最本质的特征,由于地理标志与其所标示产品的特定质量密切相关,因此可以区别于其他同类产品。有些商品的品质是由自然因素所决定的,如五常大米、新疆哈密瓜都因其特殊的生长环境而具有口感好的市场声誉;而有些商品的品质则是由人文因素所决定的,如苏绣是因为自古以来苏州蚕桑发达,当地居民利用该优势长期探索出来的具有传统工艺特色的纺织品,这里蕴含着悠久的历史和独特的工艺。

(6) 悠久性和传承性。一个区域有一个区域的文化特质,但凡地理标志产品,大多具有长期的种养殖历史,并在种养殖历史发展进程中形成了特殊的生产文化脉络。如四川雅安,在西汉时期便有吴理真在蒙顶山种茶的文字记录。自西汉至今,蒙顶山的种茶文化源远流长。地理标志产品认证限定了生产的区域范围,而在不同的区域范围内,其社会演变、工艺发展都会体现为不同的特征。一般而言,地理标志产品均有区域内先民们研究出来的不同的工艺手法,并通过师徒授艺、家传秘方等方式得以传承。如龙井茶的"抖、搭、搨、捺、甩、抓、推、扣、磨、压"十大手法,即为历史传承及总结所得。

(7) 衍生性和溯源性。地理标志农产品可以在一定程度上影响该地域的经济、贸易及地区声誉,并且可以追溯产品的原产地,因此具有衍生性和溯源性。

(8) 差异性。由于生产区域性、产品独特性,自然带来了地理标志农产品的品质差异性。所谓"橘生淮南则为橘,生于淮北则为枳"即为此意。即便是同一科同一属的产品,由于地理条件、人文因素等的不同,品质特征也是有差异的。由于生产区域性带来的地理条件、自然风土、生物品类、种质资源等差异,不同地区会产出不同的品种。如同样是羊,就有宁夏盐池滩羊、内蒙古巴美肉羊、陕西横山羊、海门山羊、蒙山黑山羊、梁山青山羊、阿勒泰大尾羊等不同的种类。

(9) 两权分离性。地理标志农产品的所有权与使用权两权分离。国家工商行政管理总局商标局有关地理标志证明商标的界定:对某种商品或者服务具有监督能力的组织所控制,而由该组织以外的单位或者个人使用于其商品或者服务①。

2.1.3 地理标志农产品质量安全标准

地理标志农产品品牌指由有关农产品行业协会,通过国家质检总局注册后,被某些特定区域内的农业生产经营体系所认可并同意使用的公共品牌,其实现的基础一定是大量特定的农业产业或者产品集中于某一具体的行政或者经济区域,从而形成了一个具有较强竞争力的团体。地域性对于农产品来说至关重要,地域性会影响产品的质量、口感和信誉度。它表明了产品的质量、来源等属性信息,其具有的识别来源地的作用,以及产品质量、声誉等特征与地域呈现的因果关系,也主要取决于其原产地域。许多远销海外的优质农产品都具有较强的地域性,农产品若脱离了地域性其价值会大打折扣,甚至被消费者认为是假冒伪劣产品。因此,许多优质农产品打上地理标志的烙印,通过相关部门申请注册成为地理标志产品,并可以受到法律的保护。在农业资源空间分布差异性的影响下,地理标志与区域特色农产品的有机结合在一定程度上便可形成区域资源特色和优势,产生品牌效应,促进特色农产品价值增值。同时,由于农产品市场声誉的形成与发展深受区域自然环境条件和历史文化背景的影响,地理标志农产品所显示的产品独特性与难以复制性便可形成一种禀赋优势,其独特性更是为区域品牌烙上了与众不同的印记。

1. **符合普通农产品的质量安全要求**

1986年颁布的ISO8402质量术语中,将质量定义为"反映产品或服务满足明确或隐含需要能力的特征和特性的总和"。质量不仅是产品的适用性、耐久性、可靠性、安全性和经济性等自然属性在内的狭义质量,而

---

① 李涛,王思明,高芳. 中国地理标志品牌发展报告(2018)[M]. 北京:社会科学文献出版社,2018.

且应包括其社会属性,如消费者的主观感受,满足特定需要的能力与预期之间的差距等。质量的社会属性对于产品和品牌价值提高具有更大的影响作用。

1994年国际标准化组织颁布的ISO9000族质量管理与质量保证标准,在ISO8402质量管理术语标准中,定义质量为"反映产品或服务满足明确或隐含需要的能力的特性总和"。

《中华人民共和国农产品质量安全法》(以下简称《农产品质量安全法》)第二条第二款定义农产品质量安全为:农产品质量符合保障人的健康、安全的要求。《食品安全法》第一百五十条定义食品安全为:食品无毒、无害,符合应当有的营养要求,对人体健康不造成任何急性、亚急性或者慢性危害。两部法律关于农产品质量安全的定义都有两个核心要求:保障人体健康、安全无毒无害。产地环境条件必须符合相关技术标准和规范要求,即水(灌溉用水、畜禽饮用水、渔业养殖用水)、土(种植土壤、养殖池塘底泥)、气(环境大气或空气)等无污染且周边无污染源。产品质量符合相关的产品质量安全标准,主要包括感官、卫生、理化等指标。对生产过程涉及的种子、种苗、农药、肥料、兽药、饲料、饲料添加剂等农业投入品进行严格控制。同时还要求企业建立完善的生产管理体系(包括质量管理、质量控制、质量追踪等体系)并保证体系运行有效。

目前,农产品质量安全标准体系基本建成。截至2016年1月,现行农业国家标准和行业标准近10000项,基本覆盖了农业产地环境、产地建设、农业投入品、生产规范、产品质量、安全限量、检测方法、包装标识、贮存运输等方面,农产品生产全过程质量安全标准体系框架已构建完成,初步形成了以国家和行业标准为骨干、地方标准为基础、企业标准为补充的4级标准体系结构。

首先,关键标准逐步完善。农药残留标准逐渐统一到标准数量、产品覆盖上不断扩大。自2010年以来,原农业部清理整合17部食品中农药残留限量标准，形成了统一的食品中农药残留限量强制性国家标准。由原卫计委、农业部和国家食药监管总局发布的 GB 2763-2016《食品安全国家标准食品中农药最大残留限量》，共制定了 433 种农药的 4140 项最大残留限量及配套的 413 项检测方法国家标准。国家卫健委、农业农村部及市场监管总局于 2018 年 6 月 21 日联合发布了该标准的增补版 GB2763.1-2016《食品安全国家标准食品中农药最大残留限量》，共计 43 种农药的 302 项最大残留限量，与 GB2763-2016 配套使用。此外，原农业部通过公告形式，制定了禁限用农药清单（第 194 号、第 199 号、第 274 号、第 747 号、第 1157 号、第 1586 号、第 1745 号、第 2032 号、第 2289 号、第 2445 号、第 2552 号和第 2567 号）。

其次，标准制定理念与技术水平逐步与国际接轨。在技术上，遵循国际食品法委员会（CAC）风险评估原则，根据农药的毒理学数据、农药在农作物中代谢分布数据以及我国居民各类食品的膳食消费数据，对人通过食物间接摄入农药残留产生的风险进行定性和定量评价。在程序上，按照《食品安全法》和世界贸易组织（WTO）对透明度的要求，农兽药残留限量标准制定全程向社会公开，向 WTO 成员通报并接受评议。在国际标准制修订中，主动承担国际食品法典农药残留委员会（CCPR）主席国，先后参与制定了茶叶和水稻中 3 种农药共 6 项国际标准。2014 年 4 月原农业部和国家卫生和计划生育委员会联合颁布的 3650 项农药残留限量中 1999 项为 CAC 已制定，这其中 1811 项占 90.6%，与 CAC 标准一致或者更严。色谱—质谱联用技术、酶联免疫技术、分子生物技术等一批高新技术在检测方法标准中得到普遍应用，多残留和快速检测方法标准为农产品质量安全监管提供了有力支撑。

2. 符合源产地的特殊质量要求

质量的多维度可分为两大类：内在尺度是指商品的物理特性或服务的物质基础设施；外在尺度涉及给定商品或服务的生产、使用以及交易过程。因此，质量评估有两种模式，一种涉及实体的属性，另一种涉及作为

第2章 概念界定与基础理论

资源发挥作用的结果。在这两种情况下,作为属性或结果,质量是针对特定目标进行评估的,它反映了期望。第一种情况是指实体的、物质的或有形的质量;第二种是作为与贸易有关的知识产权制度化的无形品质,以及声誉认可的无形品质。

根据地理标志农产品的定义,此处的"质量"是指地理标志农产品的特定质量,而且这种"特定质量"的界定更多的是对这种历史事实的一种法律上的认定,因而更多的是一种"法律标准"。

地理标志所表示的产品质量与商标法意义上的商品质量有着明显的区别。商标所体现的商品或服务的质量只要达到《中华人民共和国产品质量法》(以下简称《产品质量法》)中的相关标准或要求即可,没有特殊的要求。而地理标志所表示的产品质量,是一种特定的产品质量,即其特定质量与生产该产品的地理环境密切相关。在该地理条件下,绝大部分产品具有此种特定的质量,并因此与其他地域的同类产品在质量上产生区别。

法律上对此种"特定质量"的界定,一般采用消费者对产品的感官特征的标准,评价地理标志产品的特定质量时,应重点关注那些可以用各种感觉器官来决定的特征。地理标志产品的特定质量通常是由当地的自然因素或人文因素共同作用的结果,也是大自然的禀赋和勤劳智慧的生产经营者共同创造的产物,因此该产品的质量主要依靠消费者在长期消费实践中形成的一种感官认知来评价。通过消费者对产品的质量感知,形成该地理标志产品的"特定质量"。

地理标志农产品的加工过程必须遵循质量控制技术规范中关于产品质量安全和典型品质特征的规定。主要是从使用的添加剂、原料和配料、工艺流程、加工场所以及贮藏场所五个方面进行严格质量控制:一是添加剂的使用要按照《食品添加剂使用卫生标准》GB2760-1996中指定的天然色素、香料和添加剂,禁止使用人工合成的色素、香料和添加剂;二是加工所使用的原料必须来源于地理标志生产地域且质量合格,配料(水、食用盐等）必须符合国家食品卫生标准；三是工艺流程必须不破坏农产品的主要营养成分，禁止使用化学试剂进行处理；四是加工场所必须干净、整洁，不受有害动植物的侵扰，并有强有力的预防措施和治理方法；五是贮藏场所在保证减少有害昆虫或动物侵袭的前提下，尽量采用中草药进行喷雾和熏蒸处理，禁止使用有毒农药和消毒剂等产品。

《农产品地理标志质量控制技术规范》规定了地理标志农产品的地域范围、自然环境、生产方式、品质特色、质量安全以及标志使用等内容，属于国家强制性技术规范，各相关方必须遵照执行。根据标准规定地理标志农产品的保护范围、自然环境、要求、实验方法、检验规则及标志、包装、运输和贮存。在相关标准中，规定了地理标志农产品的自然环境，具体包括地貌特征、日照、气温、降水、土壤、水源、环境空气等方面。另外，还对原料种子、加工工艺、加工精度、感官指标、加工质量指标、理化指标、卫生指标、营养指标做出了相关规定。地理标志持有人应当严格执行地理标志许可使用条件，生产者须向标志持有者提出申请，经批准后才能使用地理标志。标志使用人应在产品包装上使用统一的农产品地理标志，标签中应标明产品名称、产地、生产单位名称、地址、生产日期等。市场监管部门探索采用云监控手段，重点监管品种选择、种养殖过程、种植养殖环境、加工工艺流程、质量特色等，严厉查处侵犯农产品地理标志和商标的违法行为。

地理标志农产品不同于一般农产品（见表2-1），它往往具有独特的特色，很多地理标志农产品都附带了当地的文化、历史，因而地理标志农产品的价值绝不仅仅是其食用价值，更应综合其各方面的影响，充分挖掘不同因素对其品牌价值的影响，以提高其附加值。由于其产地、空间、质量等界定的严格性，地理标志农产品往往会具有一定的稀缺性。地理标志农产品较普通农产品有更多特性。与一般农产品相比较而言，地标农产品对物流服务要求更高，具备更高的流通加工附加值，以及品牌效应等。

表 2-1   普通农产品与地理标志农产品的部分差异

比较要素	一般农产品	地理标志农产品
产地	受农产品生长需求限制	受气温、土壤质量、环境、海拔高度等严格限制
销地	区域销售、国内销售	受知名度、质量、物流等影响，销往国内外
产量	一般较高	一般较低，具有稀缺性
价格	市场价格	高于市场普通农产品价格
物流条件	要求一般	要求较高
流通加工附加值	一般	较高
可追溯情况	很少可追溯	大多可追溯
品牌效应	无	有

2.1.4 治理与食品安全治理

1. 治理的内涵

治理一词在汉语里的解释为：管理、统治，指政府的行为方式，以及通过某些途径用以调节政府行为的机制。英文为"governance"，起源于古拉丁文和古希腊语中的"掌舵"一词，含有控制、操纵和引导之义。长期以来，治理与统治（government）两个词交叉使用，主要应用在国家处理公共事务以及政治活动领域。20世纪90年代以来，随着一些自治组织如志愿团体、社区组织、慈善组织等力量不断壮大，对公共事务的影响日益重要，理论界对政府、市场、社会的关系重新反思。西方学者对治理一词有了新的解释，认为其与"统治"和"管理"不同，在公共事务处理中，政府只"掌舵"，不"划桨"，强调政府向社会放权和授权，主张进行社会自我治理以及实现社会组织与政府的共同治理。并由此引发了政府行政管理领域的"治道变革"。

当前，对治理这一概念的界定有多种说法。联合国全球治理委员会（CDD）认为治理是指"各种公共的或私人的个人和机构管理其共同事务的诸多方法的总和，是使相互冲突的或不同利益得以调和，并采取联合行动的持续过程"。K. J. 霍尔斯蒂（K. J. Holsti）强调治理在一定意义上就是秩序加上某种意向性，秩序意味着对行为的限制①。星野昭吉将治理分为平行治理和垂直治理，认为治理的本质是一种非暴力、非统治的治理机制，而不是强迫和压制②。库伊曼（J. Kooiman）和范·弗利埃特（M. VanVliet）认为"治理所要创造的结构或秩序不能由外部强加，其发挥作用是要依靠多种进行统治的以及互相发生影响的行为者的互动"③。罗西瑙（J. N. Rosenau）认为治理是一系列活动领域里的管理机制，这些管理机制"虽未得到正式授权，却能有效发挥作用"④。

2. 食品安全治理的内涵

通过以上分析，治理是在政府传统官僚制组织失效的基础上提出来的，其核心是国家、市场、社会三者共同作用解决公共事务的过程。"社会科学中原来流行的过分简单化的非国家即市场的两分法，越来越难以理解日益繁杂的社会生活，于是治理便被视为缺失了的第三项提了出来，它对非此即彼的两分法既是批判又是补充。"⑤

运用治理的观点来解决食品安全问题就是食品安全治理。食品安全治理是政府、第三部门、企业、消费者、社会公众等多元主体平等竞争，共同合作，在相互依存、相互作用的环境中共同实现公共利益最大化的过程。第一，食品安全治理的主体是多元主体。在当今的风险社会，食品安全风险蔓延到每一个人，任何人都会与食品安全问题有利益关系，或直接利益，或间接利益，依据其与食品安全问题的不同关系把多元主体分为政

---

① HOLSTI K J. The concept of power in the study of international relations [J]. Background, 1964, 7 (4): 179 – 194.

② 星野昭吉. Globalization and the Agent – Structure Problem [J]. 独协法学, 1999 (49): 454 – 403.

③ KOOIMAN J, VAN VLIET M. Self – governance as a mode of societal governance [J]. Public Management an International Journal of Research and Theory, 2000, 2 (3): 359 – 378.

④ ROSENAU J N. Governance in the Twenty – first Century [M]. Palgrave Advances in Global Governance. Palgrave Macmillan, London, 2009: 7 – 40.

⑤ 邹静琴，阮思余，欧阳晓东，等. 政治学原理（第2版）[M]. 北京：科学出版社, 2019.

府、第三部门、企业、消费者、社会公众五种。第二，食品安全治理的客体是一切与食品安全有关的企业、个人、制度、规则、程序、方法以及观念等。因为食品安全问题不仅与食品生产者、经营者有关，也受制于内在条件和外部环境。第三，食品安全治理的内容是多元主体运用各自的资源优势，在各自利益得到协调的基础上，实现公共利益最大化的过程。第四，食品安全治理的手段不是行政命令和指挥，而是多元主体之间平等合作、密切协商、共同努力的自治网络体系。第五，食品安全治理的目标是实现食品安全，并从而实现社会公平、管理效率、民众自主。

食品安全治理需与食品安全监管相区分。食品安全监管强调政府本位的权威统治，政府垄断了食品安全的管理权，这种方式实质上是一种指挥秩序。按照迈克尔·波兰尼的观点，指挥秩序造就了等级森严的金字塔型官僚机构，民众与政府之间难以实现良好沟通，民众的需求得不到有效表达，是一种隐含着深刻危机和重大理论缺陷的秩序[1]。而食品安全治理主张以多元主体替代单一主体，通过构建政府、市场和社会的三维框架来解决市场失灵和政府失灵的双重困境。"一般来说，治理要比统治更具有合法性基础，有效治理的权威不是来自外在的强制力，而是来自利益攸关者的互动与共识。"[2]

2.2
基础理论

2.2.1 信息不对称理论

斯蒂格利茨（Stigler，1961）在《信息经济学》（*The Economics of In-*

---

[1] [美] 迈克尔·麦金尼斯. 多中心体制与地方公共经济 [M]. 毛寿龙、李梅译，上海：上海三联书店，2000：75.
[2] 张昕. 转型中国的治理新格局：一种类型学途径 [J]. 中国软科学，2010（1）.

formation）一文中首次提出了"信息不对称"（asymmetric information）的概念，他认为："产品即使完全同质，其价格也往往不同，类似价格上的差异主要源于买卖双方所掌握的信息不对称，使得消费者对产品信息的了解程度较低。"[1] 尼尔森（Nelson，1970）在《信息与消费者行为》（Information and Consumer Behavior）一书中，按照消费者获取品质信息的难易程度，从易到难将农产品分为搜寻品（search goods）、经验品（experience goods）和信任品（gredence goods）。搜寻品是消费之前消费者就可以直接了解所有品质信息的产品，在购买使用之后方能够了解品质信息的产品属于经验品，即使消费之后也无法了解品质信息的产品被称为信任品[2]。阿克勒夫（Akerlof，1978）在《柠檬市场：质量不确定性和市场机制》一文中提出了信息不对称的概念。市场交易双方持有信息具有差异，交易中的卖方信息较为完全，而买方持有不完全信息[3]。

信息不对称理论的基本内容可以表述为：在交易双方信息分布不对称、交易双方在持有信息地位明确的两个前提下，双方关系可以描述为经济学上的"委托—代理"关系，即一种契约关系。信息不对称会导致两种情况：逆向选择和道德风险，这两者不仅会降低市场运行效率，造成资源配置扭曲，还会严重影响市场公平交易，导致市场失灵。在市场流通中不同角色的市场参与者对有关消息的了解程度存在很大的差异性，通常情况下，在市场中位于较高地位的人员掌握的信息会多于处于较低地位的工作人员。由此理论延伸到买卖活动的交易当中，卖方的地位高于买方，所掌握的信息也要比买方多，卖方更容易在交易中实现自身的经济利益。在市场信息不对称的情况下，容易造成市场的失灵，出现一种不良的趋势，

---

[1] STIGLER G J. The economics of information [J]. Journal of Political Economy, 1961, 69 (3): 213–225.

[2] NELSON P. Information and consumer behavior [J]. Journal of Political Economy, 1970, 78 (2): 311–329.

[3] AKERLOF G A. The market for "lemons": Quality uncertainty and the market mechanism [M]. Uncertainty in Economics Elsevier, 1978: 235–251.

即劣币驱逐良币，进而导致整个市场的产品品质下降，购买者难以做出最优的选择。

食用农产品，多属于经验品和信任品范畴，对于消费者来说很难通过感官了解农产品的口感、品质，也不清楚农产品在生产加工、生产环境、使用原料等方面的信息。对于地理标志农产品来说，普通的消费者是很难通过观感、触感，甚至是口感来分辨其与一般农产品的区别。因此在生产经营主体、监管主体、消费主体和公众群体之间存在信息不对等的现象，结果导致消费者不能掌握农产品的质量安全信息，难以判断产品的内在质量及安全水平，致使消费者习惯用较低的价格购买农产品，如此循环往复，造成农产品市场失衡，出现结构性偏差，发生"低水平质量安全的农产品驱除高水平质量安全的农产品"，这种逆向选择的现象。此时就需要品牌带给消费者信赖。所以为了维护消费者的正当权益，对地理标志农产品进行发展和保护，减少生产带来的逆向选择和道德风险。

2.2.2 公共产品理论

公共产品（public goods）理论属于公共经济学范畴。提布特（Tiebout，1956）提出公共产品的概念，公共产品相对于私人产品而言，公共产品的提供不会对任何人造成消费或者损失[1]。根据美国经济学家萨缪尔森的研究，在《公共支出的纯理论》中将公共产品（或劳务）定义为："一个人消费某种物品（或劳务）不会导致他人对该产品（或劳务）的消费减少。"[2] 换句话说，公共产品指某种效用扩展于他人的成本为零，而又无法排除他人参与共享的产品。相对于私人产品，公共产品具有效用

---

[1] TIEBOUT C M. A pure theory of local expenditures [J]. Journal of Political Economy，1956，64（5）：416 - 424.
[2] SAMUELSON P A. The pure theory of public expenditure [J]. The Review of Economics and Statistics，1954，36（4）：387 - 389.

的不可分割性、消费的非竞争性和受益的非排他性三个特性。效用的不可分割性是指公共产品不能像私人产品那样将利益分割成较小的单元，分别出售给不同的消费者；消费的非竞争性是增加一个公共产品的消费者不会减少其他消费者对该产品的消费水平；收益的非排他性是指消费者不能够排除其他消费者而单独受益。

地理标志农产品作为准公共产品，赋予区域内每个人平等享用的权利。但是作为准公共产品一般容易产生两种现象，一种是"公地悲剧"，地理标志农产品是区域农产品核心竞争力的主要来源，区域内生产经营者都能依靠它得到更多福利和效益。但是，随着地理标志农产品品牌效应优势凸显，无论是生产者还是经营者，很容易为了一己私利，着眼于眼前利益，不遵守规则和制度，损害地理标志农产品的声誉。另一种是"搭便车"现象，很多生产经营主体想要不花费任何财力、人力、时间就可以享受到地理标志农产品带给自己的便利和收益，同时也不愿意投资任何资金去建设地理标志农产品，担心自己所做的工作是为他人谋福利。

2.2.3 利益相关者理论

利益相关者（stakeholder）的概念最早出现于20世纪60年代，确立于80年代。在公司治理理论中，利益相关者是指"任何能影响组织目标实现或被该目标影响的群体或个人"[1]。弗里曼（Freeman，1984）在先前研究者研究的基础上，在《战略管理：利益相关者理论研究》一书中对利益相关者进行了重新的界定。他把政府、社区、多种社会组织纳入研究范畴，将利益相关者定义为"能在一个组织实现目标的过程中起到影响作

---

[1] 苏悦娟. 基于利益相关者理论对地理标志产品的区域产业品牌培育的分析 [J]. 东南亚纵横，2009（10）：97-101.

用，或能被该组织实现目标的过程所影响的个人或群体"①，拓展了利益相关者的内涵。卡拉克森（Clarkson，1995）认为："利益相关者在企业中投入了一些实物资本、人力资本、财务资本或者一些有价值的东西，并由此而承担了某些形式的风险；或者说，他们因为企业活动而承受风险"②，进一步加强了利益相关者与企业的联系，而不将集体、个人、媒体划分在利益相关者定义之列。

美国学者米切尔（Mitchell，1997）从利益相关者所必需的属性出发，对利益相关者进行评分，并根据分值的高低确定某一个人或者群体是不是利益相关者，或是哪一类型的利益相关者。米切尔划分了三个利益相关者的特征属性：合法性（legitimacy）、权力性（power）、紧急性（urgency）。合法性是指某一群体是否有被法律上、道义上或者习惯上认可的、向组织提出利益主张的权利，即是否已经授权或者理当授权获得利益的意向；权力性是指某一群体是否拥有影响组织决策的地位、能力和相应的手段；紧急性是指某一群体的权利主张的重要性、被注重和被采纳的紧迫程度。他认为，要成为利益相关者，至少要符合一条特征属性。按对评分的高低，利益相关者可以分为潜在型利益相关者、预期型利益相关者、确定型利益相关者。潜在型利益相关者只拥有一种属性，预期型利益相关者拥有两种属性，确定型利益相关者同时拥有三种属性③。基于对地理标志农产品利益相关者研究整体性和全面性考虑，本书研究倾向于采用弗里曼的观点。

对于地理标志农产品来说，其中确定的利益相关者有政府、企业、协会、农户（原料基地）、规制人；预期的利益相关者有大学及研究所、企

---

① FREEMAN R E. Strategic management：A stakeholder approach [M]. Cambridge University Press，1984.
② CLARKSON M E. A stakeholder framework for analyzing and evaluating corporate social performance [J]. Academy of Management Review，1995，20（1）：92－117.
③ MITCHELL R K，AGLE B R.，WOOD D J. Toward a theory of stakeholder identification and salience：Defining the principle of who and what really counts [J]. Academy of Management Review，1997，22（4）：853－886.

业员工、其他原料供应商、销售商、原产地区域居民等;潜在利益相关者有广告媒体、投资者、消费者、竞争者等。在地理标志农产品品牌的建设发展过程中,由于利益相关者众多且存在明显的不确定性和易变动性,通过对利益相关者的影响因素和行为选择进行研究,对其利益进行合理管理和保护,可以有效减少偷懒、"搭便车"和机会主义行为等道德风险问题的产生,使利益相关者对地理标志品牌产生认同感,促进地理标志品牌的发展。

2.2.4 协同学的基本原理

协同学是一门研究协同系统从无序到有序演化规律的新兴综合性学科。协同学"synegretics"一词源于希腊文"synergós",有"共同工作"之意,协同学即是"协同工作"的科学。协同学是20世纪70年代初由联邦德国物理学家哈肯创立的,建立在对激光理论研究的基础上。其研究对象是由许多子系统组成的、能以自组织方式形成宏观的空间、时间或功能有序结构的开放系统,即协同系统。协同学研究协同系统在外参量的驱动下和在子系统之间的相互作用下,以自组织的方式在宏观尺度上形成空间、时间或功能有序结构的条件、特点及其演化规律。协同学是一种通过子系统的相互作用自主、自发地产生系统规则的思想和方法。可以把协同学的研究内容概括为:自然界和人类社会各种系统发展演变所遵守的共同规律。协同学的研究方法可以拓展于其他学科,用以探索未知领域,是软科学研究的重要工具和手段。

1. 协同效应原理

协同效应(synergy effects)是指由于协同作用而产生的结果,是指复杂开放系统中大量子系统相互作用而产生的整体效应或集体效应。协同效应包括两个方面:从数量上来说,就是"$1+1>2$"的效应,即整体大于部分之和;从质量上来说,是指系统的结构、元素、特点等有了新的内容,即涌现。对千差万别的自然系统或社会系统而言,均存在着协同作用。协同作用是系统有序结构形成的内驱力。任何复杂系统,当在外来能量的作用下或物质的聚集态达到某种临界值时,子系统之间就会产生协同作用。这种协同作用能使系统在临界点发生质变产生协同效应,使系统从无序变为有序,从混沌中产生某种稳定结构。协同效应说明了系统自组织现象的观点。

2. 序参量与支配原理

支配原理又称伺服原理,即序参量支配子系统,快变量服从于慢变量的现象。支配原理符合老子关于"重为轻根、静为躁君"的论断。任何系统内部都有差异、不平衡以及矛盾,当系统远离临界点时,这些差异、不平衡以及矛盾处于被约束和压抑状态,不会对系统结构和行为产生重大影响。但随着系统向临界点不断运行,这些因素会逐渐被释放出来,在临界点被非线性放大,迅速区分出快变量和慢变量、稳定模与不稳定模、长寿命子系统与短寿命子系统,通过系统内部的竞争与协同作用,最终形成慢变量支配快变量、不稳定模支配稳定模、长寿命子系统支配短寿命子系统的宏观格局,使系统以有序结构取代无序结构,或以新的有序结构取代旧的有序结构。支配原理的实质在于规定了临界点上系统的简化原则——"快速衰减组态被迫跟随于缓慢增长的组态",即在接近临界点时,系统的动力学和突现结构通常由少数几个参变量即序参量决定,而系统其他变量的行为则由这些序参量支配。正如哈肯所说,序参量以"雪崩"之势席卷整个系统,掌握全局,主宰整个系统演化过程。

3. 自组织原理

"自组织"有两个方面的理解:一种是名词意义上的,指一种有序结构;另一种是动词意义上的,指形成有序结构的过程。名词意义上的自组织是与被组织相对应的。自然界和社会系统中存在着两种性质和过程相反的组织方式,一种是被(他)组织,另一种是自组织。被组织是指不能自行组织、自行创生、自行演化,只能依靠外界的特定指令被动地从无序走向有序的系统；自组织是指能够自行组织、自行创生、自行演化，无须外界特定指令而自主地从无序走向有序，形成有结构的系统[①]。动词意义上的自组织体现了系统协同演化的过程。在一定能量流、物质流和信息流输入的条件下，通过系统内部各子系统的竞争与协同，控制参量达到阈值，系统会形成新的时间、空间或功能有序结构，并通过各种形式的信息反馈来控制和强化这种自发组织的结果，这个过程称为自组织过程，相应的描述叫作自组织原理。自组织原理是协同学的核心理论。这里的自组织是一种高阶结构或功能模式的自发形式，它是通过低层次客体之间相互作用而产生的。根据系统论的观点，自组织是指一个系统在内部作用下，自发的按照从简单向复杂、从粗犷到细致的轨迹发展，不断增加自身的复杂程度和精细程度。按照热力学的观点，自组织系统是指某个系统通过自发的和外部系统之间进行物质、能量和信息交换，逐渐降低本系统的熵含量，使其变得更加有序。哈肯认为，如果一个系统在形成时间、空间或功能有序结构过程中没有受到来自外部的作用，就可以称这个系统是自组织的。这种能自行产生组织性和相干性的现象，叫自组织现象。

2.3 地理标志农产品质量安全与品牌价值

2.3.1 地理标志农产品品牌价值的含义及分类

品牌价值是品牌产品与非品牌产品的核心区别所在，非品牌产品可能只有基本的使用价值，而品牌能够给产品带来除此之外的附加价值而使企业和顾客获得更多的利益。品牌价值是品牌给企业和顾客带来的附加价

---

① 吴彤. 自组织方法论研究[M]. 北京：清华大学出版社，2001：3.

值。地理标志农产品的品牌价值分为生产者价值和消费者价值两个方面。

1. 生产者价值

对于生产者本身来说,品牌价值体现在有品牌产品比无品牌产品更能获得超额现金流(超额价值)。对于生产者以外的参与者来说,品牌价值是产品的生产者为内外部顾客、供应商、投资者和社区等利益相关者创造价值,这其中包括为制造商创造价值,为服务提供商创造价值,为营利组织和非营利组织中利益相关者创造价值。需要注意的是,品牌价值不等同于利益相关者价值的简单总和,品牌通过主要利益相关者的满意度感知及其多重行为来实现对利益相关者的价值承诺,为品牌价值(创造)产生多重影响,具有循环效应。

利用地理标志品牌的品牌形象,增加消费者的认同感和信赖感,从而提升农产品的品牌价值,增强其国际和国内市场竞争力。如"中宁枸杞""章丘大葱""紫阳富硒茶""洛川苹果"等商品在使用地理标志商标后,商品价格增长了3~6倍,品牌价值提升显著。

2. 消费者价值

科勒(Keller,1993)提出品牌之所以对企业有价值,根本原因在于品牌对于顾客有价值,反映消费者根据自身需要对某一品牌的偏爱和态度。在有品牌和无品牌的产品中,消费者在认知上做出差异性的反应,由此体现品牌价值。品牌是消费者如何感受一个产品,它代表消费者在其生活中对产品与服务的感受而滋生的信任、相关性与意义的总和。品牌只有被顾客认知,并愿意为该品牌支付溢价时,品牌价值才能最终得以实现。按照顾客价值观点,顾客价值是顾客关于产品或服务的"利得"和"利失"的综合评价。因此,在顾客视角下,品牌价值可以被看成是品牌为顾客带来的利益集合,品牌价值的大小最终通过顾客愿意为品牌支付的溢价来衡量。他从顾客角度提出了品牌价值概念,认为强势品牌的高价值不只与高知名度有关,主要还是因为其与消费者建立了深度的联系,能让消费者感受到其所代表的价值。品牌价值主要分为四个层次,即品牌认知度、品牌接受度、品牌偏好和品牌忠诚。品牌价值主要体现在品牌与消费者的关系之中，当消费者能够将品牌与自身能得到的产品、服务或它们的使用价值等各种有形和无形价值联系起来时，消费者就会主动产生购买行为，并对品牌形成品牌忠诚度，同时愿意支付较高的价格。

基于以上观点，科勒提出了基于品牌资产的顾客价值模型（customer-based on brand equity，CBBE），他认为品牌建设是一系列上升的步骤，自下而上分别是：（1）确保顾客能够识别该品牌，并且将品牌与特定的品类或顾客需求联系起来；（2）通过将大量的有形品牌联想和无形品牌联想战略性地联系起来，在消费者心中牢固地建立起品牌含义；（3）引发顾客在与品牌相关的判断和感受方面做出恰当的反应；（4）将顾客对品牌的反应转化成强烈而活跃的忠诚度。根据这个模型，制定四个步骤的同时也意味着建立一个由六个"品牌建立模块"组成的金字塔，如图2-1所示。这个模型强调了品牌的二元性——品牌构建的理性路线是在"金字塔"的左边，情感路线在右边。

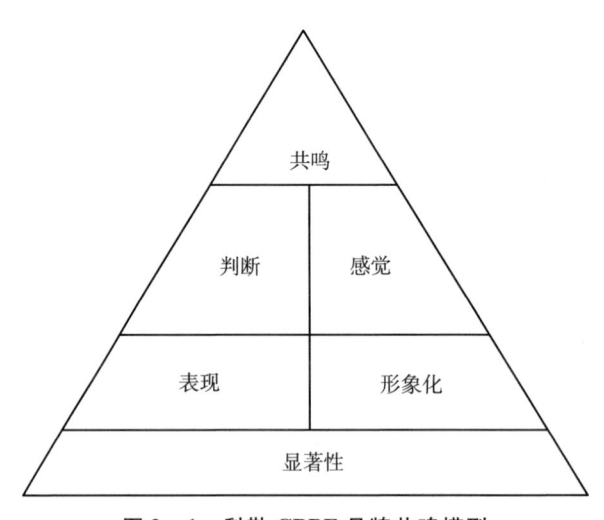

图2-1 科勒CBBE品牌共鸣模型

资料来源：作者整理。

想要创建显著的品牌资产就必须达到品牌"金字塔"的顶端，只有把恰当的品牌创建模块放到合适的位置才能实现。其中,品牌显著性指在各种购买和消费情境中,顾客想到该品牌的经常性和容易程度;品牌表现是指产品或服务在多大程度上能够满足顾客的功能性需求;品牌形象化描述的是产品或服务的外在特性,包括品牌试图满足顾客的心理或社会需求的方式;品牌判断聚焦于顾客自己的个人观点和评价;品牌感觉指的是顾客对品牌有关的情绪性响应和反应;品牌共鸣描述了顾客与品牌之间的关系,以及他们认为自己与品牌"同步"的程度。它是顾客与品牌形成的心理纽带的强度,以及生成的行为水平[1]。

2.3.2 地理标志农产品品牌价值评价模型

1. 马克思市场价值理论的视角

马克思的劳动价值理论认为,商品的价值量是由社会必要劳动时间决定的。社会必要劳动时间在马克思劳动价值理论中居于核心地位,它决定着商品之间交换比例的因素,一种商品需要的社会必要劳动时间越长,则价值越大。

按照马克思价值公式 $W = C + V + M$,我们可以假定地理标志农产品品牌价值度量的公式:

$$\sum M = M + \Delta M = (C+V+M) + (c+v+m) = (C+c) + (V+v) + (M+m)$$

其中,C 是产品的一般固定成本,而 c 是品牌产品在品牌资产或品牌价值方面的增加的成本支出,如更好的原材料,更高技术水平的工具,更高标准的技术,专利或标准,更好的生产环境(污染低、环保等),更高的营销费用,更多的人员培训等;V 是一般的劳动成本,而 v 则是指从事思维活动的人力资本,包括是更多的培训和教育费用,生产劳动者更高的

---

[1] KELLER K L. Conceptualizing, measuring, and managing customer-based brand equity [J]. Journal of Marketing, 1993, 57 (1): 1-22.

素质，更高技术、管理水平的人才，营销和品牌维护人员投入等，即超出一般功能性使用价值需要的文化（信息）创造活动；M 是一般商品的剩余价值，m 是指因为品牌增加投入而得到的剩余价值，即品牌价值的增值或附加值（一般财务上的品牌溢价）。整个公式中，体现出商品中包含的物化劳动转移价值与活劳动新创造的价值部分，价值构成主要考虑价值产生与价值增值的部分[①]。

2. 虚拟经济价值理论的视角

从另一种角度来说，品牌价值本质上是一种虚拟价值，是在品牌产品的生产过程以及广告宣传、营销活动、商业服务、品牌管理、社会生活等全过程共同创造的价值。品牌的自然属性是一种满足人们心理对产品质量、品质、安全、知识、艺术、尊贵、时尚等文化性（信息态）消费需要的一种虚拟使用价值，是品牌价值的载体。品牌是一种物化价值和文化价值的容介态。品牌价值首先是一种信息态的价值形式，是在品牌产品生产及服务、营销、广告、消费等活动中，创造和积累的信息（文化）凝结于品牌及其产品之上的一种价值。

品牌是一种典型的以产品或服务为载体的虚拟产品（虚物），是企业拥有的一种以非物质（信息）形态存在的无形资产或者虚拟资产，对消费者而言，品牌是一种满足人们心理消费需要的特殊的使用价值，这种使用价值是一种非功能性的"虚拟使用价值"。这里的虚拟使用价值主要是指满足心理消费需要的使用价值，这种以信息（虚拟使用价值）为载体的无形价值就是品牌价值；而一般功能性使用价值则是满足生理消费需要的使用价值。对品牌商品而言，商品价值是无形的品牌价值和有形的产品价值的二元价值容介态。这种价值是一种虚拟价值，是以无形的信息态（精神和文化）的形式附加在商品体上提供给消费者享用的一种虚拟价值，反映人们之间的社会关系。品牌使用价值是品牌的自然属性，主要是

---

① 乔均. 基于马克思主义市场价值理论的品牌价值研究 [D]. 南京：南京师范大学，2007.

满足消费者心里对产品质量、品质、安全、美、艺术、文化、尊贵、时尚性等精神（信息态）需要的一种虚拟使用价值。品牌价值不是单纯由生产环节的劳动创造出来的，而是由围绕产品生产、营销活动、商业服务、品牌管理、社会生活等整个生产生活共同创造和积累的结果。消费者对品牌价值的形成也有贡献，在商品社会的交往和交换过程中，消费者对品牌价值的认同和视界融合，会以产生感情（信息形式）的方式衍射或黏合于品牌企业及其产品之上，从而实现和增加品牌的价值。

品牌价值作为一种虚拟价值其大小并没有一般的社会必要劳动时间，其中既包括参与品牌产品生产的各种劳动的创造，也包括围绕品牌及其产品开展的营销活动、广告宣传、商业服务、品牌管理等活动创造的新价值。品牌价值的社会实现（市场价格）主要取决于社会认同，即由社会必要的生产生活（生产力发展水平）时间决定，尽管这个社会生产生活时间，可能因为品牌垄断而取决于个别的自由生产生活时间。在表现形式上，品牌价值的大小取决于消费者对品牌承载信息（文化）的接受和认同。需要特别指出的是，无论是品牌虚拟价值还是虚拟使用价值，一般都与产品本身的价值和使用价值形成直接的二元容介态，并以一个整体的形式表现出来。品牌的自然属性表现为商标符号和商品实体的容介态，而品牌的社会形式通过价格、信誉、品质、文化等方式存在。

品牌虚拟使用价值是一种信息态的使用价值，和物质的功能性使用价值相对应。品牌供应者如果能够满足消费者对品牌信息态使用价值的需求，使消费者能够获得尊贵、时尚、品位、文化、情感等方面的心理消费需要，实质上等于为消费者创造了新的价值，消费者会以品牌忠诚（信息）回馈生产者；生产者通过创造出更多的品牌价值要素（信息态）提供给消费者，从而提升品牌价值，如此循环往复。相反，如果品牌产品生产不能够通过创新技术、加强管理、优质服务、广告宣传等为消费者提供不断优化的信息使用价值，甚至寅吃卯粮，减少信息态使用价值供应，消费者将失去对品牌价值的购买，品牌价值就会缩水甚至消亡。

品牌产品一般是信息态的品牌价值和物质态（或服务）产品价值的容介态。品牌最初在产品生产过程中创造并不断加强，品牌价值一旦形成，也就具有自身的特殊规律。除了产品生产的基础之外，营销、广告、商业、维护、服务、消费等作用都对品牌价值具有重要的影响，它们往往起着增值或放大品牌价值的作用。当然如果企业人为地放大并不断做出超出产品实际水平的营销、宣传等活动，可能会适得其反。品牌价值的特殊性在于，在一般情况下，信息态的品牌资产转移不依自身的直接消耗为代价，而是复制和传播的过程。但是，一旦企业不能够不断地创造出新的信息态使用价值，过去的信息资产可能会立即消失，所以生产信息态使用价值同样需要相关劳动、物质态以及信息态资料的投入。

总之，广义虚拟经济价值理论认为，品牌是一种商品形式，通常和品牌产品以容介态的形式存在。品牌价值从本质上讲是一种虚拟价值，是围绕品牌产品的生产、营销、服务、管理等劳动创造的，同时品牌价值的实现取决于消费者的认同——对品牌价值（内涵文化信息）的融合；品牌本身又是一种虚拟使用价值，主要用于满足人们心理消费需要。加强品牌要素投入，增强品牌管理、营销和维护，建设企业品牌文化，是提升品牌价值的关键。而知识（思维）劳动以及技术、管理和人文创新是提升品牌价值的能动因素[①]。

3. 服务品牌理论的视角

随着服务社会的发展、服务品牌的出现，多数制造商获取和保持竞争优势的方法已经悄然改变。现代企业想单纯依靠产品的功能特点唤起消费者的购买激情已相当困难。消费者不仅重视产品的功能特点，同时也越来越重视心理需求的满足。消费者的消费行为由"目的消费"逐渐转向"过程消费"，从强调"生理消费"逐渐转向"心理消费"，人们逐步进入重视"情绪价值"胜过"机能价值"的时代。在此背景下，服务品牌化

---

① 王彦亮，林左鸣. 广义虚拟经济价值理论视角的品牌价值研究［J］. 广义虚拟经济研究，2013，4（1）：37-48.

成为非常有效的一种销售手段，也是一种长期的竞争优势。当今的公司要赢得市场竞争，提高服务水平、塑造服务品牌是重中之重。从总体上说，提高服务水平不只是为了争取现实的消费者，同时也是着眼于公司的未来。

服务企业生产经营系统具有高度的开放性，顾客与企业之间存在大量的交互作用，这种交互作用直接影响到顾客情感性价值的生成，继而影响到服务企业竞争力。服务行业同样也创造劳动价值。只要对社会有用、有效益的劳动都是生产劳动，都创造价值。这样生产劳动的范围就大大拓宽了，如咨询、策划、决策、管理、技术、服务等劳动，也是生产劳动，他们的劳动也创造价值。服务过程管理有利于提高顾客的情感价值。在服务过程中，顾客与服务人员一同进行服务生产和传递，他们还十分重视在互动过程中的情感价值，因为这种情感价值为顾客提供了外在和内在双重利益。

地理标志农产品品牌在发展的过程中同样离不开服务活动。一方面，通过增加售前、售中、售后服务，进一步焕发地理标志品牌的活力，拓宽到服务领域，填补服务空白，引导和促进服务消费升级换代；另一方面，充分突出重点优势，强化已有特色优势，满足不同市场、不同层次、不同类型需求。同时，应着眼于新发展理念，坚持发展质量与发展效益并重，将传统品牌销售与现代服务业结合起来，将基本服务需求与高端服务需求结合起来，将丰富服务内容与提升服务质量结合起来，整合优势资源，着力服务体系构建，加强品牌保护与品牌推广。

2.3.3 质量安全对地理标志农产品品牌价值的影响

1. 对核心利益的影响

地理标志农产品之所以区别于一般农产品，关键是因为产品的独特品质及质量，它是由产地内的自然因素或人为因素决定的。它是该地区的特色产品的质量、信誉以及其他特征的有机结合。这里的自然因素是指产地内的环境、气候、土质、水源、物种以及天然原料等；这里的人为因素往往是指制造工艺、传统配方、生产经验和技术等。如新疆的哈密瓜，由于该地区独特的自然条件和地理位置以及特殊的工艺等因素，决定了其特殊的品质。

依托原产地特性，将地理标志农产品建设为质量标志产品。地理标志农产品品牌是高品质商品的品牌，是对消费者做出的承诺。提升地理标志农产品质量安全，有利于推动地理标志农产品的品牌建设，产生正外部效应，形成一种"特色名片"，代表着区域内高质量高品质的农产品，成为中国优秀传统文化和现代文明的重要载体，树立地理标志品牌，提升产品的国际竞争力。品牌是供给体系的升级方向，提高地理标志农产品质量安全培训、有助于资本、技术、信息、人才、科技等要素向农业、农村流动，有助于农业由增产导向转向提质导向，提高农业全要素生产率的提高，培育农业、农村发展新动能，助力第一、第二、第三产业融合发展，加快构建现代农业生产体系、经营体系及产业体系。地理标志农产品凭借产品的高质量或特色进行非价格竞争，使产品焕发新的生机与活力。地理标志品牌具有产品的不可替代性和与生俱来的地域垄断性，使产品具有更旺盛的生命力，在市场竞争中转化为比较优势或绝对优势，有利于地理标志农产品品牌竞争力的提升。

2. 对功能性利益的影响

根据要求严格质量控制有利于地理标志农产品的质量提升，以更好的状态发挥出其应有的功能、效用等。《农产品地理标志质量控制技术规范》规定了地理标志农产品的地域范围、自然环境、生产方式、品质特色、质量安全以及标志使用等内容，属于国家强制性技术规范，各相关方必须遵照执行。提高地理标志农产品质量安全水平，有利于提升地理标志农产品本身的产品质量、产品品质，推动地理标志农产品的功能性利益的提升。提升地理标志农产品质量是满足人民群众消费升级的必然要求。从城乡居民消费需求来看，产品质量安全及美好生态环境已然成为关键需求。随着城乡居民生活水平的不断提高，消费观念正在发生改变，消费需求更加体现出个性化、高端化和独特化的特征，消费升级已成为地理标志农产品提高功能性利益的重要动因。

随着社会进步速度的不断加快，生活节奏持续加速，消费者希望在繁忙中保持身体健康，对药食同源的功能性农产品需求不断增加。地理标志农产品提升质量安全，更有利于产品的功能、效用、属性等特征更有效地发挥，方便消费者选择更加健康、绿色、安全的农产品，推动品牌价值的建设与提升。

3. 对情感性利益的影响

相比其他商品，消费者在购买地理标志农产品时具有更强烈的本土意识，这与地理标志农产品的地域依赖性和消费者的行为习惯、文化传承性等方面有较大的联系。品牌个性便是将地理标志农产品所蕴含的地理和人文特色提炼、传递给消费者，使消费者对区域特殊的情感转移到产品上来，从而建立情感联系。通过不断地与消费者保持情感的交流，使冷冰冰的产品变成消费者的朋友，甚至亲人。

地理标志农产品不同于一般农产品，凝结着一个地区长期的历史传统文化，它往往具有独特的特色，因而地理标志农产品的价值绝不仅仅是其食用价值，更应综合其各方面的影响，充分挖掘不同因素对其品牌价值的影响，以提高其附加值，增强消费者的情感性价值。

地理标志农产品的品质和特性容易被竞争对手仿造，但情感上的差异不易效仿，也易于长期保持，这对品牌来说是笔巨大的财富。现如今的消费者更加感性化，除追求物质满足外，更追求其个性、情感和体验方面的感性需要。独特的品牌个性可以帮助品牌农产品在市场竞争中脱颖而出，依靠地域情感在消费者心中占据一定的位置，提高消费者的品牌忠诚度，从而增加品牌资产。

地理标志农产品质量是构建品牌情感联结塑造的核心内容，是赢得消费者信任的首要因素。近些年，随着农产品种植技术的提升，地理标志农产品质量问题也成为重中之重，是消费者购买农产品首要考虑的问题，是农产品品牌情感建设的基础核心要素。地理标志农产品不仅不能出现任何质量问题，而且要生产高质量的产品，打造品牌信誉，赢得顾客喜爱。将当地的高品质生产习俗提炼成品牌个性，向消费者透明化宣传，让消费者了解品牌，了解当地风土人情，在消费者心中形成稳定的品牌印象，从而得到公众对品牌农产品高质量的认可，提高情感性利益。

第3章

地理标志农产品发展现状及规制困境

3.1 地理标志农产品发展概况

我国农业历史源远流长,在几千年的发展过程中各个地区由于其特殊的自然气候环境和地方风俗习惯形成了众多各具当地特色的地理标志农产品。

1. 全国地理标志总数[①]

在北京中郡世纪地理标志研究所《第四次全国地理标志调研报告》中,截止到2020年8月8日,全国地理标志数量有8421个。

在地理标志四次调研中,地理标志数量分别是:

2005年,第一次全国地理标志调研,地理标志数量323个;

2011年,第二次全国地理标志调研,地理标志数量1949个;

2013年,第三次全国地理标志调研,地理标志数量3210个;

2020年,第四次全国地理标志调研,地理标志数量8421个。

全国地理标志农产品数量变化情况如表3-1和图3-1所示。

---

① 本书全国数据不包含我国港澳台地区。

表 3 - 1　　　　　　　　全国地理标志调研数量变化

地理标志调研报告	报告年份	地理标志数量（个）	年均增长率（%）
第一次调研报告	2005	323	
第二次调研报告	2011	1949	34.93
第三次调研报告	2013	3210	28.34
第四次调研报告	2020	8421	14.77

资料来源：第四次全国地理标志调研报告。

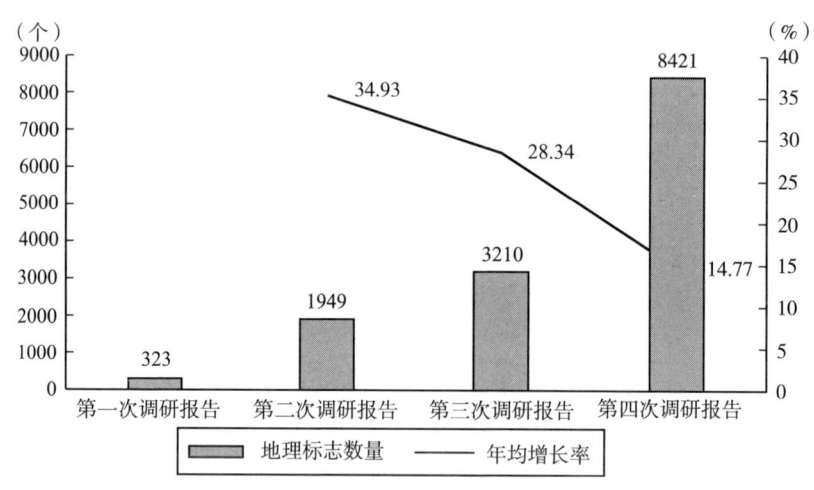

图 3 - 1　全国地理标志农产品数量变化

资料来源：第四次全国地理标志调研报告。

2. 地理标志农产品人均值和地均值

全国地理标志农产品人均值为每百万人有 6.03 个地理标志，全国地理标志农产品地均值为每万平方千米有 8.74 个地理标志。四大地区中，西部地区地理标志农产品人均值最高，达到每百万人拥有 8.08 个地理标志；东部地区地理标志农产品地均值最高，达到每万平方千米有 31.23 个地理标志（见表 3 - 2 和图 3 - 2）。

表 3-2　　　　第四次调研全国四大地区地理标志数量对比

类别	东北地区	东部地区	西部地区	中部地区	全国
地理标志数量（个）	650	2871	3068	1832	8421
比例（%）	7.72	34.09	36.43	21.76	100
人均值（个/百万人）	6	5.34	8.08	4.94	6.03
地均值（个/万平方千米）	8.13	31.23	4.46	17.62	8.74

资料来源：第四次全国地理标志调研报告。

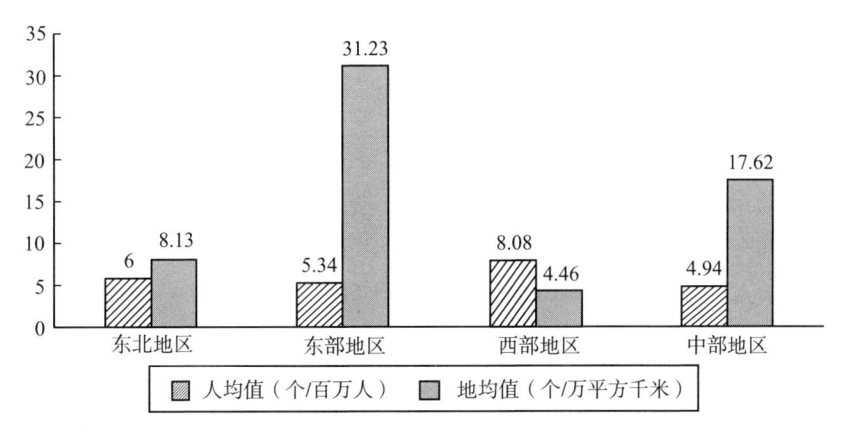

图 3-2　第四次调研全国四大地区地理标志人均值和地均值比较

资料来源：第四次全国地理标志调研报告。

3. 不同省区市地理标志农产品类别

我国省区市中各产品类别的地理标志农产品数量反映出各产品类别在省域内的优劣差异。为了便于分析比较，将地理标志划分为十大产品类别，分别是果品类、蔬菜类、粮油类、茶叶类、酒品类、畜禽品类、水产品类、食品类、中药材类和综合类。

在北京、福建、广东、广西、贵州、海南、河北、湖南、辽宁、宁夏、山东、山西、陕西、上海、四川、新疆、云南、浙江和重庆19个省区市中，果品类地理标志农产品在省域内数量比较多，具有比较优势；在河南和湖北2个省中，蔬菜类地理标志农产品在省域内数量比较多，具有比较优势；在安徽，茶叶类地理标志农产品在省域内数量比较多，具有比较优势；在黑龙江、吉林和江西3省中，粮油类地理标志农产品在省域内数量比较多，具有比较优势；在江苏和天津2省市中，水产品在省域内数量比较多，具有比较优势；在甘肃、内蒙古、青海和西藏4省区中，畜禽品类地理标志在省域内数量比较多，具有比较优势（见表3-3）。

表3-3　第四次调研全国省区市地理标志产品类别数量顺序

省区市	1	2	3	4	5	6	7	8	9	10
安徽	茶叶	果品类	蔬菜类	畜禽类	水产品	粮油	综合	中药	食品	酒品类
北京	果品	综合类	食品类	蔬菜类	畜禽类	酒品	粮油	茶叶	水产	中药类
福建	果品	水产类	茶叶类	蔬菜类	食品类	综合	粮油	中药	畜禽	酒品类
甘肃	畜禽	果品类	中药类	蔬菜类	粮油类	食品	综合	茶叶	酒品	水产类
广东	果品	食品类	粮油类	蔬菜类	水产类	中药	综合	茶叶	畜禽	酒品类
广西	果品	畜禽类	蔬菜类	茶叶类	粮油类	中药	食品	水产	综合	酒品类
贵州	果品	畜禽类	粮油类	蔬菜类	茶叶类	中药	食品	综合	酒品	水产类
海南	果品	畜禽类	蔬菜类	粮油类	食品类	综合	中药	水产	茶叶	酒品类
河北	果品	粮油类	蔬菜类	食品类	中药类	综合	畜禽	水产	酒品	茶叶类
河南	蔬菜	中药类	粮油类	果品类	综合类	畜禽	食品	水产	茶叶	酒品类
黑龙江	粮油	蔬菜类	水产类	果品类	畜禽类	中药	食品	酒品	综合	茶叶类
湖北	蔬菜	粮油类	果品类	茶叶类	水产类	中药	食品	畜禽	综合	酒品类
湖南	果品	蔬菜类	茶叶类	畜禽类	粮油类	综合	食品	水产	中药	酒品类
吉林	粮油	中药类	果品类	蔬菜类	畜禽类	食品	酒品	综合	水产	茶叶类
江苏	水产	蔬菜类	果品类	粮油类	综合类	畜禽	食品	中药	茶叶	酒品类
江西	粮油	果品类	蔬菜类	茶叶类	畜禽类	食品	中药	综合	水产	酒品类
辽宁	果品	水产类	粮油类	中药类	食品类	蔬菜	畜禽	综合	酒品	茶叶类
内蒙古	畜禽	粮油类	蔬菜类	果品类	食品类	中药	水产	综合	酒品	茶叶类
宁夏	果品	粮油类	畜禽类	蔬菜类	中药类	综合	食品	水产	酒品	茶叶类
青海	畜禽	粮油类	蔬菜类	中药类	综合类	食品	果品	酒品	茶叶	水产类
山东	果品	蔬菜类	水产类	畜禽类	粮油类	食品	综合	中药	茶叶	酒品类

续表

省区市	1	2	3	4	5	6	7	8	9	10
山西	果品	粮油类	蔬菜类	食品类	中药类	畜禽	综合	水产	茶叶	酒品类
陕西	果品	食品类	粮油类	蔬菜类	中药类	综合	茶叶	畜禽	酒品	水产类
上海	果品	蔬菜类	综合类	畜禽类	粮油类	酒品	食品	水产	中药	茶叶类
四川	果品	畜禽类	蔬菜类	食品类	中药类	粮油	茶叶	综合	酒品	水产类
天津	水产	果品类	蔬菜类	食品类	粮油类	酒品	畜禽	中药	茶叶	综合类
西藏	畜禽	粮油类	食品类	中药类	综合类	蔬菜	果品	酒品	茶叶	水产类
新疆	果品	畜禽类	食品类	中药类	蔬菜类	粮油	综合	酒品	茶叶	水产类
云南	果品	食品类	畜禽类	茶叶类	粮油类	蔬菜	中药	综合	水产	酒品类
浙江	果品	茶叶类	蔬菜类	中药类	水产类	食品	综合	畜禽	粮油	酒品类
重庆	果品	蔬菜类	畜禽类	粮油类	食品类	综合	中药	茶叶	酒品	水产类

资料来源：第四次全国地理标志调研报告。

3.1.1 我国发展地理标志农产品的优势

我国陆海兼备，南北跨越多个热量带，东西跨越多个地形阶梯，多种多样的气候和地貌适宜众多种类的动植物类群体生长发育，形成了资源特征各异的南方与北方、沿海与内陆等各具特色的农业地域。我国幅员辽阔，国土面积与欧盟的整体面积相近，南北横跨约5500千米，东西相距约5000千米，大部分处于温带地区，多样的地形地貌，山川、河流、丘陵以及平原交错相间；独特的气候条件、复杂的地貌特征以及悠久的饮食文化等特点，为我国地理标志农产品的生产提供了得天独厚的环境条件和社会条件。

改革开放以来，商品生产得到了突飞猛进的发展，各种各样颇具特色的地方产品不断涌现，有的甚至远销海外，有力地带动了当地经济的快速发展。我国多样化的地理、生态、气候条件，众多的民族及不同的生活习惯，形成了丰富多彩的地理标志农产品。同时，我国地域辽阔，即使是同一品种的农产品，也会因在不同的地域栽培而形成很大的差异，不同地区有各自特色的自然、人文条件，从而形成了当地的特色农产品。具体表现在地理环境、土质、气候、光照、温湿度等生态条件，和人们的耕作习惯、人文风俗、灌溉种植特色等人文条件，这些因素都会直接影响到农产品品质的独特性。

地理标志农产品除具有自身个性以外，还蕴含着国家赋予的认证指标形象。成功申报地理标志后，政府对地标品牌具有监管责任，使地理标志不仅表明该产品产自特定的产地，还代表该产品生产、运输中有着特别的质量规范体系，是消费者购买、识别品牌农产品的标志之一。

3.1.2 地理标志农产品的地域分布

1. 地理标志农产品分地区情况

全国地理标志农产品在四大地区中的分布情况是：东部地区的地理标志农产品数量是2871个，占全国总数的34.09%；东北地区的地理标志农产品数量是650个，占全国总数的7.72%；中部地区的地理标志农产品数量是1832个，占全国总数的21.76%；西部地区的地理标志农产品数量最多，达到3068个，占全国总数的36.43%（见图3-3）。

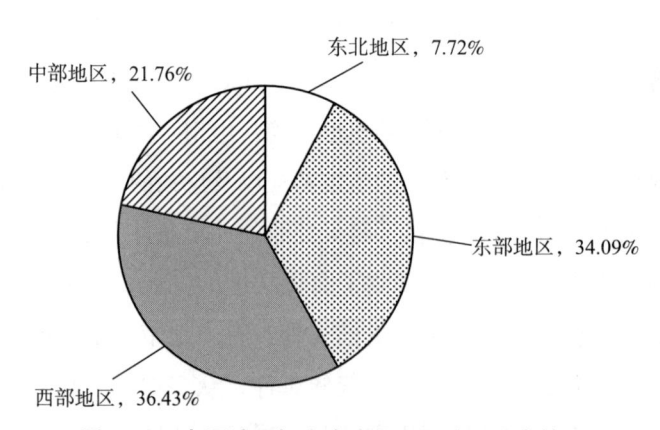

图3-3 全国地理标志农产品不同地区分布情况

资料来源：第四次地理标志调研报告。

第3章 地理标志农产品发展现状及规制困境

四大地区的省区市名单是依据《中国统计年鉴》中的划分规范。东部地区：北京、天津、河北、上海、江苏、浙江、福建、山东、广东、海南。东北地区：辽宁、吉林、黑龙江。中部地区：山西、安徽、江西、河南、湖北、湖南。西部地区：内蒙古、广西、重庆、四川、贵州、云南、西藏、陕西、甘肃、青海、宁夏、新疆。

西部地区的自然因素和人文因素丰富多样，地理标志农产品资源众多，地理标志农产品对强县富民和精准扶贫作用显著，多方关注并加快了地理标志注册登记工作。在第四次调研中，西部地区地理标志数量首次超过东部地区，数量最多，有3068个，占到总数的36.43%。

2. 地理标志农产品分省区市情况

全国省区市积极开展了地理标志注册登记工作，地理标志数量增长迅速。地理标志数量超过500个的省区市有4个，400~500个的无，300~400个的有3个，200~300个的有16个，100~200个的有3个，在100个以下的省区市有5个（见表3-4）。

表3-4　　　　　　第四次调研全国省区市地理标志数量

地理标志数量等级	省区市数量（个）	省区市名单
超过500个	4	山东、四川、湖北、福建
400~500个	—	—
300~400个	3	江苏、云南、浙江
200~300个	16	贵州、河南、重庆、湖南、辽宁、内蒙古、安徽、河北、黑龙江、陕西、广西、广东、甘肃、山西、新疆、江西
100~200个	3	西藏、吉林、海南
100以下	5	青海、宁夏、天津、北京、上海

资料来源：第四次全国地理标志调研报告。

全国省区市的地理标志农产品平均数量为271.65个，在平均数以上的有12个，平均数以下的有19个。全国地理标志农产品注册登记数量最多的省区市是山东（964个），最少的省区市是上海（31个）。

地理标志农产品数量居于前五位的省区市分别是：山东（964个）、四川（678个）、湖北（605个）、福建（533个）、江苏（366个），其数量总数占全国地理标志农产品总数的37.36%，超过了全国地理标志农产品数量总数的1/3（见表3-5和图3-4）。

表3-5 第四次调研全国省区市地理标志数量

省区市	数值（个）	比例（%）	排序
安徽	257	3.05	14
北京	37	0.44	30
福建	533	6.33	4
甘肃	232	2.76	20
广东	237	2.81	19
广西	247	2.93	18
贵州	298	3.54	8
海南	104	1.24	26
河北	253	3.00	15
河南	278	3.30	9
黑龙江	252	2.99	16
湖北	605	7.18	3
湖南	274	3.25	11
吉林	126	1.50	25
江苏	366	4.35	5
江西	201	2.39	23
辽宁	272	3.23	12
内蒙古	269	3.19	13

第3章 地理标志农产品发展现状及规制困境

续表

省区市	地理标志数量		
	数值（个）	比例（%）	排序
宁夏	80	0.95	28
青海	97	1.15	27
山东	964	11.45	1
山西	217	2.58	21
陕西	251	2.98	17
上海	31	0.37	31
四川	678	8.05	2
天津	40	0.48	29
西藏	128	1.52	24
新疆	203	2.41	22
云南	310	3.68	6
浙江	306	3.63	7
重庆	275	3.27	10

资料来源：第四次全国地理标志调研报告。

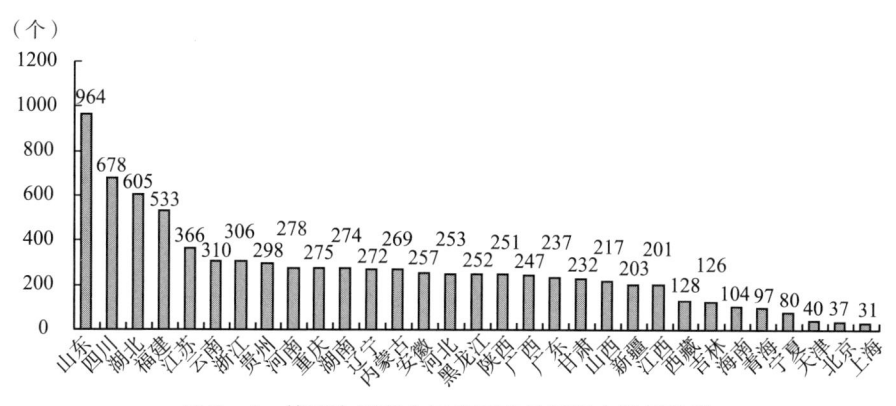

图3-4 第四次调研全国省区市地理标志数量比较

资料来源：第四次全国地理标志调研报告。

3.1.3 地理标志农产品的品牌价值

随着经济的不断发展，人们的消费理念也在发生着深刻的变化，人民由最初的吃饱穿暖逐渐向追求健康、品质的方向发展。国外发展的经验表明，地理标志品牌建设能够有效增强产品竞争力、提高产品溢价，促进对外贸易发展，由此可见，居民消费观念的转变和消费层次的提高为地理标志产品的发展提供了莫大的契机。

近些年，各地方政府积极申办地理标志农产品品牌。根据第四次全国地理标志调研报告显示，截止到2020年10月10日，全国地理标志数量有8563个，是第一次调研数量的26.07倍，年均增长率为24.28%，数量增长非常快。地理标志品牌一般以特定产品为载体，作为一种特殊的商标以及品牌，地理标志的使用会提高特定产品的品牌溢价。

我国山东省章丘市的大葱使用"章丘大葱"地理标志后，其经济价值明显提高，注册后的价格是以前的好几倍，每公顷纯收入在133.4元以上，主产区乡镇户均过万元。2003年，宁夏回族自治区使用"中宁枸杞"地理标志后，"中宁枸杞"已成为宁夏回族自治区中宁县的经济发展一大支柱，年实现产值2.34亿元[①]。据国家市场监督管理总局统计，从全国各地反馈的情况看，已经获得地理标志注册的农产品收购价格普遍上涨15%~20%。如天津"小站稻"地理标志于1999年被核准注册为证明商标，天津市津南区农业技术推广服务中心同时制定了《小站稻栽培技术操作规程》《小站稻质量标准手册》，提高了小站稻的品质，小站米成为许多连锁超市中最受欢迎的粮食类商品之一。近几年来，小站米的经济效益显著提升：普通大米每公斤售价不足4元，而精制小站米在国内每公斤可以卖到9元；出口日本的小站稻离岸价格每公斤达48元，稻农每年由此而增收超过千万

---

① 李晓秋. 对农产品领域地理标志法律保护的思考 [J]. 电子知识产权, 2005 (11): 22 - 25.

元。而"安徽铁观音"地理标志证明商标注册得到保护之后,出口单价比全国茶叶平均价格高出80%,所在地农民近年人均纯收入都以8%以上的幅度增长①。表3-6展示2020年中国强竞争力地理标志农产品品牌。

表3-6　　　　2020年中国强竞争力地理标志农产品品牌

序号	地理标志品牌名称	地理标志品牌分类	省区市
1	安徽铁观音	茶叶类	福建
2	洋河大曲	酒品类	江苏
3	烟台葡萄酒	酒品类	山东
4	武夷山岩茶	茶叶类	福建
5	五常大米	粮油类	黑龙江
6	赣南脐橙	果品类	江西
7	普洱茶	茶叶类	云南
8	郫县豆瓣	综合类	四川
9	烟台苹果	果品类	山东
10	贺兰山东麓葡萄酒	酒品类	宁夏
11	盘锦大米	粮油类	辽宁
12	蒙阴蜜桃	果品类	山东
13	盱眙龙虾	水产类	江苏
14	佳木斯大米	粮油类	黑龙江
15	南丰蜜橘	果品类	江西
16	中宁枸杞	中药类	宁夏
17	安岳柠檬	果品类	四川
18	蒲江雀舌	茶叶类	四川
19	六安瓜片	茶叶类	安徽
20	建盏	综合类	福建
21	宜昌蜜橘	果品类	湖北

---

① 张晨.地理标志农产品的法律保护机制研究[D].天津:天津大学,2009.

续表

序号	地理标志品牌名称	地理标志品牌分类	省区市
22	横县茉莉花茶	茶叶类	广西
23	静宁苹果	果品类	甘肃
24	科尔沁牛肉	畜牧品	内蒙古
25	盘锦河蟹	水产类	辽宁
26	沂源苹果	果品类	山东
27	乌兰察布马铃薯	蔬菜类	内蒙古
28	扳倒井酒	酒品类	山东
29	蒲江猕猴桃	果品类	浙江
30	方正大米	粮油类	黑龙江
31	庆安大米	粮油类	黑龙江
32	正阳花生	豆类	河南
33	武夷红茶	茶叶类	福建
34	湄潭翠芽	茶叶类	贵州
35	眉县猕猴桃	果品类	陕西

资料来源：中国品牌价值评价信息。

3.2 地理标志农产品发展的制约因素——食品质量安全

近年来，我国地理标志农产品在市场上频频出现质量安全事故，如"原阳大米蜡白油事件""平遥牛肉骡马肉事件""龙口粉丝吊白粉事件""五常大米香精事件""赣南脐橙染色事件"等连续性安全质量问题，引发了地理标志农产品"多米诺骨牌"式的信任危机，暴露出我国地理标志农产品质量安全管理方面存在不足和治理缺陷。因此，如何认真做好地理标志农产品的质量安全管理工作，成为当前亟待解决的重要问题。

农产品质量安全要求农产品符合规定的标准或达到要求的程度。本质在于提高防范能力，减少农产品中有毒有害物质对人体健康造成的危害。依据农产品质量问题的性质和来源，可将危害来源分为四类：第一类，根本型危害，指农产品产地环境中的污染物对农产品质量安全产生的危害。比如城市垃圾的不合理排放，污染土壤、水源等；工业废弃物中的重金属在土壤、河流中的累积，造成农业生态环境的恶化等。第二类，物理型危害，指由于在农产品生产过程中操作不规范，在农产品中混入有毒有害杂质而对农产品质量安全产生的危害。最为常见的就是在农产品中混入金属碎片、沙石等。第三类，化学型危害，指在生产、加工、贮藏以及运输等环节中，不合理地使用化学物质对农产品质量安全造成危害。最为常见的就是农药、兽药、非法添加剂等的过量使用。第四类，生物型危害，指自然界中的各类生物因子对农产品质量安全造成的危害，最为常见的就是致病性细菌污染、真菌毒素污染以及寄生虫污染等[1]。

地理标志农产品作为准公共品，因其明显的声誉共享性而引发的"公地悲剧"和"搭便车"现象，使其质量安全保障变得尤为复杂。地理标志农产品质量安全问题涉及农产品生产、加工、销售的每一个环节，具体表现在：农业生态环境资源因素，有毒有害化学物质的残留因素，添加剂不当使用的因素，微生物诱发因素，新原料、新工艺使用因素，市场与政府双失灵因素，科技进步带来的控制和技术风险因素等。同时，过量使用化肥导致土壤中有机质含量不断减少，致使土地肥沃程度降低，对农产品品质产生威胁，还会促使生产者对化肥施用的过分依赖，形成恶性循环。农药过分施用会引起土壤、水体中重金属等物质聚集，通过农产品的生长、吸收转移到农产品本身引发农产品质量安全问题。由于化肥、农药的使用，会破坏土壤、水体等本体中有机平衡，对农业资源产生影响，也会影响到代际公平。农药施用造成的大气污染、农膜产生的光污染以及农用柴油在使用过程中产生的污染等都会对农产品质量安全中的资源环境安全

---

[1] 李志方. 地理标志农产品质量维护策略研究［D］. 天津：天津大学管理科学与工程，2013.

产生副作用。

地理标志农产品质量安全问题涉及多方主体，大家共同对物理、事理、人理等系统要素进行整体统筹、使之相互配合，才能共同保障地理标志农产品质量安全。而事实上，对于某些生产者来说，为了追求利益最大化，保证农产品的品质和产量，在生产过程中违法违规使用禁用或限用农药兽药以及其他有害添加剂的现象，导致农产品的农残超标。更有甚者，会运用化学手段为改变产品原有的性状，达到增加销量的目的，致使地理标志农产品质量安全事故发生，如吊白块粉丝、硫化木耳等地理标志农产品质量安全事件。对于政府部门来说，监管力度和部门协调度不够，政府有关部门对于地理标志农产品质量安全的管理工作还存在不足，当有关地方组织或个人申请下来地理标志农产品标志后，政府部门疏于管理与监管，认为地理标志农产品相关经营者会更加自律，而事实并非如此。同时，在发生质量安全事件后，管理部门相互推诿等问题频发。对于第三部门来说，他们的责任本应该是想农户宣传科学知识，提高地理标志农产品质量安全，但事实上部门大多数都疏于此项工作，单纯地要求农民提高自身素质是不科学的，也是有难度的。对于消费者来说，也要积极维护自身权益，确保自身能够买到货真价实的农产品，要求政府积极公布相关监管的信息，通过溯源信息系统查询产品的来源信息，保障地理标志农产品质量安全。

3.3 地理标志农产品质量安全规制制度

我国对于地理标志农产品的治理主要是由政府部门来完成的，分别由国家工商行政管理总局、国家质量监督检验检疫总局和农业部三个部门共同管理。国家工商行政管理总局商标局是分管地理标志商标注册与管理的机构，采用"集体商标、证明商标"的注册体制，依法保护商标专用权

第3章 地理标志农产品发展现状及规制困境

和查处商标侵权行为，处理商标争议事宜，加强驰名商标的认定和保护工作，同时负责特殊标志、官方标志的登记和保护等工作。我国质检部门主要负责产品质量的监督工作。因此，我国质检部门主要从产品质量的角度对有关地理标志产品质量进行管理与保护。目前，我国质检部门从事地理标志保护工作的主要法律依据为我国《产品质量法》、《中华人民共和国进出口商品检验法》（以下简称《进出口商品检验法》）、《中华人民共和国标准化法》（以下简称《标准化法》）、《地理标志产品保护规定》、《地理标志产品保护工作细则》等。我国农业部门主要负责对地理标志农产品的管理工作。

我国现行的地理标志农产品质量安全监管与一般农产品一样，实行国家和地方两个层面的分环节监管模式，在生产、流通、加工、销售等环节，会接受不同行政管理机构的监管。在国家层面上，农业部负责监管地理标志农产品初级生产环节，实施地理标志农产品登记、使用人情况监督、品质鉴定、质量监督和对生产环境、投入品的质量监测，组织和监督防疫、防控等工作；国家质检总局负责地理标志农产品的认证保护、生产加工环节和进出口环节的质量监管；国家卫生计生委负责监督地理标志农产品的加工、消费环节，组织地理标志农产品安全事故的调查处理，并同其他有关部门制订质量安全风险监测计划；国家食品药品监督管理局负责监管地理标志农产品消费环节，对地理标志农产品质量安全和依法组织查处重大质量安全事故进行监督；国家工商总局以保护消费者的权益为目标，对地理标志农产品流通环节进行安全监管；商务部负责健全统一、开放、竞争、有序的地理标志农产品市场体系，对地理标志农产品质量安全进行宏观控制；环境保护部参与产地环境、生产基地和地理标志农产品加工企业污染物处理的监测和控制工作；科技部负责地理标志农产品加工标准与全面质量控制体系研究与示范方面的研究。

在地方层面上，县级以上农业行政主管部门、畜牧部门负责地理标志农产品的种植、养殖以及收购环节的监管；质量技术监督、检验检疫部门、食品药品监督部门、卫生主管部门以及其他有关部门在职责范围内对地理标志农产品质量安全进行监管。因此,可将国家层面和地方层面相关部门在地理标志农产品质量安全中的监管职责总结如表3-7所示。

表3-7　政府部门在地理标志农产品质量安全中的监管职责

部门	监管环节							
	投入品	产地环境	初级生产	加工	流通	消费	进出口	技术保障
农业部	✓	✓	✓					
质检部	✓			✓	✓		✓	
卫生部				✓		✓		
工商部	✓			✓	✓			
食药监			✓	✓	✓	✓		
商务部	✓			✓	✓			
环保部		✓	✓	✓	✓			
科技部								✓

在地理标志认证工作中,重申请、轻使用的现象比较普遍,对内生产标准化不统一,对外品牌差异化不明显。虽然制定了产品标准和质量要求,但是实际中往往得不到执行,标准形同虚设。供应链管理水平不高,质量检测体系不健全,溯源管理系统建设滞后,不能利用二维码、无线射频身份识别技术(RFID)等载体以及物联网和大数据处理技术,对重要地理标志农产品的生产、仓储、流通等环节进行全过程的质量安全追溯。

除了市场上打着地理标志旗号制造销售假冒伪劣商品的行为以外,在地理标志产品保护区域内,不正当竞争行为也时有发生。例如:农户普遍认为,既然自己的产品在保护区内种植养殖,那么使用地理标志就是理所当然的事,导致大量质量低劣不符合标准的所谓地理标志产品充斥市场。在陕西省富平县,随着当地柿子和柿饼价格连年攀升,市场需求越来越大,于是有的农户为了抢占市场,提前采摘尚未成熟的柿子,将大量质次价高甚至不合格产品投放到市场。有人把外地柿子拉到富平当地贩卖，也有外地客户专门购买富平柿饼包装，拿外地柿饼冒充富平柿饼销售；更有甚者，在富平当地柿农家里直播，打着富平柿饼旗号售卖外地柿饼，严重损害了地理标志农产品的声誉。

3.3.1 地理标志农产品质量安全现行规制体系

1. 政府对地理标志农产品的治理

我国地理标志农产品管理制度呈现"三足鼎立"的局面，各部门对地理标志农产品的登记申报、标志使用及监督管理体制等不尽相同。

农业部自 2008 年正式出台《农产品地理标志管理办法》起，先后制定了《农产品地理标志登记程序》《农产品地理标志使用规范》等 20 余项程序文件和制度规范。全面覆盖标志管理、品质鉴定、现场核查、人员培训等各个环节，构建了较为完善、有法可依的农产品地理标志质量管理法律法规体系。

国家工商行政管理总局商标局是最早进行地理标志保护工作的。2001 年，《商标法》明确将地理标志纳入法律保护范围，但在地理标志的注册实施和监管惩罚方面没有做具体规定。通过《集体商标、证明商标注册和管理办法》，侧重于地理标志商标注册的形式性审查与标志使用的管理。2015 年 4 月，国家工商行政管理总局发布《关于开展保护地理标志商标专用权专项行动的通知》，加大对已注册地理标志的保护力度。

国家质量监督检验检疫总局的地理标志保护工作起步较早，依据《产品质量法》《标准化法》《进出口商品检验法》的法律框架开展地理标志保护工作。据统计，在国家质量监督检验检疫总局登记的地理标志产品，其知名度在国内相对是最高的。同时，在与法国方面充分进行地理标志产品保护交流与合作的基础上，率先与欧盟开展地理标志产品互认，加强地理标志产品保护示范区建设。2006 年，国家质量监督检验检疫总局颁布了《地理标志产品保护规定》，具体指导地理标志产品保护工作，侧重于地理标志农产品的技术标准和质量检验。

地理标志农产品的质量安全监管是根据产业链条的不同环节，在生产、流通、加工、销售等环节实行多部门分段管理的监管模式，接受农业、质监、卫生、工商、环保及食品药品监督管理局等不同行政管理机构的监督管理。农业部在"农产品地理标志登记"制度下，主要负责监管地理标志初级农产品的生产环节，实施产品登记、使用人情况监督、基地建设、标准化生产、质量跟踪、产业化经营以及监督防疫、防控等工作。根据地理标志农产品的生产管理实践，重点对选地划定管理、生产细则制定与执行、农产品收购与跟踪管理以及农产品质量抽查等进行监管。质监部门负责监管地理标志农产品的认证保护、生产加工和进出口环节，实施加工工艺管理、质量技术规范、质量监督和检验检疫、进出口商品和生产企业卫生注册登记及质量检验等工作；严格遵循质量控制技术规范中关于地理标志农产品质量安全和典型品质特征的规定，重点对添加剂使用、加工原料和配料、工艺流程、产品加工及贮藏场所等进行质量监管。卫生部门负责监管地理标志农产品的加工、消费环节，组织及调查处理地理标志农产品的安全事故。食品药品监督管理部门负责对地理标志农产品消费环节进行综合监督，组织协调和依法查处重大质量安全事故。工商和商务部门负责对地理标志农产品的流通、消费环节进行监管和整治，实施地理标志农产品的包装管理、产品运输管理以及建立竞争、有序的市场体系等工作。根据地理标志农产品流通规范的要求，重点对地理标志标识的使用、包装规范及标准、运输条件及标准、销售规范的控制等进行质量监管。环保部门负责对地理标志农产品的产地环境、生产基地和加工企业污染物排放进行监测和控制。

2. 行业协会对地理标志农产品的治理

一般来说，地理标志是由行业协会、集体组织或对产品质量具有监督能力的组织进行申请注册，并授权具备使用条件的生产经营者使用，同时对产品质量进行监督。行业协会等组织在地理标志保护中的作用很大,发挥其应有的服务和管理职能。地理标志为品牌带来的影响力和为企业带来的经济效益不可估量,正是如此,地理标志在通过注册后,会有大量品牌不考虑产品的质量和特色的情况下假冒或借用农产品地理标志,从而达到攫取高额经济利益的目的。此种情况,虽然能够放大地理标志农产品的影响力和影响范围,但同时,负面影响更为显著,良莠不齐的农产品共同使用地理标志进行市场竞争,质量较差的产品在市场上出现,必定会对整个地理标志品牌产生不良影响,甚至拉低整个行业的信任度,对地理标志农产品的品牌造成毁灭性的打击与重创。地理标志农产品可以在市场上的同种类产品中脱颖而出,正是因为其所具有的特殊品质。如果一个地理标志想要保持持续健康发展,就要始终保持其品质的独特性。因此,只有监管、服务工作及时、有效的执行,才能保障地理标志农产品的可持续发展。现阶段,行业协会等中介组织负责对农产品地理标志的服务和管理。

3.3.2 影响地理标志农产品质量安全规制的因素

地理标志农产品类别作为农产品质量安全规制体系建立的主要依据,是政治因素、法律因素、经济因素、社会因素产生影响的基础,在不同农产品类别内部建立的质量安全规制体系才不会受到类别以外的其他因素的制约。

1. 政治因素

地理标志农产品作为社会必需品,其质量安全与国际政治形势密切相关。当前国际范围内的农产品供应并不均衡,相当区域无法保证农产品数量,在国际关系的博弈之中,地理标志农产品数量将成为发达国家的重要手段;同时,由于国际层面的农产品质量安全问题也时有发生,往往会影响今后农产品输出国的农产品销售,农产品质量安全也会成为国际谈判的重要筹码。为了保证农产品质量安全在国际关系中的重要作用,管理者会以此为依据对农产品质量安全规制体系的建立做出决策和改变。

人文地理差异会对大众的政治倾向产生影响，从而会对地理标志农产品质量安全规制体系产生影响。基于地域差异的大众政治行为主要是指由于特定历史地理条件下形成的，对地理标志农产品质量安全事件和事故的一般性反应和动作、对地理标志农产品质量安全规制政策所持有的观点和所做出的应激举动。地理标志农产品质量安全的大众政治行为往往会通过公众对农产品质量安全的政策建议表达、自发组织的农产品质量安全维权运动、非政府组织参与农产品质量安全规制建设等内容，对地理标志农产品质量安全规制体系产生影响。

2. 法律因素

目前，我国对农产品地理标志的法律保护主要由商标法、地理标志产品保护规定、农产品地理标志管理办法三重保护模式加以保护，同时辅之以产品质量法、反不正当竞争法和消费者权益保护法。这种多角度的立法体制保护现状，看起来好像能够为地理标志的权利人提供多方位的保护，但从另一方面来看，它们其实都是一些原则性、粗线条、框架式的保护形式，并没有形成系统的保护体系给予农产品地理标志以全方位的保护，同时，还导致了对同一客体由三套保护模式和三个部门同时交叉管理的混乱局面，这给相关权利人带来了不必要的负担及困扰。

3. 经济因素

经济发展作为区域发展的核心内容，其经济发展模式、社会发展状况和国际政治形势等对农产品质量安全规制体系的建立都具有一定的影响。

在一定区域内，由于特殊的历史地理背景形成的经济发展模式，对国民经济发展的战略思路、目标要求、所有制形势、产业结构等会有不同，从而对农产品质量安全规制体系建立的要求也不同，这主要与区域经济发展的产业重心有关。当前大部分区域的经济发展都是建立重视工业经济基础上的，由此势必带来工业厂房对农业用地的侵占，导致农产品播种面积、水产品养殖面积的减少；同时，由于工业伴生污染的存在，需要对土地或者水域对污染物进行消解或处理，农产品质量安全规制体系不得不对此产生的影响进行控制，政府行政体系也会由于"促发展"而对农产品质量安全规制体系做出调整。

4. 社会因素

随着经济发展和社会进步，人们的物质文化生活水平大幅度提高，人们的消费需求也由单纯地追求数量向数量和质量并重的方向发展，消费者安全消费的意识和需求都显著提高。同时，随着人类向自然索取力度的增强和无度，农业生产的环境压力逐渐增大，人类生产、生活活动逐渐向农业生态环境系统的"供给阈值"发出挑战，由环境污染、农药、化肥残留和微生物污染等造成的农产品质量安全问题逐年突出，农业生态安全与农产品质量安全问题呈复杂交织、螺旋恶化态势。随着社会大众环保意识的日益提高，农业生态安全与农产品质量安全问题逐渐进入社会公众和研究者的视野。但由于典型外部性和公共产品特征，通过社会环境因素施加压力，保证和促进农产品质量安全协同的实现依然任重而道远。

从宏观上看，社会是农产品质量安全规制体系控制的终端，社会发展中的要素（包括人口分布、受教育程度、收入水平等）水平的高低，不仅会影响对农产品质量安全的关注，也会影响对农产品质量安全规制的诉求。社会发展状况较差、发展阶段较低，社会对农产品质量安全的认知不高，社会对农产品质量安全规制的要求必然不高；相反的，社会发展状况越好、发展阶段越高对农产品质量安全的要求越高，同时也会对地理标志农产品质量安全规制体系的建立提出更高的要求。

3.4 地理标志农产品质量安全的规制困境

3.4.1 反公地悲剧与公地悲剧并存

在公共产权的利用方面，经历了从公地悲剧到反公地悲剧理论的变迁。公地悲剧（the tragedy of the commons）是由哈丁（Hardin，1968）教授提出的，针对公共产权过度利用而带来的毁灭性后果[1]。反公地悲剧（the tragedy of the anticommons）是由黑勒教授（Heller，1998）提出来的，针对公共产权限制太多而带来的资源利用不足或闲置浪费的现象[2]。农产品安全规制是政府的公共管理职能，规制制度设计和权力配置的过程即是政府公共产权利用的过程。在这一过程中，不仅存在着反公地悲剧，也存在着公地悲剧。

反公地悲剧是指公共产权属于众多权力拥有者，每个权力拥有者都可以对其他人使用公共资源进行阻止或设置障碍，从而没有谁能有效行使权力，导致资源闲置或利用不足，造成资源浪费。在我国，农产品安全规制长期采用多部门监管体制，农产品安全监管就是"公地"，产权（监管权）由多部门分别拥有，各部门都拥有在一定程度上制约对方单独有效利用这块"公地"的权力，导致整体政府监管的低效率，成为反公地悲剧。在分段监管体制下，反公地悲剧现象极其明显。

地理标志农产品在实际监管中，各个部门均依据各自的相关法律法规和规章以及监督管理办法进行地理标志产品的资质认定。在保护标准、保护对象、保护内容、保护重点等方面，存在一定的部门职责交叉和监管冲突。现行多部门分段管理的监管方式缺乏切实可行的协调机制，导致地理标志产品在部门之间的权责不够明晰、协作有限、执行主动性不高、执行不顺畅、监管不力等。地理标志产品一旦出现问题，往往因部门间的相互推诿而无人管理或管理不畅，客观上造成地理标志质量管理的复杂、低效甚至混乱。当前"反公地悲剧"现象依然存在。

公地悲剧是指对资源过度使用而带来的重负，在农产品安全监管中，

---

[1] HARDIN G. The tragedy of the commons [J]. Journal of Natural Resources Policy Research, 1968, 1 (3): 243–253.

[2] HELLER, M A. The Tragedy of the Anticommons: Property in the Transition from Marx to Markets [Z]. Harvard Law Review, 1998.

公地悲剧表现为重复监管和过度监管。由于农产品安全规制涉及多个部门，每个部门都拥有相应的规制权力，且不同部门监管权责划分不明晰，监管范围交叉重复较多，在涉及部门利益的领域，极易导致重复监管问题。农产品安全监管的公地悲剧使分散的监管资源难以整合统筹，出现监管效度差、监管资源过度利用、监管客体不堪重负等问题。

地理标志农产品生长于一定的地理区域，其高质量、高声誉的特征依托其特定的自然环境和人文历史因素。由于地理标志固有的准公共品属性，允许区域内所有生产者都有平等使用的权利，由此产生了部分生产者获取超额利润、降低生产成本的"搭便车"行为。为了治理"搭便车"问题，防止公地悲剧的发生，我国现行的地理标志管理体制，都对地理标志持有人和使用人的权利、义务进行了明确规定。然而，由于使用权审批行政机构、地理标志持有人以及使用权申请人之间存在信息不对称问题，致使部分不具备技术实力、管理机制不完备的生产厂商获得了地理标志使用权，降低了地理标志农产品整体质量，导致质量安全水准得不到保证。

3.4.2 市场失灵与政府失灵并存

由于农产品的经验品和信誉品特性，农产品市场是一个典型的信息不对称市场。消费者处于信息的劣势，消费者难以区别农产品质量的优劣，产品风险只能在长期内观察到。农产品生产经营者处于信息的优势地位，在利益最大化原则的驱动下，产品生产经营者会实施机会主义行为，向农产品中添加有害甚至有毒的物质，谋取高额利润，欺骗消费者。同时由于农产品市场的外部性，使高质量高价格的农产品往往难以出售，最终使不安全农产品充斥市场。农产品市场具有外部性及信息不对称的特点，导致不能仅靠市场机制"看不见的手"来自发调节，即市场失灵。

在生产阶段，农药、兽药等投入品用量超标。农产品在初级生产阶段的主要生产者是广大农户。当前，我国的农户呈现分散化经营特征，并且因为大部分农户未能接受规范的生产技术培训或因受教育程度低而对生产技术规范理解存在偏差，加上片面追求农产品产量和数量的愿望，而在动植物疫病防控过程中过量使用农药、兽药等投入品。具体而言，主要是存在两类情况：一是违法使用国家明令禁止使用的剧毒性药物，如甲胺磷等剧毒性农药；二是超量、超范围使用农药和兽药，以及用药途径、用药部位等不符合地理标志农产品质量控制技术规范。

在加工阶段，未严格按照法律法规和工艺规程进行产品加工、违法添加有毒有害物质。农产品在加工阶段，主要的生产者为获得地理标志使用权的加工企业。加工企业存在利用地理标志高品质、高声誉特征，追求自身利润最大化，它们往往为降低成本而出现以下问题：一是无视加工过程质量控制，生产加工不安全、不合格的地理标志农产品；二是通过违法添加有毒有害物质来降低成本，生产质量低劣的地理标志农产品来赚取非法利润。

市场失灵为政府规制提供了必要的理论依据。我国政府部门积极参与农产品安全监管过程，以政府的强制力量矫正市场配置资源的缺陷，但由于相关制度、机制不健全，在政府规制过程中，又产生了新的失灵，即政府失灵。

市场失灵与政府失灵虽都有公共管理框架内的理论依据，属于公共经济管理范畴的正常现象，但在农产品安全监管过程中，由于我国转轨与转型特殊历史时期复杂社会因素的影响，这些问题更为突出，给社会经济生活带来了更多风险。

3.4.3 成本外溢与公共品供给缺失并存

成本外溢是指某项相关活动所发生的成本对外部个人或集体产生的影响。农产品安全规制产生的成本外溢主要表现在三个方面：第一，生产成本外溢。地理标志农产品不同于普通商品，其经验品和信用品特征决定了市场的信息不对称和外部性，在监督、约束机制不健全的情况下，劣质产品可能利用优质产品的价格销售，消费者难以识别，使生产成本外溢。第二，交易成本外溢。交易成本狭义是指一项交易所需花费的时间和精力。广义是指协商谈判和履行协议所需的各种资源的使用。包括制定谈判策略所需信息的成本、谈判所花的时间以及防止谈判各方欺诈行为的成本。由于存在生产成本外溢，优质产品生产者可能会花费更多时间和精力去宣传，维护自己的品牌和声誉，产生更多维护成本；国家要设立监管部门，配置机构、人员、资源去进行监督和执法，以对付违法经营者，产生更多监督成本；消费者要花费更多时间、财力去比较、鉴别优质和劣质产品，产生更多搜寻成本和维权成本。第三，环境成本外溢。违法生产者在生产不安全农产品的过程中，排放的垃圾和有毒有害物质会对环境造成污染，而损害后果由社会承担[①]。

地理标志农产品安全是一种公共品，这种公共品的获得需要外部力量来矫正市场失灵，减少信息不对称和外部性产生的影响，即质量安全规制。当前，我国农产品安全规制的主体单一，仅是政府部门，其他主体如第三部门、消费者、公众等还没有真正参与进来。而政府本身资源有限，实力有限，且存在政府失灵，面对复杂的市场环境，单一政府监管难以实现有效的质量安全公共品供给，造成供给缺失。只有打破单一政府监管的路径信赖，调动多元主体的积极性，实现地理标志农产品质量安全协同治理，才能使农产品安全规制走出困境。

---

① 李怀，赵万里. 中国食品安全规制问题及规制政策转变研究［J］. 首都经济贸易大学学报，2010（2）.

第 4 章

地理标志农产品质量安全治理的内涵及协同机制的构成

4.1 地理标志农产品质量安全治理的内涵

4.1.1 地理标志农产品质量安全治理的提出

由于食品本身的特性导致食品市场机制失灵，需要政府规制，但规制机构容易被利益集团俘获，导致政府失灵。面对公共事务市场失灵和政府失灵的双重困境，公共治理强调在市场机制和政府机制的基础上，加入社会机制，使政府、市场和社会共同治理公共事务。我国当前地理标志农产品质量安全监管困境就是政府失灵的直接表现。西方公共治理理论的兴起为解决地理标志农产品质量安全食品安全问题提供了新思路。公共治理理论倡导政府、市场和社会三者之间的良性互动关系，这种关系有助于提高公共事物的治理效率。

地理标志农产品质量安全治理属于社会治理的范畴，是政府、第三部门、企业、消费者、公众等多元主体对地理标志农产品质量安全问题的共同治理，而共同治理的动力来自多元主体之间的协同、合作。可以定义为：地理标志农产品质量安全治理协同运行是指广泛的利益相关者，利用各自的资源优势，平等地展开竞争与协作，促使系统中各种要素有机结合，最终使系统由无序变为有序、由低层次向高层次跃升的持续过程。"协同"是地理标志农产品质量安全治理的内在运行机制。

4.1.2 地理标志农产品质量安全治理的主体

地理标志农产品质量安全治理的主体是最广泛的利益相关者。包括政府、第三部门、企业、消费者以及社会公众。政府主要是发挥"掌舵者"职能，制定地理标志农产品质量安全治理的标准和实施规则，提供地理标志农产品质量安全治理的基本服务和基础平台，对整体治理状态进行监督和把握。第三部门是指独立于政府主体和私人主体之外的社会组织，以其独立、公正的地位，承担地理标志农产品质量安全标准制定、风险评估、信息管理、检验检测、信用评估等职能，是地理标志农产品质量安全治理的直接有效力量。消费者是地理标志农产品质量安全事故的直接受害者，是最重要的利害相关者。消费者在地理标志农产品质量安全治理中发挥着涨落触发器的作用，因为地理标志农产品质量安全事故多是由消费者提起，消费者的积极参与是地理标志农产品质量安全治理的关键。社会公众是指除了政府、第三部门、消费者之外的更广泛的参与人。社会公众在地理标志农产品质量安全治理中的作用一方面是对政府、第三部门、企业行为的监督，另一方面是对消费者的信息通报。企业在这里主要指食品生产者、经营者本身和供应链上的其他企业。在有效机制的作用下，企业的目标函数可以和社会的目标函数相一致，企业在地理标志农产品质量安全治理中也起积极作用。多元主体的参与可以弥补政府单一监管资源上的不足，解决地理标志农产品质量安全的市场失灵，同时又能减少政府的寻租腐败行为，克服政府失灵，符合治道变革的基本逻辑。

4.1.3 地理标志农产品质量安全治理的核心

地理标志农产品质量安全治理的核心是协同机制。地理标志农产品质量安全治理主体发挥作用的理想状态需有协同机制的制约和调节，否则，会受个体利益的驱使和机会主义行为的影响。（1）从政府来看，政府向地理标志农产品质量安全治理系统投入监督和执法，从地理标志农产品质量安全治理中获得的是公信力。但政府失灵的存在使某些官员的行为左右了政府的行为，政府官员对个人利益的追求可能阻断政府对公信力的追求。（2）从第三部门来看，独立、客观、公正是其生命力的源泉，其通过对地理标志农产品质量安全进行检测、认证等活动，从地理标志农产品质量安全治理中获得的是公益价值，但第三部门对公益价值的追求同样会因个人利益的影响而减弱。（3）从消费者来看，其通过维权活动从地理标志农产品质量安全治理中获得直接利益，包括健康、财产、尊严等。这种直接利益会促使消费者全力投入地理标志农产品质量安全治理，但受制于高昂的维权成本，消费者有时也会怠于维权。（4）从公众来看，其通过对地理标志农产品质量安全治理的监督而从中获得间接利益，主要是潜在损失和伤害的减少。但这种潜在损失和伤害不一定被所有公众认知，在"事不关己"思想引导下可能对地理标志农产品质量安全违法行为视而不见。（5）从企业来看，食品企业通过自律从地理标志农产品质量安全治理中获得信誉、责任、长期利益。但在自律较差的情况下，机会主义和短期利益可能使企业丧失对长期利益的追求。而对于供应链上的其他企业，如果没有利益联系，彼此的监督和压力很难实现。在竞争与协同机制的作用下，能有效克服各利益主体的机会主义行为，实现协同共治。竞争强调的是各主体的地位独立，相互制约，平等行权；协同强调的是共同合作，彼此协调，实现共赢，竞争与协同机制是地理标志农产品质量安全治理的决定力量。"协同"不仅指地理标志农产品质量安全治理的内在机制，还

第4章 地理标志农产品质量安全治理的内涵及协同机制的构成

指地理标志农产品质量安全治理系统演化的方向及状态。地理标志农产品质量安全治理受外部环境的影响，同时也影响外部环境。

4.2 地理标志农产品协同机制存在的必要性

近年来，为适应国家提出的农业产业转型升级新要求，社会各界对农业生态环境、农产品质量安全的要求不断提高，我国地理标志农产品产业发展迅速。但现实情况下，地理标志农产品质量安全事件偶有发生，对人民群众的身体及心理健康存在着极大的威胁。

通常来说，与地理标志农产品相比，普通农产品是人类最基本的生存资料，是人类社会发展的物质基础，是食品的基本来源和主要原料，是人类最重要的生存必需品，在食品构成中具有十分重要地位。而地理标志农产品是消费者更高层次的选择，如果一般农产品存在质量安全隐患，公众没有更多的选择的余地，不得不吃，必须选择。而地理标志农产品则不是如此，地理标志农产品如果存在质量安全问题，消费者可以选择不继续购买高价不优质的地理标志农产品，而继续选择普通农产品。同时地理标志农产品给人们带来的影响，相比于普通农产品，地域性差异较大，潜在风险更加隐蔽、难以发现。因此，对于地理标志农产品质量安全的治理要与普通农产品质量安全管理有所区别。

当前对地理标志农产品的管理机制不完善，地理标志农产品质量安全监管存在漏洞，导致市场上假冒地理标志农产品的谋取非法利益的行为屡见不鲜，对地理标志农产品品牌形象构成严重损害。同时地理标志农产品行业及第三部门管理存在漏洞，监管不规范。另外，社会公众对多层次、多元化的地理标志农产品识别能力较弱，对具体细节难以辨别、区分。由此可见，对于地理标志农产品质量安全的监管十分必要，仅仅依靠单一部门的力量难以形成科学有效监管，需要多主体之间共同参与、协同治理，为地理标志农产品质量安全监管创造更有利的条件。

4.3 地理标志农产品治理协同机制的形成机理

4.3.1 地理标志农产品质量安全治理的委托—代理过程

委托代理理论是制度经济学契约理论的主要内容之一,其中心任务是研究在利益相冲突和信息不对称的条件下,委托人如何设计最优契约激励代理人。委托代理理论除坚持经济人和超级理性人的假设之外,还有两个假设:

(1)委托人和代理人之间信息不对称。委托—代理关系泛指任何一种涉及非对称信息的交易,交易中有信息优势的一方称为代理人(agent),具有信息劣势的一方称为委托人(principal)。在委托—代理关系中,代理人的努力水平决定着委托人的收益,但却无法被委托人直接观测。委托人只能通过一些随机变量来推测代理人的努力程度,即只能把握代理人的不完全信息,而代理人则拥有自己的完全信息。地理标志农产品质量安全治理就是一个委托—代理过程。地理标志农产品不同于普通商品,不仅是经验品,而且是信用品。其中重金属含量、细菌数量、农药残留量,以及抗生素、激素、添加剂等信用品特征对消费者来说是很难观测的。在经济利益的驱动下,产品的生产者、经营者可能向食品中添加其他物质,以保证食品的色泽、美感,或以次充好、以假充真,从而高价销售,这些添加的物质会对消费者造成急性或慢性伤害。产品生产者、经营者掌握大量关于食品生产加工的信息,是代理人。消费者希望获得和食品的外观、价款相称的食品,既有营养要求,又有安全要求。但消费者对食品的真实状况难以判断,对可能存在的危险难以识别,消费者处于信息的劣势,是委托人。地理标志农产品质量安全治理的其他主体如政府、其他企业、第三部门、社会公众等同样具有信息的劣势，是委托人。

（2）委托人和代理人之间利益相互冲突。在委托代理理论中，无论委托人还是代理人，都是为了实现自身效用最大化的经济人。在一项经济活动中，委托人通过支付报酬给代理人，从代理人那里获得相应的效用。委托人的效用大小决定于代理人的努力程度，代理人的努力程度高则委托人的效用高，代理人的努力程度低则委托人的效用低。委托人只关注效用，对代理人投入努力而付出的成本不太关注。对于代理人来说，努力程度高需要付出高成本，努力程度低则付出低成本，努力程度的高低不容易为委托人知晓，因此更倾向于低成本的付出。代理人只关注委托人的报酬，而对委托人得到的效用不太关注。由于委托人与代理人之间的利益不一致甚至相冲突，代理人就可能利用信息的优势侵害委托人的利益，牟取自身利益的最大化，产生代理问题。在地理标志农产品质量安全治理中，不法经营者以次充好，以假充真，以低努力程度获得消费者的高标准报酬，不仅侵害了消费者的权益，而且败坏了社会风气，给政府等相关部门带来更高的治理成本。

以上两个假设需同时存在。如果信息不对称但利益相一致，委托人和代理人是共赢的关系，不会产生代理问题，一些靠信誉得胜的合法经营企业属于这种情况。如果利益相冲突但信息对称，也不会产生代理问题，消费者可以选择其他食品，政府等相关部门可以加强监管和引导，当然这也要考虑某些农产品的不可替代性。

4.3.2 基于委托代理理论的地理标志农产品质量安全治理协同机制

1. 一个委托代理模型

假定一个消费者想让一个生产者为其生产某种地理标志农产品，由于产品生产加工环节复杂,消费者无法观察到生产者的具体行为,只能掌握其行动的不完全信息,委托代理关系随之产生,消费者是委托人,生产者是代理人。生产者的努力程度即投入的成本(cost)决定了所生产食品的质量,消费者支付价格(price),从而获得效用(utility)。

(1)确定条件下的模型。在确定条件下,消费者效用完全取决于生产者的努力程度。假设代理人努力程度(成本)为 C,高努力水平 $C=2$,低努力水平 $C=0$;代理人的收益(价格)为 P,高收益为 P_H,低收益为 P_L;代理人的保留效用为 $U_1=10$,即生产者不生产农产品而生产其他商品或从事其他事业所获得的收益。则代理人的效用函数为:

$$U_1 = \begin{cases} P - C \\ 10 \end{cases}$$

依据假设,生产者的努力程度决定了消费者效用,设消费者效用为 U_2,则有:

$$U_2(C) = \begin{cases} H, & \text{当 } C = 2 \text{ 时} \\ L, & \text{当 } C = 0 \text{ 时} \end{cases}$$

当消费者效用高时,消费者愿意支付高价格 P_H,消费者效用低时,消费者愿意支付低价格 P_L,消费者除考虑效用最大化,还要考虑两个条件:

参与约束条件:$P_H - 2 \geq 10$

激励相容条件:$P_H - 2 \geq P_L - 0$

参与约束条件保证代理人(生产者)能接受合约,生产提供委托人(消费者)所需食品;激励相容条件保证代理人选择有利于委托人的行为,即高努力生产安全食品以获得高收益而非低努力生产不安全食品以获得低收益。这样,最优合约安排为:

$$\begin{cases} P_H = 12 \\ P_L = 10 \end{cases}$$

(2)不确定条件下的模型。假定不确定性存在,即消费者效用不完全由生产者的努力程度决定。现实生活中往往如此:一些未添加化肥、农药

第4章 地理标志农产品质量安全治理的内涵及协同机制的构成

的农产品,生产者要投入更多看护成本,但却因卖相不好难以给消费者带来高效用,消费者不愿意出高价购买;而那些添加了有害物质,未投入高成本的食品却可能卖高价。这和消费者的认知水平、分辨能力有关,也和政府检测的力度有关,同时也受随机因素影响。

假设概率分布为:

$$U_2(2) = \begin{cases} H, & P=0.8 \\ L, & P=0.2 \end{cases} \qquad U_2(0) = \begin{cases} H, & P=0.4 \\ L, & P=0.6 \end{cases}$$

则代理人效用函数为:

$$U_1 = \begin{cases} EP-C \\ 10 \end{cases}$$

参与约束条件:$0.8 \times P_H + 0.2 \times P_L - 2 \geqslant 10$

激励相容条件:$0.8 \times P_H + 0.2 \times P_L - 2 \geqslant 0.4 \times P_H + 0.6 \times P_L - 0$

从而得出最优合约安排:

$$\begin{cases} P_H = 13 \\ P_L = 8 \end{cases}$$

(3) 引入信息不对称的模型。假定信息不对称,即委托人和代理人对同一问题有不同的看法。生产者和消费者对消费者效用的看法不同,消费者认为,只要生产者努力程度高,给消费者带来高效用的可能性会很大,风险主要来自政府监管和随机因素。而生产者的判断相对保守,还考虑到消费者的认知因素。设 U_{2O} 为委托人的主观概率,U_{2M} 为代理人的主观概率,有:

$$U_{2O}(2) = \begin{cases} H, & P=0.8 \\ L, & P=0.2 \end{cases} \qquad U_{2O}(0) = \begin{cases} H, & P=0.4 \\ L, & P=0.6 \end{cases}$$

$$U_{2M}(2) = \begin{cases} H, & P=0.7 \\ L, & P=0.3 \end{cases} \qquad U_{2M}(0) = U_{2O}(0)$$

则代理人的期望收益为:$E_M P = 0.7 \times P_H + 0.3 \times P_L$

代理人的效用函数为：$U_1 = \begin{cases} E_M P - C \\ 10 \end{cases}$

参与约束条件：$0.7 \times P_H + 0.3 \times P_L - 2 \geq 10$

激励相容条件：$0.7 \times P_H + 0.3 \times P_L - 2 \geq 0.4 \times P_H + 0.6 \times P_L - 0$

从而得出最优合约安排：

$$\begin{cases} P_H = 14 \\ P_L = 22/3 \end{cases}$$

从模型分析来看，最优合约安排即委托人（消费者）支付给代理人（生产者）的报酬（价款）随着不确定性程度的提高，最高报酬在不断提高，而最低报酬在不断减少，可以得出结论：为使消费者效用最大化，在建立对生产者的约束与激励机制过程中，必须使生产者承担部分风险，甚至是完全风险。

从而可以得出对地理标志农产品质量安全治理的启示：对生产安全农产品的守法经营者要重奖，对生产不安全农产品的违法经营者要重罚。重奖不仅包括高价格，也包括补贴、表彰、奖励等方面，既需要消费者的认可，又需要其他治理主体的参与。重罚是加重生产者的违法成本，使其承担更高的代价，不仅包括低价格，也包括以契约、制度等方式对其行为的限制和约束。

2. 地理标志农产品质量安全治理的协同机制

根据以上分析，解决地理标志农产品质量安全代理问题的关键有三点：一是利益的引导。利益的引导即确定参与和激励相容条件，参与约束条件保证地理标志农产品经营者从事农产品产业，在市场经济环境中，农产品企业的建立需要经营者以营利为目的自主选择，而非由政府指派。激励相容条件保证产品经营者采取有利于消费者和其他治理主体的行为，在实现代理人利益最大化的同时，实现委托人利益最大化，即通过提供安全的地理标志农产品来获得高收益。无论是参与约束条件还是激励相容条件，核心都是利益，尤其要把守法经营的额外收益体现出来。合理的利益机制是农产品质量安全协同治理的内在支配力量。二是契约的建立。契约的建立是要将以上的激励条件及各主体的行为边界用稳定的形式确定下来。地理标志农产品质量安全协同治理契约是多方博弈的结果，基于交易成本考虑，这里只讨论通用契约，即适用于所有食品安全治理主体的法律法规。地理标志农产品质量安全协同治理既可以调节产品生产、经营行为，又可以调节政府、第三部门、消费者等治理行为，尤其要把违法行为的重罚体现出来。完备、有效的法律制度是地理标志农产品质量安全协同治理的又一支配力量。三是信息的改善。地理标志农产品质量安全协同治理委托代理关系的根源是信息不对称，减少信息不对称则会减轻委托人的劣势地位，通过发挥消费者选择机制而减弱市场失灵，畅通的信息系统也是实现地理标志农产品质量安全协同治理的支配力量。因此，地理标志农产品质量安全协同治理系统演化的关键因素可以确定为利益机制、法律制度和信息系统。

（1）利益机制。利益机制是经济主体间矛盾关系的内在调节机制，作为地理标志农产品质量安全治理系统协同演化表征和度量的序参量，是指利益机制的合理性，即能将各行为主体向实现地理标志农产品质量安全、提升地理标志农产品质量安全水平的目标引导。自从有了地理标志农产品产业，就有了相应的利益机制。在其产业不发达时期，地理标志农产品质量安全问题不突出，地理标志农产品质量安全利益相关者较少，利益机制相对简单。随着科技的发展、产品的国际流通、外部环境的变化，该产业的经营逐渐复杂，地理标志农产品质量安全问题逐渐严重，地理标志农产品质量安全利益相关者也逐渐增多，利益关系变得错综复杂。当前的地理标志农产品质量安全治理是一个多元主体参与的多重博弈过程，农产品供给者（生产者、经营者、销售者）之间、农产品供给者与消费者之间、其他治理主体（政府、非政府组织、公众等）之间存在着复杂的利益关系，能否理顺这些利益关系，将多元利益主体引向地理标志农产品质量安全价值取向，是利益机制设计的核心问题。利益机制的合理性即是以

"符合地理标志农产品质量安全治理目标"为判断标准。

（2）法律制度。法律制度与阶级和国家相伴而生，随社会发展而发展。法经济学把法律作为经济增长的内生变量，认为法律是经济增长的内在决定因素，与经济增长密不可分。地理标志农产品质量安全治理属于公共经济范畴，同样受法律制度的制约和推动。效率性是法经济学评价法律制度的价值标准，强调经济效益与效率，同时包括公平的内容，"效率就是经济意义上最大的公平，效率还可以丰富公平的含义"。效率性的判断标准是地理标志农产品质量安全法律制度能够"最大化地理标志农产品质量安全公共品的价值"，即达到在没有交易费用的情况下，各参与者通过自由谈判也能实现的效果。实践中是指地理标志农产品质量安全法律制度能够最大限度地保障地理标志农产品质量安全，立法、执法、司法及其他制度有机配合，协调发挥作用的状态。

（3）信息系统。信息与物质、能量一起被称为构成客观世界的三大要素。作为事物自我表征性的信息，是一种非物质的存在形式，其基本作用是消除人们对事物的不确定性，即通信前的不确定性与通信后的不确定性之差。信息经济学把信息作为商品，从价值性角度分析，认为信息是传递中的知识差（degree of knowledge），知识差能使经济主体改善决策环境而获得预期收益。在地理标志农产品质量安全治理中，有两个层次的信息系统：一是地理标志农产品质量安全治理信息系统，是系统有序程度的表征，反映了地理标志农产品质量安全治理的整体状况；二是地理标志农产品质量安全信息系统，是地理标志农产品质量安全信息资源传递状况的表征，反映了人们搜寻、获取、公开地理标志农产品质量安全信息的总体程度。作为地理标志农产品质量安全治理序参量的信息系统，是指第二种。畅通的地理标志农产品质量安全信息系统既保障人们有效获取与食品有关的种植、生产、加工、流通信息，减少食品交易中的信息不对称，同时又为地理标志农产品质量安全治理提供了统一的信息平台，实现信息资源的共享、互通。其作用于地理标志农产品质量安全问题产生的源初，不断向系统输入负熵，增加确定性。因此，"持续向系统输入负熵"是信息系统畅通性的判断标准。

4.4 地理标志农产品治理协同机制的构成

4.4.1 协同机制的定量描述

协同机制的作用包括三层含义：第一，数量上实现各要素之间"1+1>2"的协同效应；第二，质量上产生系统新的功能和结构即整体涌现；第三，层次上促使系统由低水平向高水平不断跃升。

复合系统可表示为：

$$S = \{S_1, S_2, \cdots, S_n\}, n \geq 2$$
$$S_i = \{E_i, F_i, C_i\} \quad (4-1)$$

其中，S_i 表示第 i 个子系统，E_i、F_i、C_i 分别表示子系统 S_i 的要素、功能和结构。复合系统都是由两个或两个以上的子系统构成，各子系统具有独立性，即 $S_i \cap S_j = \Phi$，$i \neq j$，且具有完备性，即 $S = S_1 \cup S_2 \cup \cdots S_n \cup$。子系统 S_i 具有特定的性质、功能和结构，又由许多子子系统组成，这使复合系统具有相当的复杂性，为研究方便，这里仅讨论一级子系统。

复合系统的复合方式可表示为：

$$S = f(S_1, S_2, \cdots, S_n) \quad (4-2)$$

其中，f 为复合因子，若 f 能由精确的数学公式表达，则其相当于算子[1]，但复合系统内部关系复杂，f 是由系统内各要素非线性相互作用形成的，无法用精确的数学关系表达。以系统演化的目的性作评价准则，如

---

[1] 孟庆松，韩文秀. 复合系统整体协调度模型研究 [J]. 河北师范大学学报（自然科学版），1999（6）.

果存在 $m \in M$，使得复合系统在 m 作用下的总效能 $E(S)$ 大于各子系统在复合因子 f 作用下的效能之和，那么就有：

$$\max\{E^m(S) - \sum_{j=1}^{n} E^f(Sj)\}$$

$$\text{s. t.} \begin{cases} c \in C_0 \\ m(c) \in C_1 \\ m \in M \end{cases} \quad (4-3)$$

其中，c 为复合系统的序参量，C_0 为系统的初始状态条件，C_1 为演化约束条件，满足式（4-3）的 m 的集合 M，称为复合系统的协同机制[①]。

协同机制的建立有利于厘清各参与主体的关系，明确各主体的职责范围，平衡各主体在治理机制中的地位，在协同治理的机制中，政府可以通过多元主体了解地理标志农产品质量安全中的缺陷问题，按照协同治理的机制，政府又要做到还权于民，既可以保持自身的主导地位，又能获得更广泛的支持，提高自己的权威。非政府主体在协同机制中能够真正发挥自身优势，有机会表达跟争取自身的权益。地理标志农产品质量安全协同治理，包括主体协同、利益协同、体制协同、信息协同等多方面内容。

4.4.2　地理标志农产品质量安全治理的动力机制

地理标志农产品质量安全治理系统自我发展、自行演化的动力机制来自系统内部的竞争与协同。竞争与协同是两种相反的状态和趋势，竞争反映事物的个体性与独立性，协同反映事物的集体性与合作性，竞争与协同相互区别又相互依赖，相竞相争和相辅相成是联系在一起的。

在地理标志农产品质量安全治理系统中，竞争和协同来自多元主体的共同参与。政府、第三部门、企业、消费者、社会公众等性质不同、职能

[①] 李忱，王春和. 可持续发展的协同机制研究［J］. 中国软科学，2004（3）.

第4章 地理标志农产品质量安全治理的内涵及协同机制的构成

不同,对地理标志农产品质量安全治理的作用不同,构成地理标志农产品质量安全治理的各个子系统。各主体地位独立,相互制约、相互影响,即产生竞争机制。同时,各主体又在地理标志农产品质量安全治理的统一目标下进行合作、协调,采取同步行为,即产生协同机制。竞争与协同导致各主体间发生非线性作用,产生协同效应,能有效实现地理标志农产品质量安全的目标。同时系统还会发生涌现,即"整体具有部分及其总和所没有的新的属性或行为模式,用部分的性质或模式不可能全面解释整体的性质和模式"。地理标志农产品质量安全治理过程中的涌现主要指社会信任、民众自主精神等。在实现地理标志农产品质量安全和涌现的过程中,地理标志农产品质量安全水平还会不断跃升,即由低层次的有序跃升为高层次的有序(见图4-1)。

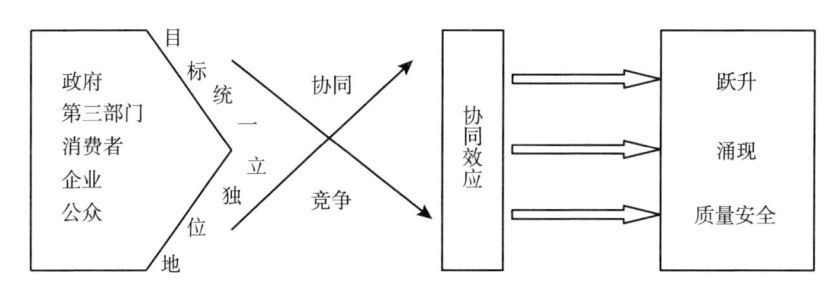

图4-1 地理标志农产品质量安全协同治理机制

资料来源:作者整理。

当发生涨落(地理标志农产品质量安全事故)时,先由消费者或公众发现并提起,再由第三部门检测,然后由政府进行责任认定和处罚,在声誉机制、执法威慑下,其他企业进行自查和自我控制,最后由政府进行相关法规、制度的修改和调整。整个过程中,社会舆论在正反馈机制作用下,将涨落不断放大,引起全社会关注,促使各主体积极采取有效行为,使地理标志农产品质量安全得以实现,地理标志农产品质量安全治理系统有序运行。各治理主体之间发挥的协同效应。

地理标志农产品质量安全监管是一项系统性的复杂工程，不仅需要发挥政府的主导地位，还需要充分吸收地理标志农产品供给者、企业、第三部门、消费者以及新闻媒体等多元主体共同协同治理。而上述多元监管主体间权力与责任界定不清，影响了各主体监管功能的耦合。一旦爆发地理标志农产品安全问题时，社会公众总会将责任归咎于政府在监管方面的缺失，以及企业对社会责任的漠视。而事实上，地理标志农产品质量安全问题的发生是多方原因共同作用的结果，相关主体都应当主动承担责任。政府由于经济人属性，趋利避害，重复作业、监管真空甚至相互推诿。各政府职能部门内部权责不清，导致政府在具体监管环节上难以形成完整链条，监管缝隙的存在给不法分子留下可乘之机。地理标志农产品供给者及相关企业由于受利益所驱动，行动力不足，自我管理懈怠。第三部门，由于权责不明，难以全力对政府以及企业实施监管。消费者尚未意识到自己的监管职能所在。

质量安全问题是重大的民生问题，没有哪个主体能够独善其身，置身事外。政府部门是地理标志农产品质量安全治理的主导者。通过政策法规的制定，监管市场主体规范运行，维护市场竞争的公平公正，不仅起到监督生产经营者行为的作用，还能引导多元主体相互协同合作。地理标志农产品供给者及生产企业要强化自身的质量、安全、风险、责任、法律、诚信等意识，牢固树立质量安全第一责任人意识，加强自律，秉持守法经营、诚信致富理念，不盲目追求经济利益，将企业自身的经济利益与其负担的社会责任相协调，在承担其应负的社会责任基础下实现自身利益的最大化。积极学习先进的生产技术与管理方法，通过技术、管理等方面的创新，提升企业在原料查验，生产控制，出厂检验等方面的质量安全管理水准。同时，加强对员工的培训与管理。积极组织员工学习最新的法律法规和标准体系，切实提升员工在质量安全方面的知识水平与操作能力，督促员工严格按照规范合规生产，守法经营，减少安全隐患。第三部门，大多是由各种与地理标志农产品相关的个人或组织为了大家的利益需求得到相

第 4 章 地理标志农产品质量安全治理的内涵及协同机制的构成

应的保障,自愿组建的一种团体,如行业协会、地理标志质量检测协会、认证协会、风险协会等,他们源于群众而服务于群众,他们参与到质量安全治理中,不仅形成"压力集团"对政府进行监督,迫使政府进行制度改革创新,迅速高效地解决问题,而且化解了广大民众的矛盾,并构建一种"回应型"的制度创新机制,搭建政府和市场之间的桥梁,实现了多赢格局。一方面既能减轻政府的压力,帮助政府实施检测和认证工作,另一方面也能起到监督市场中生产经营者的作用,提高农户、企业的自律性,保障广大人民群众的权益。消费者作为质量安全问题的最终承受者,除被动消费食品外,更应主动参与质量安全监督,起到相应的监督作用,如对相关责任部门或监管人员进行监督,或者利用电话网络等对质量安全事件进行匿名举报,积极配合部门或企业对质量安全的调查,自觉抵制劣质产品,树立正确的消费观念等,都对质量安全治理起到积极的作用。如今,不少基层市场监管部门设有食品安全协管员以及信息员等监督岗位,消费者可积极参与,主动搜集相关信息,协助政府监管。在发现质量安全问题或是合法权益遭到侵害时,积极投诉举报,让监管部门及时查处质量安全违法违规行为,而不能一味地选择听之任之、息事宁人。

4.4.3 地理标志农产品质量安全治理的激励机制

地理标志农产品质量安全问题归根结底是由经济利益引发的,因此合理的利益机制是地理标志农产品质量安全治理得以实现的激励机制。地理标志农产品质量安全治理激励机制的设计应充分考虑各参与主体间的矛盾关系和地理标志农产品质量安全治理的目的性。

第一,地理标志农产品供给者与消费者之间的利益关系,在利益最大化的驱动下,地理标志农产品生产者、经营者和销售者有利用信息不对称进行劣质产品生产的机会主义倾向,消费者处于信息的劣势,无法通过直接行为来约束地理标志农产品供给者,因此,这一领域利益机制设计的关键是促使地理标志农产品供给者自律。第二，地理标志农产品供给者之间的利益关系，表现为产品生产链条上的多个生产者、经营者、销售者以及代理人之间，这一领域的利益关系设计主要是让供给者成为利益共同体，使其相互促进、相互制约，共同对地理标志农产品质量安全负责。第三，政府与地理标志农产品供给者之间，政府与地理标志农产品供给者是行政管理的主体和相对人，这一领域的利益关系设计主要是切断二者的经济利益联系，摆正政府的位置，发挥政府的宏观管理功能。第四，第三部门与地理标志农产品供给者之间，这一领域的利益关系设计也是切断第三部门与地理标志农产品供给者之间的经济利益联系，发挥第三部门客观、公正的管理功能。第五，政府与第三部门之间，这一领域主要是合理界定政府与第三部门各自的职能范围，形成政府与社会的良性互动。

就某种意义上来说，地理标志农产品质量安全系统在其演化和发展中都离不开利益相关者的参与，在系统存在和演进的过程中，政府追求公共管理效率最大化、生产企业追求利润最大化，消费者追求效用最大化。各个主体之间的利益诉求间本身就蕴含着千丝万缕的联系，生产者如果在利益实现中滥用化肥、农药，损害了消费者的利益，迟早会在市场中受到重创。政府关于农产品质量安全监管措施如果不能有效地抑制违规生产者或调动消费者的参与意愿，也等同于形同虚设，发挥不了应有的功效。同样，对于消费者来说，要想实现效用最大化，仅仅关注自身的选择行为是不够的，还应当承担更多的社会责任，积极参与到地理标志农产品的市场监督的过程中去。

4.4.4 地理标志农产品质量安全治理的约束机制

各参与者的行为要有必要的约束，既针对地理标志农产品供给者，又针对地理标志农产品质量安全治理主体，是其追求利益最大化行为的边界，而这一约束需由国家的公权力来提供，表现为国家的法律制度。法律

第4章 地理标志农产品质量安全治理的内涵及协同机制的构成

制度作为市场的通用契约,对各参与者之间责、权、利关系进行有效配置,确定了各参与者的行为边界,构成地理标志农产品质量安全治理的约束机制。地理标志农产品质量安全治理法律制度应包括地理标志农产品质量安全治理主体法规和地理标志农产品质量安全治理行为法规。前者是规范各参与主体的地位、职能及责任;后者是规范地理标志农产品质量安全治理各种行为,包括地理标志农产品质量安全标准制度、地理标志农产品质量安全经营管理制度、地理标志农产品质量安全风险管理制度、地理标志农产品质量安全赔偿制度、地理标志农产品质量安全诉讼制度等。

预期监管目标的实现与否需要借助科学的方法,法律制度的发展与完善是提高地理标志农产品质量安全监管实效的重要形式,是将监管措施落到实处的有力保障措施。首先,用法治思维审视质量安全治理问题。政府要用法治的方法破解质量安全难题,运用法治思维和法治方式看待治理难题,强化其运用法律程序来规范其治理权力的规则意识。以制度化的法律条文及规章制度,来明确规范权力边界、权力范围、权力运作,推进权力机制的"阳光化"操作。同时,增强非政府组织和公民的法治意识,在治理过程中应依据一定的法律章程和原则去处理治理中的问题,使治理手段和程序规范化、透明化、法制化。其次,用法治机制巩固治理成果,完善法律法规体系。加快有关地理标志农产品法律法规体系的建设,利用法律保障来规范社会治理行为,尽可能地构建一个科学合理、条理清晰,系统性、多层次的法律体系,消除法律法规的内部矛盾与冲突,同时细化法律规范,保证执法部门有法可依,为消费者权益保障和违法者责任追究提供法律依据。最后,强化"软制度"的协同作用。协同治理理论从人的社会依存性出发,治理主体间形成合作共识很大程度上是依靠个体的伦理和组织的道德公约。因此,强化道德引导必须弘扬质量安全法治精神,建设社会主义法治文化,通过开展各种形式的普法教育,增强社会成员的法治意识,使治理主体成为社会治理及法治机制平台构建的忠实崇尚者、自觉遵守者、坚定捍卫者。

4.4.5 地理标志农产品质量安全治理的减熵机制

在系统中，系统混乱无序性的度量被称为熵，信息的增加会使系统的确定性增加，使熵减少，因此，信息是一个减熵的过程，信息是负熵。如图4-2所示，地理标志农产品质量安全治理系统在运行过程中，可能产生混乱性，如多元主体因利益关系而产生的矛盾冲突、法律制度不合理而导致的治理失效等，d_is 代表系统内部产生的熵，$d_is \geq 0$。如果系统外部给系统增加混乱性，如对地理标志农产品质量安全事件不客观的报道、炒作，会使系统总熵增加，$d_es > 0$，$d_is + d_es > d_is$，系统更加混乱。如果系统外部给系统输入确定性，如关于地理标志农产品质量安全方面的真实信息，会使系统的总熵减少，$d_es < 0$，$d_is + d_es < d_is$。当 $d_es < 0$，且 $|d_es| > |d_is|$ 时，系统从环境中得到的负熵大于系统内部的熵增加，系统出现减熵的过程，即协同治理的自组织过程。

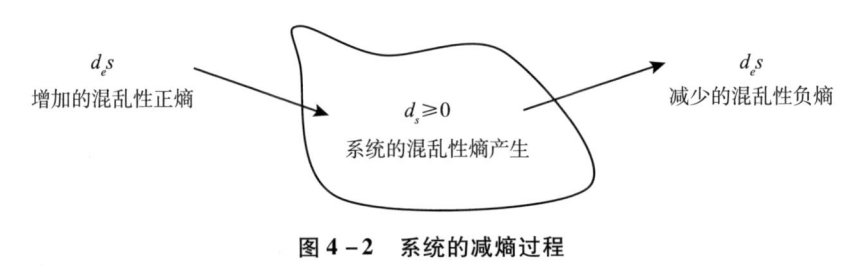

d_es 增加的混乱性正熵 → $d_s \geq 0$ 系统的混乱性熵产生 → d_es 减少的混乱性负熵

图4-2 系统的减熵过程

资料来源：作者整理。

地理标志农产品质量安全信息系统包括地理标志农产品质量安全风险监测与评估信息系统、地理标志农产品质量安全追溯信息系统、企业信用信息系统、地理标志农产品质量安全管理信息系统等。地理标志农产品质量安全信息系统通过多角度、全方位的信息提供，一方面在产品交易中减少信息不对称，减少交易的不确定性；另一方面促进各地理标志农产品质

第4章 地理标志农产品质量安全治理的内涵及协同机制的构成

量安全治理主体之间的沟通交流，保证系统协同运作，减少地理标志农产品质量安全治理系统运行中的不确定性。地理标志农产品质量安全治理信息系统作用于地理标志农产品质量安全问题产生的源初，表征地理标志农产品质量安全治理系统的有序程度，不断向系统输入负熵，增加确定性，是地理标志农产品质量安全治理的减熵机制。

地理标志农产品供应链各个环节中存在的严重信息不对称是质量安全问题产生的主要原因。地理标志农产品质量安全中的信息协同主要是通过协同信息平台建设，发挥市场机制对主体行为的自发约束功能，促进安全投入要素选择和安全地理标志农产品供给，进而促进地理标志农产品质量安全的实现。

便捷、高效、互通的信息流是实现各治理主体间有效协作的重要条件。整合质量安全信息系统，有利于实现跨主体、跨部门间的协作。信息协同不单单是对地理标志农产品质量安全信息和相关的监管信息进行简单的收集和汇总，而是要以百姓和社会需求为导向，通过构建权威性信息互通平台，突破各管理机构和治理主体之间的信息隔离障碍，实现全国范围内质量安全信息的流通和共享。加快地理标志农产品质量安全监管数据库的建设，建立不同地区、不同部门之间的信息通报制度，使不同地区、不同部门间信息共享，及时沟通最新的监管情况，有利于第一时间发现和查处地理标志农产品违法违规行为，精准决策，集中发力，有利于降低治理成本，扫清质量安全隐患。构建全覆盖、立体式检测网络，定期抽样检测并及时将数据录入数据库，扩大数据共享范围，提高政府监管效能。加强政府协作，促进各地区、各部门间的监管数据整合工作，齐心协力维护市场的有序运行。

第 5 章

地理标志农产品质量安全治理协同机制的效应分析

如前所述，地理标志农产品质量安全治理协同机制包括两部分：动力机制和实现机制。地理标志农产品质量安全治理动力机制是由地理标志农产品质量安全治理多元主体决定的，多元主体的参与是地理标志农产品质量安全治理系统协同运行的动力。地理标志农产品质量安全治理实现机制包括激励机制、约束机制、减熵机制，本章主要分析实现机制。

5.1 地理标志农产品治理激励机制分析——利益机制

利益实质上是人们的不同社会需要，属社会关系范畴。我国最早关于利益的论述的是春秋时期的管仲，他提出："夫凡人之情，见利莫能勿就。"其后儒家、道家、法家等也都把利益问题作为学说的基础。在西方，利益（interest）一词来源于拉丁文"interesse"，原义是"在其中"，后来引申出"互异""参与""利害相关"等含义，指"在非报酬性事物中包含着某些报酬性的成分"。机制（mechanism）原指机器的构造和工作原理，泛指自然现象和社会现象内部组织和运行变化的规律。地理标志农产品协同治理利益机制是指在地理标志农产品质量安全治理过程中各参与主体从维护自身利益出发，对其的反应方式及各参与主体行为之间相互依存、相互制约、相互影响的方式。

利益机制的实质是解决信息不对称条件下农产品质量安全治理的激励不相容问题，涉及农产品质量安全治理多元主体之间复杂的利益关系，包括农产品供给者与消费者之间、农产品供给者之间、农产品供给者与监管者之间以及监管者之间等的利益关系。李志方（2013）结合当前我国地理标志初级农产品生产组织模式，构建双重多任务委托代理模型，设计针对合作社管理者或行业中介组织管理者的激励机制，提高地理标志初级农产品标准化程度。对于地理标志加工型农产品，引入双层次互动进化博弈，增进上下游生产者的纵向合作，进一步实现质量维护。此外，从外部规制视角，构建关于政府监管强度的仿冒治理模型，对不同监管强度下地理标志农产品排斥同类非地理标志农产品仿冒品的市场分离效果进行分析[1]。孙亚楠（2014）分析了地理标志单个生产者为追求自身效用最大化原则，仅仅依赖生产者的自我约束来确保地理标志农产品质量安全是不可靠的。其中，内部利益分配问题制约了农民合作组织对农户进行内部监督[2]。马雪松（2015）根据地理标志农产品的特殊性与先天优势，构建了"四位一体"品牌建设模型，将行业协会、龙头企业、合作社和农户结合在一起。其中，龙头企业是主要动力，是利益最大化的主体；行业协会是负责申请地理标志农产品、制定相关标准制度和地理标志的管理工作的非营利组织；合作社是衔接企业和农户的重要中介组织；农户是完成高质量农产品的生产者[3]。朱立龙（2017）引入政府约束机制，构建了政府监管部门、农产品生产加工企业、第三方检测机构之间的三方演化博弈模型，分析了三个行为主体的演化过程，探讨了不同主体之间策略选择的相互影响以及参数变化对各个主体策略选择的影响，求解了演化稳定均衡解[4]。郭鹏菲（2018）引入了

---

[1] 李志方. 地理标志农产品质量维护策略研究 [D]. 天津：天津大学管理科学与工程，2013.
[2] 孙亚楠. 地理标志农产品的品质控制及监管效果研究 [D]. 南京：南京农业大学，2014.
[3] 马雪松. 黑龙江省地理标志农产品品牌建设问题研究 [D]. 哈尔滨：东北农业大学，2015.
[4] 朱立龙，郭鹏菲. 政府约束机制下农产品质量安全监管三方演化博弈及仿真分析 [J]. 系统工程，2017，35（12）：75–80.

消费者激励机制,构建了政府监管部门和农产品生产企业两个行为主体之间的演化博弈模型,求解不同情况下演化博弈的稳定均衡解[①]。关于地理标志农产品质量安全治理主体间关系及激励机制的研究虽然较多,但基本都是侧重于某一个方面。地理标志农产品质量安全治理需要多元主体共同参与,协调运作,多元主体要在各自利益最大化行为的驱使下获得质量安全价值最大化的博弈均衡。因此,作为促进地理标志农产品质量安全社会共治系统有序运行支配力量的利益机制不是局部的、片面的,而是整体的、全局的,需要对地理标志农产品质量安全协同治理主体间利益关系进行系统分析。

5.1.1 地理标志农产品质量安全协同治理的利益相关者

地理标志农产品质量安全治理利益相关者的形成是基于对地理标志农产品质量安全治理利益的不同需要。传统认为地理标志农产品质量安全治理利益仅涉及地理标志农产品生产者与消费者,由于利益最大化的驱动和信息不对称,二者之间矛盾不可调和,而政府作为仲裁者以公正、无私的态度平衡二者之间的关系,维护公共利益。事实上,在地理标志农产品质量安全社会共治情况下,地理标志农产品质量安全治理利益关系远非这么简单,其涉及多元主体之间的多层次、复杂的关系。地理标志农产品质量安全治理利益相关者就是地理标志农产品质量安全治理的参与者,包括三个层次。

(1)直接影响者。直接受地理标志农产品质量安全治理影响的是消费者。地理标志农产品质量安全与否直接影响着消费者的健康及发展,如2000年河南省原阳县原阳大米发生了质量安全事故。部分外地大米加工厂用工业白蜡油加工大米,冒充河南原阳米出售,给消费者造成了巨大

---

① 朱立龙,郭鹏菲. 农产品质量安全监管演化博弈与仿真分析[J]. 统计与决策,2018,34(20):54–58.

损害[1]。2001年8月，山东省烟台市政府部门在全国卫生系统整顿和规范市场经济秩序和食品打假专项活动中，珍珠牌龙口粉丝因含有有毒化学物质（吊白块）被列为全国十大假劣食品之一。后经各方努力，虽挽回局面，但是品牌的信誉度和消费者忠诚度降低[2]。2004年2月17日，央视媒体曝光了平遥牛肉中掺假"骡马肉"的现象，经过调查，平遥牛肉中食品添加剂毒性超标等安全问题浮现[3]。安全地理标志农产品能带给消费营养、健康及享受，在完全竞争及信息对称的情况下，消费者可以凭借消费者选择机制影响地理标志农产品生产者，拒绝不安全地理标志农产品，选择普遍安全的农产品。消费者通过市场机制对地理标志农产品质量安全进行治理，构成地理标志农产品质量安全治理的内边界。

（2）间接影响者。间接受地理标志农产品质量安全治理影响的包括供给者、第三部门、公众。地理标志农产品供给者指地理标志农产品生产者、经营者及相应供应链上的其他参与者。可分为违法者和守法者，违法者通过提供不安全地理标志农产品来降低成本，从而获得不正当利益，如在陕西省富平县，随着当地柿子和柿饼价格连年攀升，市场需求越来越大，于是有的农户为了抢占市场，提前采摘尚未成熟的柿子，将大量质次价高甚至不合格产品投放市场。有人把外地柿子拉到富平当地贩卖，也有外地客户专门购买富平柿饼包装，拿外地柿饼冒充富平柿饼销售；更有甚者，在富平当地柿农家里直播，打着富平柿饼旗号售卖外地柿饼，严重损害了地理标志农产品的声誉[4]。违法者虽然从提供不安全产品中获得短期利益，但长期会因违法行为减低声誉从而造成更大损失，甚至退出市场。

---

[1] 中新网. 河南紧急排查流出"毒米"的原阳大米市场［N/OL］. 2000 - 12 - 10. https：//www.chinanews.com/2000 - 12 - 10/26/60569.html.

[2] 东方网. 山东龙口粉丝有毒？［N/OL］. 2001 - 11 - 06. http：//news.eastday.com/epublish/gb/paper148/20011106/hwz530249.html.

[3] 搜狐网.《每周质量报告》：骡马肉冒充平遥牛肉［N/OL］. 2004 - 02 - 15. http：//news.sohu.com/2004/02/15/20/news219082041.shtml.

[4] 王胜利，刘娇娇. 地理标志农产品的利用与产业发展［J］. 发展研究，2020（8）：69 - 74.

由于地理标志农产品市场具有外部性,地理标志农产品质量安全问题会严重影响守法经营者的利益,如五常大米掺假事件,存在不法分子用廉价米冒充知名品牌的"稻花香米"牟取利益,致使人们对五常大米的信任度下降。消费者心中产生疑惑,不知如何鉴别真正的五常大米,导致很多消费者不再认可五常大米,使品牌五常大米的销售受到影响,扰乱了大米市场的秩序①。同时,地理标志农产品质量安全问题也对供应链上的相关经营者造成影响。地理标志农产品供给者之间通过自律、垂直一体化及国家反不正当竞争法规实现地理标志农产品质量安全治理。地理标志农产品质量安全第三部门包括地理标志农产品企业行会、地理标志农产品认证协会、地理标志农产品质量检测协会、地理标志农产品风险评估协会等,其设立的宗旨是实现地理标志农产品质量安全,维护合法经营者和消费者的权益。有效的地理标志农产品质量安全治理会提高人们对其作用的认识,加强其存在的基础,实现其存在价值。公众虽非不安全食品的直接消费者,但受地理标志农产品质量安全水平下降的潜在威胁。由于地理标志农产品质量安全风险的不确定性和不可控性,在当今社会任何人都不可能完全不受地理标志农产品质量安全问题的影响。地理标志农产品质量安全治理会提高公众的安全指数,减少焦虑;提高对社会公共事务的参与程度,提高社会正义感;同时能减少信任危机,降低交易成本。供给者、第三部门、公众通过自律及相互制约关系实现地理标志农产品质量安全治理,构成地理标志农产品质量安全治理的紧密层。

(3)利益平衡者。利益平衡者是指政府。政府是公共利益的代表,按照新自由主义的观点,政府职能应限定在较小范围,做到管少管好,主要利用市场和社会力量提供公共服务。政府在不违背"消费者主权"原则基础上,利用行政权威对市场失灵进行矫正,以平衡地理标志农产品供给者与消费者之间、供给者与供给者之间、供给者与公众之间的利益关

---

① 中国经济网. 五常大米"掺假"乱象遭曝光[N/OL]. 2015 – 05 – 27. http://www.ce.cn/cysc/sp/info/201505/27/t20150527_5473342.shtml.

系，解决社会的实质不公平。从政府职能本身来看，治理地理标志农产品质量安全、提供公共管理服务是政府的基本职责，不以利益驱动为要件。但政府也有经济人特征，政府内部绩效考核指标可能以地理标志农产品质量安全水平、公信力高低作为标准和依据，政府也能从地理标志农产品质量安全治理中获益。这种利益主要是公共利益，是公共管理价值的彰显与表达。在地理标志农产品质量安全治理中，政府首先是尊重市场权威，为消费者进行地理标志农产品质量安全治理提供条件和保障。其次是为第三部门、供给者、公众等提供基础服务平台，保证社会力量参与。最后在必要时运用行政权威和强制力进入地理标志农产品质量安全治理过程，构成地理标志农产品质量安全治理的外边界。

5.1.2　地理标志农产品质量安全治理利益相关者模型

地理标志农产品质量安全治理的利益相关者通过不同功能的发挥，向地理标志农产品质量安全治理过程投入不同的努力，获得不同的利益。消费者利用产品市场运作机制作用于地理标志农产品供给者，选择安全产品，一旦出现地理标志农产品质量安全问题，则利用行政或司法程序进行维权；地理标志农产品供给者通过自律和相互制约机制减少地理标志农产品质量安全问题；公众利用客观公正的地位监督产品生产、经营过程以及地理标志农产品质量安全治理过程；第三部门通过检验、检测功能对相应供应链进行技术方面的支持与控制；政府通过行政权威的运用，对地理标志农产品质量安全问题进行执法。各利益主体投入的不同要素在市场机制、社会自愿机制、政府机制的作用下[①]，解决了地理标志农产品质量安全问题，实现了地理标志农产品质量安全。地理标志农产品质量安全又带给消费者地理标志农产品质量安全治理的直接利益，即健康、

---

① 席恒. 公共物品供给机制研究［M］. 北京：中国社会科学出版社，2006：63.

财产、尊严等；带给供给者声誉和长期利益；带给公众地理标志农产品质量安全治理的间接利益，即潜在损失和伤害的减少；带给第三部门存在的公益价值，实现了其非营利组织的目标；带给政府公信力，加强了政府权威。

5.1.3 地理标志农产品质量安全治理主体间博弈分析

博弈论是对主体在相互作用情况下的行为决策及决策均衡进行研究的理论，是应用经济学领域强有力的分析工具，博弈论可以帮助人们理解所观察到的决策主体相互作用时的现象。博弈论思想的主要特征是各参与主体所实施的行为策略相互依存，各方在冲突或合作后所实现的损益得失结果不仅取决于己方所采用的行为策略，同时也依赖于其他参与主体所实施的行为策略，是各参与主体行为方案组合的函数。

用博弈的方法可以对地理标志农产品质量安全协同治理利益相关者之间的合作与冲突进行深入分析。目前关于地理标志农产品质量安全研究主要集中在产业组织层面。如在完全竞争假设下，构建质量标准与利润的函数，运用动态优化理论，研究单个企业与企业集群的互动策略。在上述研究中，学者集中在完全理性假设下，使用经典博弈方法求解质量安全标准的均衡解。但在现实情况下，地理标志农产品利益相关者的行为决策要达到完全理性几乎是不可能实现的。正是基于此，本书利用演化博弈理论，探索地理标志农产品利益相关者之间的博弈。演化博弈理论以一定规模的群体为研究对象，对参与人进行的重复博弈活动进行研究。该理论基于有限理性假设，认为参与人需要通过相互之间的模仿、学习等动态过程，逐步寻优达到最有利的策略。

从博弈角度来看，地理标志农产品质量安全协同治理是各利益相关者之间的多方博弈过程，涉及供给者—消费者博弈、供给者之间的博弈、政府—供给者博弈、第三部门—政府博弈、第三部门—供给者博弈等。

第5章 地理标志农产品质量安全治理协同机制的效应分析

1. 供给者—消费者博弈

供给者是地理标志农产品的提供者,包括地理标志农产品的生产者、加工者、批发商、零售商、经销商、代理人等,其基本目的是营利。消费者是地理标志农产品的购买者,是供应链的终点和最终归宿,其目的是维持生存。二者相互依存、缺一不可。对于供给者和消费者来说,有两种策略组合:一种是供给者(提供地理标志农产品,不提供地理标志农产品)、消费者(购买地理标志农产品,不购买地理标志农产品)组合;另一种是供给者(提供安全的地理标志农产品,提供不安全的地理标志农产品)、消费者(高价购买,低价购买)组合。地理标志农产品与普通农产品有所区别,对于普通农产品来说,无论其质量如何,人们都只能选择购买;而地理标志农产品却不是如此,如果其质量安全不达标,消费者有权利选择不购买,掌握更多的主动权。本书从供给者与消费者的策略组合的均衡(供给者提供地理标志农产品,消费者购买地理标志农产品)出发来分析两者的博弈过程。

假设5.1

(1) 供给者 A 的行动集合为(提供安全的地理标志农产品,提供不安全的地理标志农产品),提供安全的地理标志农产品的成本为 C_1,提供不安全的地理标志农产品的成本为 C_2;安全的地理标志农产品售价为 P_1,不安全的地理标志农产品售价为 P_2。提供安全的地理标志农产品的利润为 $P_1 - C_1$,提供不安全的地理标志农产品的利润为 $P_2 - C_2$,$P_1 > P_2$,$C_1 > C_2$。

(2) 消费者 B 的行动集合为(高价购买,低价购买),即消费者愿意支付 P_1 的价款获得安全的地理标志农产品,安全的地理标志农产品的价值为 U_1;支付 P_2 的价款获得不安全食品,不安全食品的价值为 U_2。购买安全的地理标志农产品的消费者剩余为 $U_1 - P_1$,购买不安全食品的消费者剩余为 $U_2 - P_2$。

供给者 A 与消费者 B 的支付矩阵如表 5-1 所示。

表 5-1　　地理标志农产品供给者与消费者的支付矩阵

供给者 A	消费者 B	
	高价购买	低价购买
提供安全地理标志农产品	P_1-C_1，U_1-P_1	P_2-C_1，U_1-P_2
提供不安全地理标志农产品	P_1-C_2，U_2-P_1	P_2-C_1，U_2-P_2

在信息完全的情况下，可能存在两种纳什均衡，即（提供安全地理标志农产品，高价购买）和（提供不安全地理标志农产品，低价购买），对供给者来说是高质高价，低质低价；对消费者来说是高价高剩余，低价低剩余，买卖公平合理。但地理标志农产品本身的经验品和信用品特征使食品市场存在很大的信息不对称，供给者处于信息的优势地位，而消费者处于信息的劣势地位。在利益最大化的驱使下可能诱使供给者以次充好的机会主义行为，即出现（提供不安全地理标志农产品，高价购买）的倾向。不过这并不是博弈的均衡解，一方面，不安全地理标志农产品总有被曝光的时候；另一方面，理性的消费者会预测到供给者会以不安全地理标志农产品充当安全高质量地理标志农产品，因此不愿为此支付较高的价格，仅愿意用市场平均价格 $P(P_1>P>P_2)$ 来支付。这样生产安全地理标志农产品就会减少盈利甚至亏损，生产安全地理标志农产品的供给者也会转向生产不安全地理标志农产品，使市场成为"柠檬市场"。

因此，在信息不对称的情况下，地理标志农产品供给者与消费者长期博弈的均衡解是（提供不安全地理标志农产品，低价购买），结果导致质量安全标准下降、消费者整体体健康状况下降，目前我国的地理标志农产品市场整体状况即是如此。在短期博弈中，经常会出现（提供安全地理标志农产品，高价购买）的情况下，结果是消费者受欺诈，权益受到侵害，可能引发行政或司法程序的维权，但受制于信息不对称，消费者举证困

第5章 地理标志农产品质量安全治理协同机制的效应分析

难,维权艰难。

随着地理标志农产品质量安全治理的发展、信息不对称的情况的改善以及人们消费心理的变化,部分地理标志农产品供给者努力提高地理标志农产品质量,以高价提供安全地理标志农产品,获得更高利润,尝试以声誉机制和良好的信息甄别来实现(提供安全地理标志农产品,高价购买)的均衡,目前我国正在发展的绿色食品产业反映了这一趋势。

2. 供给者—供给者的博弈

地理标志农产品供给者之间的博弈相当复杂,涉及农户与生产厂商、生产厂商与销售商之间的纵向博弈和同一供给环节的大规模供给者与小规模供给者、大规模供给者与大规模供给者、小规模供给者与小规模供给者之间的横向博弈。为研究方便,选择同一生产环节且实力相当的供给者进行博弈分析。

假设5.2

(1) 市场上某种地理标志农产品由供给者 A 和供给者 B 来提供,市场需求总量为 Q,供给者 A 的市场份额为 Q_A,供给者 B 的市场份额为 Q_B,$Q_A + Q_B = Q$。

(2) 供给者 A 和供给者 B 均有两种选择,即提供安全地理标志农产品产品和提供不安全地理标志农产品。供给者 A 提供安全地理标志农产品和提供不安全地理标志农产品的成本分别为 C_{A1} 和 C_{A2},供给者 B 提供安全地理标志农产品和提供不安全地理标志农产品的成本分别为 C_{B1} 和 C_{B2}。$C_{A1} > C_{A2}$,$C_{B1} > C_{B2}$。

(3) 消费者只需要安全地理标志农产品,拒绝不安全地理标志农产品,供给者 A 的安全地理标志农产品售价为 P_A,供给者 B 的安全地理标志农产品售价为 P_B。

(4) 市场信息不对称。

由此,供给者 A 和供给者 B 的支付矩阵如表5-2所示。

表 5-2　　　地理标志农产品供给者和供给者的支付矩阵

供给者 A	供给者 B	
	提供安全地标农产品	提供不安全地标农产品
提供安全地理标志农产品	$Q_A(P_1-C_{A1})$，$Q_B(P_2-C_{B1})$	$Q_A(P_1-C_{A1})$，$Q_B(P_2-C_{B2})$
提供不安全地理标志农产品	$Q_A(P_1-C_{A2})$，$Q_B(P_2-C_{B1})$	$Q_A(P_1-C_{A2})$，$Q_B(P_2-C_{B2})$

在信息不对称的情况下，消费者难以辨别地理标志农产品的质量，不安全地理标志农产品可以以安全地理标志农产品的售价销售。由于 $Q_A(P_1-C_{A2}) > Q_A(P_1-C_{A1})$，$Q_B(P_2-C_{B2}) > Q_B(P_2-C_{B1})$，对于供给者 A 和供给者 B 来说，提供不安全地理标志农产品都是占优策略，此时双方都会选择提供不安全地理标志农产品，纳什均衡为（提供不安全地理标志农产品，提供不安全地理标志农产品），市场被不安全地理标志农产品充斥。

在重复博弈过程中，信息不对称的情况会逐渐改变，提供不安全地理标志农产品企业的市场份额会不断减少直至为零，市场逐渐成为信息完全的市场。供给者的占优策略逐渐由提供不安全地理标志农产品变为提供安全地理标志农产品，最终出现（提供安全地理标志农产品，提供安全地理标志农产品）的均衡。但在我国目前的地理标志农产品市场上，实现这种均衡还相当的困难，主要原因一是我国地理标志农产品供给者众多，安全产品信息传递的动力不足；二是收入水平和文化水平的限制，消费者信息甄别能力不强；三是我国产品市场广阔，转移销售使博弈重复的次数不够多，一次或有限次博弈无法消除提供不安全地理标志农产品的机会主义行为。

3. 政府—供给者博弈

以上分析可以看出，在单纯市场机制作用下，地理标志农产品市场会出现"柠檬市场"，地理标志农产品供给者之间会出现（提供不安全地理标志农产品，提供安全地理标志农产品）的均衡。为维护正常的地理标志农产品市场秩序，保护消费者权益，政府要以质量监督、卫生检查、信息公开等方式进行地理标志农产品质量安全监管,减少信息不对称,矫正市场失灵。政府与地理标志农产品供给者之间形成一个监督博弈。

(1) 构造混合策略。为了方便,把政府记为博弈方1,把供给者记为博弈方2,则两个博弈方的策略空间分别为:S_1 = (监管,不监管),S_2 = (提供不安全地理标志农产品,提供安全地理标志农产品)。设政府监管的概率为 p,供给者提供不安全地理标志农产品的概率为 q,则政府与地理标志农产品供给者的混合策略记为:$P_1 = (p, 1-p)$,其中,$0 \leq p \leq 1$;$P_2(q, 1-q)$,其中,$0 \leq q \leq 1$。

设 R 是供给者提供不安全地理标志农产品带来的违法所得,在提供安全地理标志农产品的情况下,对供给者来说是一种潜在损失,而对政府来说是一种公共安全的潜在收益。C 为政府的监管成本,F 为罚款额。假定 $C < R + F$。则政府与供给者的监督博弈矩阵如表 5-3 所示。

表 5-3　　政府与地理标志农产品供给者的监督博弈矩阵

政府 A	供给者	
	提供安全地理标志农产品	提供不安全地理标志农产品
监管	$R-C+F$, $-R-F$	$R-C$, $-R$
不监管	0, 0	R, $-R$

(2) 政府的反应对应函数。在上述混合策略下,政府的期望收益为:

$$u_1^e = u_1^e(P_1, P_2) = u_1^e(p, q)$$
$$= p \times [(R-C+F) \times q + (R-C)(1-q)] + (1-p)[0 \times q + R \times (1-q)]$$
$$= R \times (1-q) + (R-C+F) \times p \times q - C \times p \times (1-q) \qquad (5-1)$$

对于政府监管机关来说,其目标是使期望收益最大化,则有:

$$\max u_i^e(P_1, P_2) = \max u_1^e(p, q)$$

根据最优化的一阶条件,对式 (5-1) 就 p 求偏导数,有:

$$-C + (R+F) \times q \qquad (5-2)$$

发现,政府的期望收益并不取决于自己的混合策略,而是取决于供给者的混合策略。有三种情况:

第一种:当 $0 \leqslant q < C/R+F$ 时,$-C+(R+F) \times q < 0$,政府的最优反应是降低监管的概率,当监管概率为 0 时,期望收益最大。

第二种:当 $q = C/R+F$ 时,$-C+(R+F) \times q = 0$,政府不论提高还是降低监管的概率,其期望收益不变,可以才有任何策略。

第三种:当 $1 \geqslant q > C/R+F$ 时,$-C+(R+F) \times q > 0$,政府的最优反应是提高监管的概率,当监管概率为 1 时,期望收益最大。

因此,政府期望收益最大的策略选择,取决于供给者提供不安全地理标志农产品的概率,政府的反应对应函数为:

$$p = r_1(q) = \begin{cases} 0 & \text{当 } 0 \leqslant q < C/R+F \text{ 时} \\ (0, 1) & \text{当 } q = C/R+F \text{ 时} \\ 1 & \text{当 } 1 \geqslant q > C/R+F \text{ 时} \end{cases} \quad (5-3)$$

(3) 供给者的反应对应函数。供给者的期望收益为:

$$u_2^e = u_2^e(P_1, P_2) = u_2^e(p, q)$$
$$= q \times [(-R-F) \times p + 0 \times (1-p)] + (1-q) \times [(-R) \times p + (-R) \times (1-p)]$$
$$= (-R-F) \times p \times q - R \times (1-q) \quad (5-4)$$

对于供给者来说,其目标是使期望收益最大化,则有:

$$\max u_2^e(P_1, P_2) = \max u_2^e(p, q)$$

根据最优化的一阶条件,对式 (5-4) 就 q 求偏导数,有:

$$R - (R+F) \times p \quad (5-5)$$

发现,供给者的期望收益并不取决于自己的混合策略,而是取决于政府的混合策略。有三种情况:

第一种:当 $0 \leqslant p < R/R+F$ 时,$R-(R+F) \times p > 0$,供给者的最优反应是提高不安全地理标志农产品的概率,当提供不安全地理标志农产品的概率为 1 时,期望收益最大。

第二种:当 $p = R/R+F$ 时,$R-(R+F) \times p = 0$,供给者不论提高还

第5章　地理标志农产品质量安全治理协同机制的效应分析

是降低提供不安全地理标志农产品的概率，其期望收益不变，可以采取任何策略。

第三种：$1 \geqslant p > R/R+F$ 时，$R-(R+F) \times p < 0$，供给者的最优反应是降低提供不安全地理标志农产品的概率，当概率为0时，期望收益最大。

因此，供给者期望收益最大的策略选择，取决于政府对地理标志农产品质量安全监管的概率，供给者的反应对应函数为：

$$q = r_2(p) = \begin{cases} 1 & \text{当 } 0 \leqslant p < R/R+F \text{ 时} \\ (0, 1) & \text{当 } p = R/R+F \text{ 时} \\ 0 & \text{当 } 1 \geqslant p > R/R+F \text{ 时} \end{cases} \quad (5-6)$$

（4）求解混合策略的纳什均衡。在得到式（5-3）和式（5-6）这两个反应对应的基础上，令 $p=q$，可以求得最终的混合策略纳什均衡。均衡解为 $[(R/R+F, F/R+F), (C/R+F, 1-C/R+F)]$，此时双方的期望收益为 $(R-R \times C/R+F, -R)$。这是一个稳定点，博弈双方没有任何人会选择其他策略。

（5）结论。通过政府监管机关与地理标志农产品供给者的反应对应以及最后的博弈均衡解，可以得出以下结论：

第一，政府监管是有成本的，如果政府对地理标志农产品供给者的每一次生产、经营行为都去监管，既得不偿失，又不可能实现。因此，政府监管不是万能的，需要社会力量来配合。

第二，地理标志农产品供给者提供不安全产品是随机的，其根据政府的监管力度来判断，如果来自政府、社会的监督力量更强一些，不安全产品就会减少。

第三，大的企业提供的不安全产品数量大，被监管的可能性更高，因此大企业提供不安全产品的可能性会少一些，不安全产品主要由中小企业提供。由于政府监管资源有限，需要社会力量的广泛参与。

第四，政府监管的重点应该是大企业，如果政府没有对其现进行监管，说明已经与大企业合谋，需要加强制度建设，加强社会监督。

4. 第三部门—政府博弈

政府进行地理标志农产品质量安全监管的目的是为了矫正市场失灵，但由于资源的限制和经济人属性，可能会陷入政府失效，这就为社会力量参与地理标志农产品质量安全治理提供了理论依据。第三部门是社会力量的代表，其发挥作用的过程就是其与政府之间博弈的过程。

第三部门存在的目的是为了辅助政府矫正市场失灵，其权力来源是政府，只有政府分权，第三部门才能尽到职责，如果政府集权，第三部门就是形同虚设。"权"就是公权力，主要是指应该由第三部门承担的检测、认证等权力。公权力带来了寻租的空间，所以直接与利益相关联，因此第三部门与政府之间实质是一种基于公权力的斗鸡博弈，双方的策略选择分别是（尽职，不尽职）、（集权、分权），支付矩阵如表5－4所示。

表5－4　　　　　　　　第三部门与政府之间的斗鸡博弈

第三部门	政府	
	集权	分权
尽职	-3，-3	2，0
不尽职	0，2	0，0

在这个博弈中，双方都进，即（尽职，集权）会导致无谓争斗，两败俱伤；双方都退，即（不尽职，分权）会导致公权力被弃，资源浪费，都不是最优选择。而一进一退的策略（不尽职，集权）和（尽职，分权）是最优选择。因此，在第三部门与政府的博弈中存在两个纳什均衡。

在（不尽职，集权）的均衡中，政府控制应该属于第三部门的公权力，第三部门不能行使职权，从而沦为政府的附庸。这个均衡对于博弈双方来讲虽是最优选择，但不利于公共目标的实现。我国当前的地理标志农产品质量安全规制即是这种均衡，政府垄断了地理标志农产品质量安全规制权力，表现为单一政府监管，第三部门不过是一种摆设，典型的如消费

第5章 地理标志农产品质量安全治理协同机制的效应分析

者协会。虽然法律规定消费者协会是保护消费者合法权益的社会团体，具有民间组织的非营利性特点，但在实践中，我国消费者协会挂靠在同级工商行政管理机关，工作任务、人员、经费都由工商机关负责，具有较强的行政依附性。

在（尽职，分权）的均衡中，政府将地理标志农产品行业标准制定、相关企业信用评估、地理标志农产品质量安全检测、认证等权力授予第三部门行使，第三部门有效承接，尽到职责。这种均衡既有利于第三部门本身公益价值的实现，又有利于政府从某些利益空间退出，向服务型政府转变。同时，更有利于第三部门与政府密切配合，形成职能互补，实现食品安全公共利益的最大化。这个均衡才能实现地理标志农产品质量安全社会共治。

5. 第三部门—供给者博弈

第三部门是非营利组织，为社会提供了检测、认证的基础平台，其面向所有食品供给者，一般与供给者之间没有博弈策略。但第三部门及其内部成员也有经济人的特征，当供给者提出合谋请求时，第三部门会根据外部监督力量的强弱进行权衡：如果外部监督强，约束机制健全，第三部门会拒绝供给者的合谋请求；如果外部监督弱，约束机制不健全，第三部门就可能与供给者合谋，将客观、公正、权威的检测职能异化为牟取不正当利益的工具。因此，若想使第三部门的职能有效发挥，切实起到补充完善公共管理职能、修正政府失灵的作用，就要健全社会监督机制，吸引社会公众的广泛参与。

（1）基本假设：

假设 5.3 模型中包括两类参与主体，地理标志农产品供给者和第三部门。假设地理标志农产品供给者 S 和第三部门 T 均是有限理性的博弈参与主体，他们完全了解彼此的博弈规则和博弈过程。在演化博弈的过程中，地理标志农产品供给者和第三部门随机匹配，反复博弈。在整个过程中，双方通过不断学习改变策略，直至达到均衡。

假设 5.4 地理标志农产品供给者的策略集为｛强化质量安全投入，

不强化质量安全投入}；第三部门的策略集为{规范经营，不规范经营}。地理标志农产品供给者强化质量安全投入的比例为 $x(0<x<1)$，不强化质量安全投入的比例为 $(1-x)$。第三部门规范经营的比例为 $(0<y<1)$，第三部门不规范经营的比例为 $(1-y)$。地理标志农产品供给者"强化质量安全投入"指的是地理标志农产品供给者积极按照相关程序生产，严格把控地理标志农产品质量，对生产加工出来的地理标志农产品进行自查，避免不安全的地理标志农产品在市场中流通。第三部门"规范经营"策略指对地理标志农产品生产企业及相关主体进行监管，确保流向市场的产品有质量保障，规范经营行为，保证各种工作科学、合理、平稳运行。

假设 5.5 地理标志农产品供给者强化质量安全投入时的生产成本为 C_H，地理标志农产品供给者不强化质量安全投入时的生产成本为 C_L，显然 $C_H>C_L>0$；第三部门规范经营的成本为 C_A，第三部门不规范经营的成本为 C_B，显然 $C_A>C_B>0$。

假设 5.6 地理标志农产品供给者获得的正常收益为 R，如果被第三部门发现其不强化质量安全投入，势必会对其进行惩罚，假定罚款额为 F_S。如果第三部门规范经营，对地理标志农产品供给者进行严格管理，整个市场买卖状况良好，第三部门会受到上级部门的表扬，设奖励额为 J_T；如果第三部门不规范经营，与某些生产者谋私，放纵地理标志农产品供给者的质量安全低投入，使得不安全的农产品在市场中流通泛滥，上级部门会对其进行惩处，设罚款额为 F_T。

假设 5.7 这里引入政府监管机制，讨论在政府监管的作用下对于地理标志农产品供给者和第三部门两个行为主体的策略选择的影响。当第三部门规范经营时，监管成功的概率为 α，付出的监管成本为 C_A。当第三部门不规范经营时，若地理标志农产品供给者强化质量安全投入，则不会出现地理标志农产品质量安全事故，第三部门的收益为 0。但第三部门的监管并不能解决全部问题，仍然需要依靠政府部门的力量来保证地理标志农产品的质量安全。因此，假设政府监管时对于地理标志农产品供给者的罚

第5章 地理标志农产品质量安全治理协同机制的效应分析

款也为 F_S。因政府部门具有监管职责，监管的概率较高，假设一直存在政府部门的监管，β 为政府监管成功的概率。同时，当政府进行监管时，会根据自身的评价机制对地理标志农产品供给者进行评判。正向评价会给地理标志农产品供给者带来正向的收益 E，如提升知名度、美誉度、信誉度等，并使其潜在客户增多；负向评价会使地理标志农产品供给者获得损失 D，如形象受损、声誉受损、信任受损等，丧失现有和潜在顾客。

（2）模型构建。根据以上假设，具体设定参数的定义如表5–5所示。

表5–5　　　　　　　　　　设定参数的定义

符号	定义
C_A	第三部门规范经营的成本
C_B	第三部门不规范经营的成本
C_H	地理标志农产品供给者强化质量安全投入时的生产成本
C_L	地理标志农产品供给者不强化质量安全投入时的生产成本
R	地理标志农产品供给者获得的正常收益
F_S	对于地理标志农产品供给者的罚款额
J_T	上级部门对于第三部门的奖励额
F_T	上级部门对于第三部门的罚款额
α	第三部门监管成功的概率
β	政府监督成功的概率
E	正向评价给地理标志农产品供给者带来的正面收益
D	负向评价给地理标志农产品供给者带来的负面收益

基于以上假设，构建了第三部门 T 经营管理和地理标志农产品供给者 S 质量安全投入的演化博弈的收益矩阵，如表5–6所示。

表 5-6　　　　　　　　　　博弈双方的收益矩阵

分类		地理标志农产品供给者	
		强化质量安全投入（y）	不强化质量安全投入（$1-y$）
第三部门	规范经营（x）	$J_T - C_A,\ R + E - C_H$	$J_T + \alpha F_S - C_A,\ R - C_L - \alpha F_S - D$
	不规范经营（$1-x$）	$-C_B,\ R + E - C_H$	$-C_B - \beta F_T,\ R - C_L - \beta F_S - D$

（3）构建复制者动态方程。第三部门选择"规范经营"策略与"不规范经营"策略的期望收益及平均期望收益分别为 U_{TY}、U_{TN} 及 $\overline{U_T}$。

根据假设，第三部门 T 选择"规范经营"策略时的收益为：

$$U_{TY} = y(J_T - C_A) + (1-y)(J_T + \alpha F_S - C_A)$$

第三部门 T 选择"不规范经营策略"时的收益为：

$$U_{TN} = y(-C_B) + (1-y)(-C_B - \beta F_T)$$

政府 G 选择"严格监管"和"宽松监管"混合策略的平均收益为：

$$\overline{U_T} = x \times U_{TY} + (1-x) \times U_{TN}$$

地理标志农产品供给者选择"强化质量安全投入"与"不强化质量安全投入"策略的期望收益及平均期望收益分别为 US_Y、US_N 及 $\overline{U_s}$。

$$US_Y = x(R + E - C_H) + (1-x)(R + E - C_H)$$

$$US_N = x(R - C_L - \alpha F_S - D) + (1-x)(R - C_L - \beta F_S - D)$$

$$\overline{U_s} = y \times US_Y + (1-y) \times US_N$$

第三部门 T 选择"规范经营"策略的复制动态方程为：

$$F(xy) = \frac{\mathrm{d}x}{\mathrm{d}t} = x(U_{TY} - \overline{U_T}) = x(1-x)(J_T + \alpha F_S + \beta F_T - C_A + C_B - \alpha y F_S - \beta y F_T)$$

当 $F(xy) = 0$ 时，$X_1^* = 0$，$X_2^* = 1$，$y^* = 1 + \dfrac{J_T - C_A + C_B}{\alpha F_s + \beta F_T}$。

因此，当且仅当 $X_1^* = 0$，$X_2^* = 1$，$y^* = 1 + \dfrac{J_T - C_A + C_B}{\alpha F_s + \beta F_T}$ 时，第三部门选择"规范经营"的概率是稳定的。

同理，得到地理标志农产品供给者"强化质量安全投入"策略的复制动态方程为：

$$G(xy) = \frac{dy}{dt} = y(US_Y - \overline{U_s}) = y(1-y)(\alpha xF_S - \beta xF_S + C_L - C_H + E + D + \beta F_S)$$

当 $G(xy) = 0$ 时，$y_1^* = 0$，$y_2^* = 1$，$x^* = \dfrac{C_L - C_H + E + D + \beta F_S}{-\alpha F_S + \beta F_S}$

由此可见，上述博弈模型的5个系统均衡点，分别为 $A(0, 0)$、$B(0, 1)$、$C(1, 0)$、$D(1, 1)$、$O\left(\dfrac{C_L - C_H + E + D + \beta F_S}{-\alpha F_S + \beta F_S}, 1 + \dfrac{J_T - C_A + C_B}{\alpha F_S + \beta F_T}\right)$。

（4）演化博弈模型分析。由政府监管部门和地理标志农产品供给者的复制动态方程 $F(xy)$ 和 $G(xy)$，可得：

$$\frac{\partial}{\partial x}\left(\frac{dx}{dt}\right) = (1-2x)(J_T + \alpha F_S + \beta F_T - C_A + C_B - \alpha yF_S - \beta yF_T)$$

$$\frac{\partial}{\partial y}\left(\frac{dx}{dt}\right) = -x(1-x)(\alpha F_S + \beta F_T)$$

$$\frac{\partial}{\partial x}\left(\frac{dy}{d_t}\right) = y(1-y)(\alpha F_S - \beta F_S)$$

$$\frac{\partial}{\partial y}\left(\frac{dy}{d_t}\right) = (1-2y)(x\alpha F_S - x\beta F_S + C_L - C_H + E + D + \beta F_S)$$

由于复制动态方程求出的平衡点不一定是系统的演化稳定策略（ESS），根据弗里德曼（Friedman）提出的方法，演化均衡点的稳定性可以从该系统的雅可比（Jacobian）矩阵（记为 J）的局部稳定分析导出。

$$J = \begin{bmatrix} \partial \dot{x}/\partial x & \partial \dot{x}/\partial y \\ \partial \dot{y}/\partial x & \partial \dot{y}/\partial y \end{bmatrix} = \begin{bmatrix} a_{11} & a_{12} \\ a_{21} & a_{22} \end{bmatrix}$$

式中：

$$a_{11} = (1-2x)(J_T + \alpha F_S + \beta F_T - C_A + C_B - \alpha yF_S - \beta yF_T)$$

$$a_{12} = -x(1-x)(\alpha F_S + \beta F_T)$$

$$a_{21} = y(1-y)(\alpha F_S - \beta F_S)$$

$$a_{22} = (1-2y)(x\alpha F_S - x\beta F_S + C_L - C_H + E + D + \beta F_S)$$

如果下列条件得到满足：

① $a_{11} + a_{22} < 0$（迹条件 $\mathrm{tr}J$）；

② $\begin{pmatrix} a_{11} & a_{12} \\ a_{21} & a_{22} \end{pmatrix} = a_{11}a_{22} - a_{12}a_{21} > 0$（雅可比行列式条件，其值记为 $\det J$）；

则复制动态方程的平衡点就是（渐进）局部稳定的，该平衡点就是演化稳定策略。

系统局部均衡点处取值情况见表 5-7。

表 5-7　　　　　　　　系统局部均衡点处取值情况

均衡点	a_{11}	a_{12}	a_{21}	a_{22}
A (0, 0)	$J_T + \alpha F_S + \beta F_T - C_A + C_B$	0	0	$C_L - C_H + E + D + \beta F_S$
B (0, 1)	$J_T - C_A + C_B$	0	0	$-(C_L - C_H + E + D + \beta F_S)$
C (1, 0)	$-(J_T + \alpha F_S + \beta F_T - C_A + C_B)$	0	0	$\alpha F_S + C_L - C_H + E + D$
D (1, 1)	$-(J_T - C_A + C_B)$	0	0	$-(\alpha F_S + C_L - C_H + E + D)$
(x^*, y^*)	0	λ_1	λ_2	0

表 5-7 中：

$$\lambda_1 = \left(\frac{C_L - C_H + E + D + \beta F_S}{-\alpha F_S + \beta F_S} \right) \left(\frac{C_L - C_H + E + D + \beta F_S}{-\alpha F_S + \beta F_S} - 1 \right) (\alpha F_S + \beta F_G)$$

$$\lambda_2 = -\left(\frac{J_T - C_A + C_B}{\alpha F_s + \beta F_T} \right) \left(1 + \frac{J_T - C_A + C_B}{\alpha F_s + \beta F_T} \right) (\alpha F_S - \beta F_S)$$

由于在 (x^*, y^*) 点，$a_{11} + a_{22} = 0$，不满足迹条件 $\mathrm{tr}J < 0$，同时也不满足 $\det J > 0$ 的条件，所以 (x^*, y^*) 点不是演化稳定均衡点。

推论 5.1 当 $C_L - C_H + E + D + \beta F_S < 0 < \beta F_S - \alpha F_S$、$\alpha F_S + \beta F_T < 0 < J_T - C_A + C_B$ 且 $|\alpha F_S + \beta F_T| > |J_T - C_A + C_B|$ 或者当 $C_L - C_H + E + D + \beta F_S < 0 < \beta F_S - \alpha F_S$、$J_T - C_A + C_B < 0 < \alpha F_S + \beta F_T$ 且 $|J_T - C_A + C_B| > |\alpha F_S + \beta F_T|$ 时，系统的演化稳定策略为（0，0），对应的策略组合为（规范经营，不强化质量安全投入）。

推论 5.1 表明：假如第三部门不规范经营所节约的成本扣除上级部门

第5章 地理标志农产品质量安全治理协同机制的效应分析

对于第三部门的罚款额后所获取的收益仍大于规范经营时对不强化质量安全投入的地理标志农产品供给者的罚款和上级部门对于第三部门的奖励之和时,第三部门从利益最大化的角度出发,就会选择"不规范经营"策略。地理标志农产品供给者意识到第三部门的行动意向,相对应地也会选择"不强化质量安全投入"策略。因此为了减少此类情况的发生,应该加大对违规地理标志农产品供给者的罚款 F_S,增加当第三部门不规范经营时上级部门对第三部门的罚款额 F_T。

推论 5.2 当 $\beta F_S - \alpha F_S < 0 < C_L - C_H + E + D + \beta F_S$、$J_T - C_A + C_B < 0 < \alpha F_S + \beta F_T$ 且 $|J_T - C_A + C_B| < |\alpha F_S + \beta F_T|$ 或 $\beta F_S - \alpha F_S < 0 < C_L - C_H + E + D + \beta F_S$、$J_T - C_A + C_B < 0 < \alpha F_S + \beta F_T$ 且 $|J_T - C_A + C_B| > |\alpha F_S + \beta F_T|$ 时,系统的演化稳定策略为(0,1),对应的策略组合为(不规范经营,强化质量安全投入)。

推论 5.2 表明:假如地理标志农产品供给者不强化地理标志农产品投入所节省的生产成本减去被第三部门监管成功后政府对于地理标志农产品供给者的罚款额和负向评价给地理标志农产品供给者所带来的负向收益小于强化质量安全投入所带来的正面收益时,即给企业带来的正面评价足够大时,地理标志农产品供给者会选择"强化质量安全投入"策略。第三部门感知到这一点,从自身利益最大化的角度出发,会选择"不规范经营"策略,这是一种较为理想的状态,不需要第三部门管理、经营,地理标志农产品供给者就会自觉强化质量安全投入,市场运行有序规范,社会秩序良好稳定。因此,为了促进地理标志农产品供给者强化质量安全投入,应加大地理标志农产品供给者强化质量安全投入时为之带来的正向收益,尽量增加 E 值的水平。

推论 5.3 当 $\beta F_S - \alpha F_S < C_L - C_H + E + D + \beta F_S < 0$ 且 $0 < \alpha F_S + \beta F_T < J_T - C_A + C_B$ 或者当 $C_L - C_H + E + D + \beta F_S < 0 < \beta F_S - \alpha F_S$、$J_T - C_A + C_B < 0 < \alpha F_S + \beta F_T$ 且 $|J_T - C_A + C_B| < |\alpha F_S + \beta F_T|$ 时,系统的演化稳定策略为(1,0),对应的策略组合为(规范经营,不强化质量安全投入)。

推论 5.3 表明：如果地理标志农产品供给者不强化质量安全投入所节约的成本减去被第三部门的罚款额、被政府调查发现后的社会负向评价带来的损失后所获得的受益仍大于强化质量安全投入所获得的正向收益时，地理标志农产品供给者就会选择"不强化质量安全投入"策略。第三部门认识到这一点，为了保证农产品市场的质量安全，避免劣质农产品在市场中流通，同时还要严格履行其职能，避免上级部门对第三部门的惩罚，因此第三部门会选择"规范经营"策略。在此种情形下并没能从根本上制止低质量安全的地理标志农产品在市场中流通，在日后的监管活动过程中，第三部门会耗费大量的人力、财力、物力等。因此，为了减少此种现象的发生，第三部门应该加大对不按照标准规定强化质量安全投入的地理标志农产品供给者的惩罚力度，加强对地理标志农产品供给者的观察与举报，扩大地理标志农产品供给者生产低质量安全的地理标志农产品对其带来的负向影响，即扩大 F_S、T 的值，以此来威慑地理标志农产品供给者，促使其强化质量安全投入。

推论 5.4 当 $0 < C_L - C_H + E + D + \beta F_S < \beta F_S - \alpha F_S$ 且 $J_T - C_A + C_B > \alpha F_S + \beta F_T > 0$ 或者 $\beta F_S - \alpha F_S < 0 < C_L - C_H + E + D + \beta F_S$、$J_T - C_A + C_B > 0 > \alpha F_S + \beta F_T$ 且 $|J_T - C_A + C_B| < |\alpha F_S + \beta F_T|$ 时，时，系统的演化稳定策略为 (1, 1)，对应的策略组合为（规范经营，强化质量安全投入）。

推论 5.4 表明：当第三部门规范经营时，上级部门将会给予第三部门足够多的奖励，同时地理标志农产品供给者强化质量安全投入所带来的正向收益足够大时，第三部门将会选择"规范经营"策略，地理标志农产品供给者为了避免被第三部门惩罚，相对应地会选择"强化质量安全投入"策略。

（5）研究结论。尽管目前人们对地理标志农产品质量安全问题广泛关注，但第三部门经营管理仍存在效率低下、成本高、效果不理想等现实情况，通过引入政府部门监督机制，建立了第三部门与地理标志农产品供给者两个行为主体之间的演化博弈模型，分析了二者之间的策略选择的演

第5章 地理标志农产品质量安全治理协同机制的效应分析

变趋势,求解出不同情况下演化博弈的稳定均衡策略与均衡解。当第三部门经营管理程度不同时,地理标志农产品供给者也会相应地选择不同程度的行为策略,会依次出现(不规范经营,不强化质量安全投入)、(不规范经营,强化质量安全投入)、(规范经营,不强化质量安全投入)、(规范经营,强化质量安全投入)等演化稳定均衡情况。

结论表明:第三部门经营管理存在某些缺陷,可能会导致第三部门经营管理效率低下、成本过高、效果不理想的情况。第三部门经营管理成本偏高而且没有额外奖励,其结果必然是缺乏规范经营的动力。当上级部门对于其的监管力度不到位时,第三部门出于自身利益最大化的角度考虑,存在不规范经营的可能性,就会放松对地理标志农产品供给者的管理,就可能会使低质量安全的地理标志农产品流入市场,扰乱市场秩序,不利于市场稳定。

地理标志农产品供给者在与第三部门的博弈中,应该考虑第三部门经营与政府监管部门的情况,当第三部门对于生产低质量安全的地理标志农产品供给者的惩罚力度足够大或者低质量安全的地理标志农产品在市场中流通给地理标志农产品供给者带来的负向效应足够大时,地理标志农产品供给者就会强化质量安全投入,生产高质量安全的农产品,满足消费者的生产、生活需要。

(6)政策建议:

第一,第三部门首先要做好宣传工作,对地理标志农产品产业链上利益相关者进行培训与教育,提高质量安全能力与意识,形成社会认同。让其了解什么是地理标志农产品,注册地理标志农产品的作用、意义是什么,以及为什么要提高地理标志农产品质量,提高质量后能够给供应链上的利益相关者带来哪些收益等相关问题。通过深入的调查与广泛的宣传,使得供应链上的利益相关者更加关注自身行为,保护自身权利,减少生产投机行为的发生,剔除"搭便车"者。如果某些供给者存在侥幸心理,生产出的产品拉低平均质量水平,可以在行业内部建立档案,逐渐驱逐劣质地理标志农产品。第三部门借助组织成员内部的自律力量形成屏障，更好地保证地理标志农产品质量水平不被破坏。

第二，强化正向效应。在广泛社会公众的参与下，正向效应被各种媒介传播并放大，使地理标志农产品质量安全问题受到更多人的关注。随之而来对第三部门的财政拨款、会员会费、社会捐赠、附加收入等资金来源被拓宽，多种多样的社会资本跨越多方在此形成集聚效应。在资金充足的条件下，第三部门通过整合资源共享网络，能够更灵活地运作，更细致地进行管理与服务，更迅速地解决实际问题，更及时准确地反映利益相关者的声音。从而推动产品竞争力的提升，进一步加快品牌建设的步伐，提高保障地理标志农产品质量安全水平的效率。

第三，加大违规处罚力度。无论监督制度再严格、再完善，也会有漏网之鱼的存在。因此，设置严格的问责制度是十分必要的。对于第三部门存在的不作为、乱作为现象，先找主管部门，再找相关负责人，层层筛选，逐级问责，立誓要将一切权力关进制度的牢笼。对于地理标志农产品供给者，应加大对其不按照标准规定强化质量安全投入的惩罚力度，提高对违规地理标志农产品供给者的罚款额。

5.1.4 地理标志农产品质量安全治理利益机制的构成

地理标志农产品质量安全治理利益机制是从地理标志农产品质量安全治理利益相关者各自的利益诉求出发，实现多方激励相容的制度安排。一方面能够引导地理标志农产品供给者减少供给不安全产品，加强自律；另一方面能够引导政府、第三部门、公众对地理标志农产品质量安全治理增加投入，加强他律。具体包括：利益导向机制、利益产生机制、利益表达机制、利益制衡机制等。

1. 利益导向机制

利益导向机制的功能是将利益主体的意向、行为导向合理利益，放弃

第5章 地理标志农产品质量安全治理协同机制的效应分析

不合理利益，并且引导利益主体形成融洽的利益关系。利益导向机制不仅能够推动人们追求各自需要，而且能减少社会矛盾纷争，引导利益主体按照资源约束采取最有价值的行为，趋利避害，在实现自身利益最大化的同时实现组织利益的最大化。利益导向机制的关键是确立合理利益以及由不合理利益到达合理利益的诱因。在地理标志农产品质量安全治理中，利益导向机制是要将不安全地理标志农产品的利益导向安全地理标志农产品的利益。不安全地理标志农产品的利益是短期的、表面上的，而安全地理标志农产品的利益才是长期的、实质的。

从不安全地理标志农产品的利益到安全地理标志农产品的利益，不仅对短期利益和长期利益、表面利益和实质利益进行有效权衡，同时要注重道德因素。现代经济学之父亚当·斯密的《国富论》是以个人主义和经济自由为基础，而他在之前出版的《道德情操论》却以"公民的幸福生活"为目标，强调公共利益。"无论何时，有智慧和美德的人都愿意牺牲个人私利来成全他的社群或阶层的公共利益。"[①] 这种经济人与道德人的矛盾，人们称之为"斯密问题"。最早提出这一问题的是19世纪德国历史学派的经济学家们，他们认为利己的经济人与利他的道德人是对比悬殊、相互矛盾的。而熊彼特[②]和罗尔等认为根本就不存在这个问题，因为《道德情操论》和《国富论》的写作是在"道德哲学"这个统一框架下完成的，后来伦理学和经济学逐步分化，才有了这二者的割裂。事实上，利他与利己就本质而言是一致的，二者并不矛盾。经济利益有利于道德的实现，道德是更高层次的利益。利益的本质是人们的不同社会需要，人们在社会生活中不仅需经济利益，也需要同情、责任、信任等社会情感。不安全地理标志农产品利益只是金钱、物质和享受，充其量是对人们最基本的低层次需要的满足，而道德、责任和付出也是一种利益，是对人们高层次

---

① [英] 亚当·斯密. 道德情操论 [M]. 北京：西苑出版社，2005：224.
② SCHUMPETER J A. The economics and sociology of capitalism [M]. Princeton University Press, 1991.

需要的满足。其实每个人的内心都有对真、善、美的追求,但这些真实的诉求被市场经济的趋利化阻隔了。利益导向机制就是要打破这些阻隔,引导人们驱向正当的利益需求。

2. 利益产生机制

利益产生机制的功能是保障利益主体的利益不被暴力剥夺,使其获得可持续的利益增量,为利益不断增加提供制度空间①。剥夺利益的力量一是市场,二是制度。市场的力量是对相关主体利益的原始盘剥。如在信息不对称和市场竞争不完全的情况下,地理标志农产品供应商以不合格原料充当合格原料,是对地理标志农产品生产者正当利益的侵害;地理标志农产品生产者以不安全地理标志农产品充当安全地理标志农产品,是对消费者财富的疯狂掠夺和对消费者健康的残酷伤害;地理标志农产品经营者以不安全地理标志农产品充当安全地理标志农产品是对诚实经营者信誉的损害,造成其信誉利益的损失。市场剥夺的力量是由市场本身的缺陷决定的,食品的经验品和信用品特征造就了市场的外部性和信息不对称,使消费者和诚实经营者的利益天然受到剥夺。不合理的制度规定是对相关主体利益的二次盘剥。如不科学的地理标志农产品质量安全标准制度、检验检测制度、风险评估制度是对消费者信赖利益的剥夺;不合理的地理标志农产品质量安全事故处理制度是对消费者知情权和参与权的剥夺;不清晰的行政处罚边界是对监管产权的剥夺;不明确的公众参与机制与制度是对公众自主权益的剥夺。制度的初衷是为了减少市场剥夺,然而在利益格局日益复杂化的今天,制度卷入了多元的利益博弈过程,同时由于技术及其他资源的限制,使其反而成为剥夺相关主体利益的力量。

利益产生机制是通过有效的制度供给来减少这种剥夺。一方面,克服市场的固有缺陷,减少市场对相关主体利益的剥夺;另一方面,不断创新完善制度,避免制度因素对相关主体利益的再次剥夺,保障相关主

---

① 王虎,李长健.利益矛盾论视野下食品安全治理的一种模式变迁[J].经济体制改革,2008(5).

体利益的持续增加。利益产生机制建立的过程是相应制度逐步改进、提高的过程。

3. 利益表达机制

利益表达机制是通过确定维护个体利益的利益集团，依法通过多种渠道将个体真正利益诉求表达出来的制度安排。这些利益集团是个体利益的代表者，依据相关法律制度能够与其他利益主体抗衡，提高利益主体的话语权和行动能力，使其在社会利益分割中正当利益不受侵害。地理标志农产品质量安全治理过程是公共利益的表达过程，核心是要实现地理标志农产品供给者与消费者之间利益的平衡。作为信息劣势的一方，消费者是弱者，单靠个体的力量很难与地理标志农产品供给者抗衡，这就需要兴起各种民间组织和社会组织来代表并表达消费者的利益诉求。

4. 利益制衡机制

制衡是指制约和平衡。利益制衡机制是指在利益冲突的过程中，不同的利益主体彼此制约，任何一方都不能独占优势，通过相互制约达到利益的平衡。在利益格局中处于弱势方的力量可以被有效整合，使各种社会资源最优配置，实现相关主体在利益较量中的利益平衡。制衡机制关键是培育多种力量，扶持弱势力量，确定各种力量之间的制约关系。在地理标志农产品质量安全治理中，利益制衡是使各利益相关者相互制约，平衡分配地理标志农产品质量安全治理利益。

地理标志农产品质量安全协同治理利益制衡机制体现在以下几个方面：第一，在供给者与消费者的博弈中，供给者处于优势地位，消费者处于弱势地位。实现制衡一方面要提高消费者的能力，如为消费者提供更多地理标志农产品信息、对消费者维权提供支持、实行有利于消费者的诉讼制度等。同时增加对公众的利益吸引以壮大消费者的实力，如实行奖励举报制度等。另一方面减弱供给者的能力，主要是加大对违法供给者的惩罚力度以减少有限次博弈的机会主义行为。第二，在上下游供给者之间，违法经营者是信息的优势方,诚实经营者是信息的劣势方,除加大对违法经营者的处罚力度外,可以使供给者彼此成为利益共同体,使其共同对最终产品的地理标志农产品安全负责。这样可以加大供给者对整个链条的监督和制约,而非将不安全因素转嫁。同时,保证供给者之间交易的稳定性,实现重复博弈对机会主义行为的削减。第三,在政府与供给者之间,政府是监管者,供给者是行政管理相对人。政府介入的初衷是为了平衡供给者与消费者之间的利益,必须使政府部门与供给者的经济利益联系独立,使政府官员与消费者的利益统一。第四,在政府与第三部门之间,二者均是公共利益的代表和维护者,政府往往处于优势地位。为使政府坚持公共利益的价值取向,第三部门必须足够强大,二者相互监督,相互制约,也相互促进。

地理标志农产品质量安全协同治理是从地理标志农产品质量安全各治理主体的多方利益出发,整合多方资源,引导各主体共同驱向食品安全公共价值目标的规则和关系。利益机制的合理性是食品安全社会共治系统的序参量,表征系统的有序程度。

5.1.5 地理标志农产品质量安全治理利益机制的缺陷

从全国层面来看,我国还未能建立起有效的地理标志农产品质量安全治理利益机制,造成地理标志农产品质量安全治理水平不高、地理标志农产品质量安全问题严重,主要表现为以下方面:

1. 缺失的利益导向机制

目前,我国地理标志农产品质量安全利益导向机制缺失。部分违法分子被低质量地理标志农产品的利益所吸引,在生产、加工、流通、销售过程中提供不安全地理标志农产品的事件时有发生,"原阳大米蜡白油事件""平遥牛肉骡马肉事件""龙口粉丝吊白粉事件""五常大米香精事件""赣南脐橙染色事件"等。地理标志农产品供给者在制售不安全产品的过程中，仅仅为个人私利，不惜让更多消费者蒙受损失和伤害。

市场经济发展的过程中，除了市场机制的引导和政府规制的约束，还需要伦理道德规制的力量。借助价值观的塑造与传播，建设科学合理的利益导向机制，引导良性利益观的形成，使地理标志农产品供给者树立正确的利益观，在生产、加工、制造、销售环节提供高质量的地理标志农产品，从而扭转其对物质利益的过度热衷。目前，我国正处于经济转轨和社会转型的特殊历史时期，不法分子在不正当价值观的引导下过度追求经济利益，内心的责任感与正义感逐渐消失。地理标志农产品是一种区域品牌，其真正的价值是消费者的认可，是证明商标的证明力。若忽视地理标志农产品的质量安全只追求经济利益，势必导致地理标志农产品品牌价值受损，从而损害长期利益。因此，需要主流的宣传、教育去唤起相关利益主体道德层面的需求，运用有效机制将其对短期利益的追求导向对长期利益的追求，将其对个人利益的追求导向对集体利益的追求，将其对物质利益的追求导向对信誉、责任、正义的追求。

2. 低效的利益产生机制

在信息不对称的食品市场上，由于消费者的信息劣势，市场对消费者利益的剥夺天然存在。当市场上安全地理标志农产品和不安全地理标志农产品并存时，消费者难以选择；当市场上完全是不安全地理标志农产品时，消费者也必须选择。消费者处于被动的任人宰割的地位，只能寄托于地理标志农产品供给者的"良心"。我国的地理标志农产品市场是典型的信息不对称市场，信息传递不畅，信息沟通阻滞。加之地理标志农产品生产企业规模小、数量大、空间分散，我国目前地理标志农产品加工企业中90%是中小企业，许多还是家庭小作坊式的，无标准生产，也无相应的卫生、安全条件，流动性强，无序化经营较普遍。因此，我国地理标志农产品市场对消费者利益的剥夺较为严重。

为减少对消费者利益的剥夺，国家规定了各种制度、法规。目前，我国地理标志农产品质量安全治理法规在数量上较多，但总体效率不高。主要体现在法规的可操作性不强,违法成本低,缺少对违法经营者的实际震慑;诉讼制度和赔偿制度不合理,使消费者的损失不能有效得到赔偿。

3. 孱弱的利益表达机制

消费者作为地理标志农产品市场的信息劣势方,处于弱者地位。能够代表并表达消费者利益、意志的是各种民间组织和社会组织,又称第三部门。第三部门能有效整合各种社会资源与地理标志农产品供给者形成抗衡,同时也能通过监督与参与制度制约政府的寻租腐败,是既能克服市场失灵又能克服政府失灵的中坚力量。多中心治理理论的代表人物埃莉诺·奥斯特罗姆在谈到中国的农产品质量安全时指出:"人们要有能力建立一个行业组织,形成一种力量,来自行监控农产品质量安全。"[1] 在政府监管模式下,政府作为各利益主体利益的代表,其实质是一种利益的协调和总体平衡。政府既代表供给者利益,也代表消费者利益,不可能成为某一利益主体的代表,与发达国家相比,我国的第三部门发育还很不成熟,能够代表消费者利益,表达公众话语权的地理标志农产品质量安全自治组织实力弱小,地理标志农产品质量安全利益表达机制孱弱。

4. 失灵的利益制衡机制

我国地理标志农产品质量安全制衡机制不能发挥有效作用,扭曲的利益关系导致利益制衡机制失灵。第一,在供给者与消费者的关系中,由于供给者与消费者信息的不对称,应该对消费者给予更多支持而限制供给者的某些能力。而现实生活中却并不如此,消费者在检测、举证方面存在极大困难,维权很难实现,对地理标志农产品供给者的利益制衡一直无法真正体现。对于供给者,因不安全地理标志农产品利益的诱惑和监管部门疏漏使供给者与消费者的关系更加失衡。第二,在地理标志农产品供给者与供给者之间,利益关系设计主要是让供给者成为利益共同体,使其相互促进、相互制约,共同对地理标志农产品质量安全负责。而目前地理标志农

---

[1] 孔繁斌. 多中心治理诠释——基于承认政治的视角 [J]. 南京大学学报(哲学·人文科学·社会科学), 2007 (6).

产品供给者之间未能形成利益共同体。第三，政府与地理标志农产品供给者之间，政府与地理标志农产品供给者是行政管理的主体和相对人，这一领域的利益关系设计主要是切断二者的经济利益联系，摆正政府的位置，发挥政府的宏观管理功能。第四，政府与非政府组织之间，这一领域主要是合理界定政府与非政府组织各自的职能范围，形成政府与社会的良性互动。但目前我国地理标志农产品质量安全非政府组织发育不足，基本依附于政府，未发挥应有作用。因此，我国现有的地理标志农产品质量安全利益关系未能体现地理标志农产品质量安全治理的最终目的和价值，未能形成利益各方的有效制衡，导致地理标志农产品质量安全治理利益制衡机制失灵。

5.2 地理标志农产品治理约束机制分析——法律制度

法是一种权利要求，是反映一定社会经济生活要求的权利体系，其表现形式是法律。法律是一系列的规则，通常需要经由一套制度来落实，故称法律制度。法律制度与阶级和国家相伴而生，随社会发展而发展。"社会生活依靠着法律自身，更广泛意义上是法理。包括实际上被叫做在更加严格意义之上的法律规则和机制。这种机制性的权利是用来保持社会的中坚力量，社会不能够失去它。"[1] 法经济学摒弃了经济学机械地炮制公式、模型的做法，把法律作为经济增长的内生变量，认为法律是经济增长的内在决定因素，与经济增长密不可分。法律制度是对人们行为的规正，是以国家强制力为后盾的对资源进行的分配。地理标志农产品质量安全协同治理涉及各治理主体责、权、利的划分和界定，需要法律制度的制约和推动。

地理标志农产品质量安全法律制度是将地理标志农产品质量安全治理

---

[1] 恩里科·帕塔罗. 法律与权利：对应然之现实的重新评价 [M]. 武汉：武汉大学出版社, 2012: 239.

主体由激励不相容到激励相容所进行的一系列机制设计稳固化。法律制度通过责任认定和惩罚措施能够将食品供给者的外部成本内在化，使供给者选择有利于社会的行为。法律制度是一个不断提高完善的过程，并且只有通过与其他因素（利益机制、信息系统）的协调运作才能保障其作用的有效发挥。法律制度作为地理标志农产品质量安全治理的序参量，构成地理标志农产品质量安全治理的约束机制。

地理标志产品的名称、产地范围、种植技术、品质特色、产品专用标志、种植环境和质量标准等均受《中华人民共和国民法总则》《商标法》《中华人民共和国商标法实施条例》《地理标志产品保护规定》《农产品地理标志管理办法》《集体商标、证明商标注册和管理办法》等法律、法规和规章的调整与保护。

我国自2000年加入世界贸易组织后，为适应新形势的要求，于2001年新修正的《商标法》正式增加了"地理标志"概念。《商标法》明确规定："地理标志，是指标示某商品来源于某地区，该商品的特定质量、信誉或其他特征，主要由该地区的自然因素或人文因素所决定的标志。"并重新修订、颁布了《集体商标、证明商标注册和管理方法》。

1999年8月，原国家技术监督局发布《原产地域产品保护规定》，这是我国第一部专门规定原产地名称保护制度的部门规章。2005年5月，国家质量监督检验检疫总局颁布了《地理标志产品保护规定》取代《原产地域产品保护规定》，原来所谓的原产地域产品也被地理标志名称所取代。

2004年12月，国家工商行政管理总局和农业部联合下发《关于加强农产品地理标志保护与商标注册的通知》，要求各级工商行政管理机关和农业主管部门将知识产权工作从城市向农村延伸，积极做好农产品地理标志保护与商标注册工作。2007年12月，农业部发布中华人民共和国农业部令第11号令，颁布《农产品地理标志管理办法》，其总则第二条对地理标志农产品进行了明确定义，即"本办法所称农产品是指来源于农业的初级产品，即在农业活动中获得的植物、动物、微生物及其产品。本办法所称农产品地理标志，是指标示农产品来源于特定地域，产品品质和相关特征主要取决于自然生态环境和历史人文因素，并以地域名称冠名的特有农产品标志"。

2019年10月16日，发布了新的地理标志专用标志官方标志。国家知识产权局依据"五统一"原则，即统一受理渠道、统一审查标准、统一发布公告、统一专用标志、统一保护监管，推进地理标志认定工作。同时，《农产品地理标志质量控制技术规范》规定了地理标志农产品的地域范围、自然环境、生产方式、品质特色、质量安全以及标志使用等内容，属于国家强制性技术规范，各相关方必须遵照执行。地理标志持有人应当严格执行地理标志许可使用条件，生产者须向标志持有者提出申请，经批准后才能使用地理标志。标志使用人应在产品包装上使用统一的农产品地理标志，标签中应标明产品名称、产地、生产单位名称、地址、生产日期等。市场监管部门探索采用云监控手段，重点监管品种选择、种养殖过程、种植养殖环境、加工工艺流程、质量特色等，严厉查处侵犯农产品地理标志和商标的违法行为。

关于地理标志农产品的法律保护，主要有三种模式：第一种，反不正当竞争法保护，指利用反不正当竞争法对市场上使用地理标志的行为进行规范的一种保护方式。它从维护市场的公平竞争秩序出发，规定了市场各主体包括经营者和消费者都有权禁止对地理标志的不正当竞争性使用，并且包括尚未获得注册的地理标志；从地理标志侵权的不正当竞争性质这一角度着手，总括性强，适用面广。第二种，专门法保护，指通过专门立法的形式对地理标志进行全面保护的一种方式，是一种基于把地理标志作为特殊工业产权并对其进行强保护的模式，在这种保护模式下地理标志不会成为通用名称，并且在禁止未经授权人使用时不需要进行误导性测试，同时保护不受时间限制，这种保护对于那些拥有较多潜在地理标志产品的国家来说是有利于他们国内农业的发展以及国际竞争的。专门法保护模式的优点是保护水平较高，对地理标志的保护全面完善，便于操作，能够很好地保护地理标志权利人的利益。第三种，商标法保护，指把地理标志当作是一种特殊的商标，利用注册集体商标或证明商标对其加以保护的一种方式。采用商标模式保护地理标志无须国家资源的额外投入，还可以有效避免因主管机关不同而造成的矛盾和冲突，但它对地理标志保护的力度和强度不及专门法。

5.2.1 法律制度在农产品质量安全治理中的作用

1. 法律制度可以大大节约交易成本

在地理标志农产品市场上，人们通过各种契约达成联系。契约是指个人可以通过自由订立协定而为自己创设权利、义务和社会地位的一种社会协议形式。早在古罗马时期就产生了契约的观念，罗马法最早概括和反映了契约自由的原则。契约按照约束能力和起源可以分为正式契约和非正式契约，正式契约是指法律、企业章程、制度、合同等，非正式契约又称关系型契约，主要指各种商业惯例和规则。正式契约又可以分为通用契约和特殊契约，通用契约是指对所有主体都有约束力的契约，而特殊契约仅适用于特定主体，如国家法律是通用契约，企业章程是特殊契约。

地理标志农产品市场是一组包括购销合同、买卖合同、行政许可、行政审批、借款合同、劳动合同以及各种约定俗成的交易规则、习惯等在内的契约联合体。契约种类众多，交易主体众多。由于交易主体的有限理性和机会主义行为，契约不可能是完全的，也就是关于交易双方权利和义务的规定、履约情况、可能损害、损害赔偿等方面不可能规定得完全准确。尤其对于食品这种经验品和信用品来说，缔约一方利益受损的情况更为严重。地理标志农产品质量安全本身存在风险，地理标志农产品质量安全风险就是契约不完全的体现。由于信息不对称，信息弱势方可能要花更多的搜寻和缔约成本；为了纠正不完全契约造成的利益不平衡，受害方可能要花更多履约和维权成本。市场上无数的交易人，无数次的交易，每次交易都要付出大量交易成本。为节约交易成本，往往采取关系型合同，即确定交易过程中的不同法律关系，由法律法规对不同交易关系提供统一的处理规则，规定交易双方的责、权、利，约束所有交易人。如对地理标志农产品企业的资质、相关标准、损害赔偿、诉讼制度等进行统一规定，使交易双方在交易时有了基本依据，以这些规定来谈判、履约和解决争议，减少重复谈判和缔约成本，大大提高了效率。

2. 法律制度可以最大化地理标志农产品公共品的价值

法律制度为地理标志农产品市场交易双方达成契约提供了标准型条款，交易双方在不违反法律基本规定的前提下，可能选择适合自己的解决方式，这是由契约本身的性质决定的。契约自由的原则要求必须给当事人足够的讨价还价的空间，不是限制当事人自由选择，而是帮助其签约。

随着我国市场经济的逐步建立，对于人们来说"私人物品要由私人来生产"和"公共物品要由政府来提供"两种观念逐渐深入人心。私人只是追求个人利益最大化为活动第一要务，无义务提供公共物品，因此公共物品只能由权力主体政府来完成。于是人们逐步接受，甚至趋同这样一个事实"天下熙熙皆为利来，天下攘攘皆为利往"，经济发展和社会发展严重失衡。另外，现代社会进入到了长期利益竞争的快速变革社会，在生人社会中，人们来自不同的地域，各自从事着不同的劳动，人们之间因为需要交换各种劳动产品而进行交往。作为现代社会的基础是劳动的社会分工，是商品的交换关系或者说是以利益关系为主导的。地理标志农产品产业中利益主体高度分离而且社会分工发达，生产、加工和储运、消费等链条较长，环节众多，产权关系比较复杂，这为相关主体无视社会责任和失信行为提供了现实可能。因此，借助法律制度的建设，使用强制力手段，规范相关主体行为，最大化地理标志农产品公共品的价值。

法律制度作为约束机制，有效调节多元主体利益矛盾、进行权责分配、确定行为边界，在地理标志农产品市场运行中起到通用契约的作用。借助法律制度，在一个社会整体中使每个成员按照法律形成规范准则，每个社会成员按照这个准则行动。政府通过法律制度维护其政治统治的合法性，在宏观农产品质量安全规制上，即立法、标准制定、信息传播上具有绝对优势。政府通过法律制度的建设，以绝对强制力应对农产品质量安全风险。政府要做到执法公开透明、公明公正。企业同样需要承担社会责任，被赋予新的权利和义务，进而获得监管者和消费者的认同。参与协同治理的第三部门，利用相关法律机制确保争取和维系其独立性，保证其存在的合法性与发展的持续性。公众借助法律制度，合理保障自身权利，获得知情权，希望获得安全地理标志农产品并保障健康。

从理论上讲，法律制度必须最大化地理标志农产品质量安全公共品的价值。应达到一种理想状态，即在没有交易费用的情况下，当事人通过谈判亦可以达成类似地理标志农产品质量安全法律制度的协议。

5.2.2 地理标志农产品质量安全治理法律制度的缺陷

1. 三种保护模式存在重叠和冲突

首先，三种保护模式中保护客体存在交叉重复。《商标法》第十六条仅明确了地理标志的概念，并未限定产品范围；而部门规章虽规定了申请范围，但产品类别存在较大重合，多为农产品。其次，申请主体的要求不同。依照相关规定，由地理标志所在地域范围的成员组成的协会、团体或者其他组织可以申请地理标志集体商标。申请证明商标的主体应当是具有监督该证明商标所证明的特定商品品质能力的专业技术机构；而申请农产品地理标志保护的主体是由县级以上人民政府在符合一定条件的农民专业合作经济组织、行业协会等组织中择优确定；申请地理标志产品保护的主体应当是县级以上人民政府认定的企业、协会或者机构。再次，对申请的审查内容不同。商标局主要对申请人主体资格、地理标志产品特定品质与特定地域的自然因素和人文因素的关系、地域范围、使用管理规则等内容进行审查。农业农村部主要审查地理标志登记农产品的名称、农产品的品质特性和生产方式、产地环境、产品质量是否符合国家强制性技术规范要求。原国家质检总局主要审查地理标志产品名称、产地范围是否符合规定,以及安全卫生、环保状况是否达到标准。最后,审查程序不同。商标局自受理商标申请之日起9个月内进行初审,发布初审公告;初审公告期间3个月,期满无异议的,给予注册公告。农产品地理标志的申请要经过二级审查,先由省级人民政府农业行政主管部门初审和现场核查,符合条件的报农业部农产品质量安全中心。质量安全中心提出审查意见,并组织专家评审。经审查合格的给予公示,公示期满无异议的,由农业部做出登记决定并且公告。地理标志产品申请的审查分为形式审查和实质审查两个阶段。省级质检机构对地理标志产品的申请进行形式审查。形式审查合格的,作出公告,并设置2个月的异议期。无异议或者异议已处理的,由原国家质检总局专家进行技术审查。审查合格的,由原国家质检总局发布公告、颁布证书。由于三种保护模式各自独立,且申请条件、程序和审查内容存在差异,为求稳妥或者为获得更多的保护,导致实践中不少农产品生产者既申请注册地理标志商标、又申请注册地理标志产品或者农产品地理标志,"一品多标"的双重或者多重保护现象增加了地理标志申请成本,造成了地理标志保护资源的浪费,还会导致商标权与地理标志权的冲突。

2. 地理标志农产品质量安全风险管理法律体系不健全

目前,《地理标志产品保护规定》《农产品地理标志管理办法》《产品质量法》《农产品质量安全法》《中华人民共和国消费者权益保护法》《中华人民共和国刑法》及所有涉及地理标志农产品质量安全风险管理的规范性文件构成地理标志农产品质量安全风险管理法律体系。虽然我国有关食品风险管理的规范性文件在数量上较多,但许多法律规定过于简单、笼统,缺少详细、明确的管理措施,可操作性较差,为地理标志农产品质量安全风险管理工作留下了法律漏洞,我国的地理标志农产品质量安全风险管理法律体系还很不健全。根据《农产品质量安全法》的规定,国务院卫生行政部门启动风险评估的程序一方面来自风险监测部门的监测,另一方面来自公众举报，由于目前风险监测水平有限，可能更多需要公众举报，但地理标志农产品质量安全法对公众举报的途径、受理单位、奖励措施等都没有明确规定，不利于获得足够的地理标志农产品质量安全风险信息。同时，这种消极、被动的风险评估启动机制，具有明显的滞后性。当今社会地理标志农产品质量安全风险具有潜在性和高不确定性，需要更专业、常规的地理标志农产品质量安全监测来发现，这种被动性的风险评估启动机制已无法满足现代社会地理标志农产品质量安全风险管理的需要。目前，我国地理标志农产品质量安全风险管理法律制度中公众参与不足，突出表现在风险评估中缺少风险交流。在新《农产品质量安全法》中虽规定了地理标志农产品质量安全风险交流制度，但对具体的风险交流渠道、程序都没有规定。事实上，风险交流应贯穿在整个风险评估、管理过程，现代社会的地理标志农产品质量安全风险影响到社会每个成员，已经超越了地域和身份的限制，不仅影响人们的身心健康，也关系到国家食品产业的发展，影响国家经济安全和社会秩序的稳定。

3. 地理标志农产品质量安全赔偿制度存在缺陷

（1）举证难限制了赔偿的实现。按照民事诉讼"谁主张，谁举证"的原则，消费者想主张地理标志农产品质量安全损害赔偿，就要负相应的举证责任，由于消费者的弱势地位，实践中常常处于举证难的困境。

在地理标志农产品质量安全侵权案件中，消费者不仅要提供地理标志农产品缺陷的证据，还要证明自身受到了损害，而且要证明二者之间的因果关系。消费者掌握的信息有限，专业知识有限，要想取得有力的证据，往往要经过专业技术检测，一方面检测成本过高，消费者要面对"一只鸡的赔偿，一头牛的投入"这样的抉择；另一方面检测有很高门槛，有些检测机构为了建立与某些知名食品企业的长期联系，不愿意受理消费者的检测请求，常常以"对公不对私"为由拒绝受理。在当前的地理标志农产品生产条件下，地理标志农产品质量安全隐患，尤其是违法添加的化学物质，其对人体的侵害过程具有间接性、复合性与持续性，损害结果具有滞

第5章 地理标志农产品质量安全治理协同机制的效应分析

后性和潜伏性,这都导致食品缺陷与损害后果之间的相关性极为隐蔽和不确定,受害人想取得相关的证据极其困难。同时由于地理标志农产品消费的及时性、经常性,消费者不易保存购买凭据,即使检测出食品存在问题,商家也可能拒绝承认,如某消费者在超市购买的竹笋,自行到检验机构检测后发现二氧化硫超标,可索赔时超市已经将该商品下架,根本不认可消费者的检验结果。举证难往往使消费者对索赔望而却步,失去了应有的维权意识。

(2)民事赔偿优先原则的实施存在障碍。我国地理标志农产品质量安全法确立了民事赔偿优先原则,即在违法者同时需承担民事赔偿、行政罚款、刑事罚金时,如其财产不足以同时支付,应先承担民事赔偿责任。这一原则的主旨是为了使受害者的私权优于公权而得到保护,但在实践中还存在许多实施障碍。首先,民事责任的认定复杂而漫长,伤残的鉴定过程及事件的发展过程都会影响赔偿结果,有时拖几年不能确定下来。刑事责任的认定虽然也慢,但因有时效限制,一般在一年内完成。而行政责任的认定具有速度快、效率高、生效即执行的特点,行政处罚和刑事罚金往往优先于民事赔偿而执行,等到民事责任确定下来时,违法者根本不再有财产可以进行民事赔偿。其次,当违法企业进入破产程序时,民事赔偿往往被列入普通债权,要次于员工工资、社保、抵押债权等受偿,使民事赔偿难以实现。最后,民事赔偿优先原则没有明确具体民事主体。事实上,银行也属于民事主体,其作为担保债权具有优先性,而银行债权往往数额较大,在完成对银行债权的清偿以后,受害人的民事赔偿便无从谈起[①]。

(3)惩罚性赔偿难以产生威慑力。我国规定了惩罚性赔偿制度,《食品质量安全法》第一百四十八条规定:"生产不符合食品安全标准的食品或者经营明知是不符合地理标志农产品质量安全标准的食品,消费者除要求赔偿损失外,还可以向生产者或者经营者要求支付价款十倍或者损失三

---

① 徐海燕,柴伟伟.论食品安全侵权的人身损害赔偿制度[J].河北法学,2013(10).

倍的赔偿金；增加赔偿的金额不足一千元的，为一千元。但是，食品的标签、说明书存在不影响地理标志农产品质量安全且不会对消费者造成误导的瑕疵的除外。"惩罚性赔偿的目的主要是为了惩罚违法经营者，使其承担更高的违法成本，而不仅仅是为了补偿消费者的损失。但现有法律关于惩罚性赔偿的规定过于原则性，缺少威慑力。主要表现为惩罚性赔偿的举证责任严苛。按法律规定，不仅需要消费者举证食品缺陷、损害事实、因果关系，还需消费者举证经营者的过错，即"明知"。"明知"是一种主观状态，消费者想证明经营者"明知"，只能通过一些证据来推断，消费者要提供经营者的进货渠道、进货价格、供货商的信誉等资料，这对消费者来说是不可能完成的任务。在许多案例中，经营者都以不"明知"为由拒绝赔偿。

5.3 地理标志农产品治理减熵机制分析——信息系统

地理标志农产品质量安全问题产生的根源在于信息，农产品作为经验品和信用品易导致信息不对称，从而产生市场失灵问题。强调在市场化条件下，农产品质量安全治理政策的有效性在很大程度上取决于合适的信息披露制度，它主要包括企业的声誉形成机制、质量认证体系、标签治理、法律法规等，其中健全认证体系和规范的认证制度是食品安全的有效保证。戚建刚（2012）认为当前我国之所以不能采取有效防御食品安全风险的措施，是因为信息系统赤字，即风险制造者对有效防御食品安全风险各类措施的信息系统赤字以及风险承受者对食品安全风险的信息系统赤字[1]。吴元元（2013）从信息经济学的角度分析了食品安全信用档案制度的作用，认为地理标志农产品质量安全信用档案制度是地理标志农产品质

---

[1] 戚建刚. 我国食品安全风险监管工具之新探——以信息监管工具为分析视角 [J]. 法商研究，2012（5）.

量安全信息的生产和传播机制，对市场主体具有威慑和激励的双重效果，同时有助于在公权力主体与治理对象之间建立精准、稳定的信息联系，实现制度化治理①。何庆新（2014）设计实现了一个基于JavaEE架构的食品信息管理信息系统，对市面上的食品相关信息进行收集、传输、处理、储存、更新和维护，以达到保障地理标志农产品质量安全、规范市场秩序的目的②。信息不对称是产生地理标志农产品质量安全问题的根本原因，因此，畅通的信息系统能够从源头上减少地理标志农产品质量安全问题，减弱市场失灵，是地理标志农产品质量安全社会共治的又一序参量。

5.3.1 信息系统在地理标志农产品质量安全治理中的作用

在地理标志农产品质量安全治理中，有两个层次的信息系统：一是地理标志农产品质量安全治理信息系统，是系统自组织程度的表征，反映了地理标志农产品质量安全治理的整体状况；二是地理标志农产品质量安全信息系统，是地理标志农产品质量安全信息资源传递状况的表征，反映了人们搜寻、获取、公开地理标志农产品质量安全信息的总体程度。作为地理标志农产品质量安全治理自组织序参量的信息系统，主要是指第二种。地理标志农产品质量安全信息系统应包括地理标志农产品生产质量管理信息系统、地理标志农产品流通质量管理信息系统、地理标志农产品加工质量管理信息系统等。

1. 减弱地理标志农产品市场的市场失灵

信息经济学把信息作为商品，从价值性角度分析，认为信息是传递中的知识差（degree of knowledge），知识差能使经济主体改善决策环境而获

---

① 吴元元．食品安全信用档案制度之建构——从信息经济学的角度切入［J］．法商研究，2013（4）．
② 何庆新．基于JavaEE实现食品安全信息管理系统［J］．电脑知识与技术，2014（7）．

得预期收益[①]。按照阿罗（1977）建立的模型，任意给出一个知识度 $S1$，如果能够确定另一个知识度 $S2$，当 $S2 - S1 = \Delta S > 0$，且 $\{\Delta S\} \in \{S1\}$ 时，ΔS 相对于 $S1$ 是信息，$S2$ 是 $S1$ 的信息源，$S1$ 是 $S2$ 的信息用户。在地理标志农产品市场上，消费者是信息用户 $S1$，消费者通过各种媒介查阅的相关文章、视频、资料等是信息源 $S2$，$S2$ 中能够使消费者增长的地理标志农产品质量安全知识是信息 ΔS。通过了解地理标志农产品质量安全信息，使消费者增长知识和智慧，认清相关地理标志农产品生产的本来面目，做出理性决策。

信息系统作为协同治理的子系统，是协同治理的基础。我国在农产品质量安全信息系统建立过程中很早便提出了共享共建、协同合作的理念。信息的公开与交流是多元主体获得有效信息进行协同的前提。在科技迅猛发展的今天，地理农产品质量安全信息收集、整理、鉴别和发布的速度和质量非常重要却也充满难度。政府通过信息的获得可以提高监管效率。消费者通过获得质量安全信息，进行消费选择。相对于其他社会主体，地理标志农产品供给者及生产经营企业对农产品质量安全第一手信息的掌握具有绝对优势。

因此，地理标志农产品质量安全信息系统通过有效的信息传递，保障人们快速获取与食品有关的种植、生产、加工、流通信息，减少食品交易中的信息不对称，改善决策，减弱市场失灵。同时又为地理标志农产品质量安全市场交易提供了统一的信息平台，实现信息资源的共享、互通，有利于生产、经营者做出正确决策，提高效率。

2. 减少地理标志农产品质量安全治理系统的不确定性

信息公开是保障地理标志农产品质量安全管理实现合理化、有序化、透明化的重要手段，它作为质量安全治理的关键环节，对于消除信息不对称、提升公众安全信心、改进治理效益，具有极大的促进作用。

---

① 乌家培等. 信息经济学 [M]. 北京：高等教育出版社，2006：81.

第 5 章　地理标志农产品质量安全治理协同机制的效应分析

通信科学领域把信息与通信的不确定性相联系,指出信息是通信中消除了的不确定性,亦即增加了的确定性①。申农信息论给出了信息的基本概念:信息是两次不确定性之差,即信息=通信前的不确定性-通信后的不确定性。

信息总是联系着不同事物的相互作用,人们接收到的信息与人们对外界的调节和此种调节为外界所理解有关。在系统中,系统混乱无序性的度量被称为熵,信息的增加会使系统的确定性增加,使熵减少,因此,信息是一个减熵的过程,信息是负熵。在地理标志农产品质量安全治理系统中,政府子系统、企业子系统、第三部门子系统、消费者子系统、公众子系统以及各子系统下面的子子系统,构成一个复合大系统,系统内部各要素不断展开竞争与合作,实现有序运行。地理标志农产品质量安全信息系统通过多角度、全方位的信息提供,一方面在食品交易中减少信息不对称,减少交易的不确定性;另一方面促进各地理标志农产品质量安全治理主体之间的沟通交流,保证系统协同运作,减少地理标志农产品质量安全治理系统运行中的不确定性。地理标志农产品质量安全治理信息系统作用于地理标志农产品质量安全问题产生的源初,表征地理标志农产品质量安全治理系统的有序程度,不断向系统输入负熵,增加确定性,是地理标志农产品质量安全治理的减熵机制。

5.3.2　地理标志农产品质量安全信息系统的内容

地理标志农产品质量安全信息系统应包括地理标志农产品生产质量管理信息系统、地理标志农产品流通质量管理信息系统、地理标志农产品加工质量管理信息系统等。其中,地理标志农产品生产质量管理信息系统应该包括质量标准信息、农业科技信息、地理标志农产品投入品信息、质量

---

①　苗东升. 系统科学大学讲稿 [M]. 北京:中国人民大学出版社,2007:118.

安全追溯信息、质量安全监测结果信息、信誉信息等内容；地理标志农产品流通质量管理信息系统应该包括地理标志农产品安全流通标准系统、地理标志农产品流通企业质量管理操作系统、地理标志农产品质量安全信息跟踪与追溯系统、政府监管信息系统、地理标志农产品安全预警系统、地理标志农产品质量信息数据服务系统；地理标志农产品加工质量管理信息系统包含加工产品信息、加工过程信息、加工技术质量信息、加工产品贮藏质量信息、其他投入品信息等内容。

1. 地理标志农产品生产质量管理信息系统

随着当今世界科技的发展以及广泛应用，农业生产质量信息获取手段和获取途径日趋多元化。通过遥感、人工调查、地面传感技术采集地理标志农产品生产质量信息，然后对收集的地理标志农产品生产质量数据进行加工，通过概念设计、逻辑模型设计和物理模型设计来完成。发现地理标志农产品生产质量管理信息系统应该包括质量标准信息、农业科技信息、地理标志农产品投入品信息、质量安全追溯信息、质量安全监测结果信息、信誉信息等内容：

（1）地理标志农产品质量标准信息。标准化生产是确保地理标志农产品质量的前提，而标准是标准化生产的前提，是地理标志农产品组织生产的技术指南。地理标志农产品质量安全与否在很大程度上依赖于农户对质量标准的掌握程度。地理标志农产品质量标准信息系统的基本任务是向社会及时、准确地提供地理标志农产品质量标准信息。

（2）农业科技信息。地理标志农产品质量的提高离不开农业技术的支撑。农业科技信息系统是科技成果转化为现实生产力的桥梁和纽带，它把农业科技的供给与需求连接起来，是传统农业技术推广系统的重要补充。通过农业科技信息系统，及时准确地发布有关农业高新技术的最新进展、应用前景、获取途径、技术咨询方式等信息，宣传和推广农业科技知识，提高农业生产者对农业高新技术的认知水平，从而促进农业科技在生产中的应用，进而提高地理标志农产品质量。

（3）地理标志农产品投入品信息。地理标志农产品投入品的质量对地理标志农产品的质量安全有着决定性的影响。通过建立地理标志农产品投入品信息系统，让农户便捷地获得有关投入品的质量标准信息、适用环境信息、使用要求信息、价格信息及禁用农业投入品信息，对引导地理标志农产品供给者做出正确的生产投资决策具有十分重要的作用。

（4）地理标志农产品质量安全追溯信息。目前，许多国家的政府机构和消费者都要求建立农产品供应链的可追溯机制，并且许多国家已开始制定相关的法律，以法规的形式将可追溯纳入农产品物流体系中。通过建设地理标志农产品质量安全追溯信息系统，消费者能够在市场上选购具有地理标志农产品产销识别码的产品，利用计算机或手机或其他设备查询该地理标志农产品生产的产地、生产单位、生产过程、农药化肥使用情况等一系列相关信息。

（5）地理标志农产品质量安全监测结果信息。地理标志农产品质量安全事关社会公共利益，所以政府应定期对农业投入品及地理标志农产品质量安全进行监测，并将检测结果定期公布，供农户和消费者查询。

（6）信誉信息。建立农业投入品和农产品生产经营者信誉档案，并对信誉档案的记录与移交、管理与评估、披露与使用做出明确规定。信誉档案向社会公开，供交易主体查阅，督促甚至迫使农业投入品和农产品的生产经营者加强自律、规范生产、贮藏、运输、流通等各个环节，完善产品投诉、产品追溯、产品召回制度等救济措施，保障地理标志农产品质量安全。

2. 地理标志农产品流通质量管理信息系统

在地理标志农产品流通过程中，由于管理不当而引起的产品质量安全问题时常发生。随着当今农产品供给链条越来越长、中间环节越来越多、范围越来越广，以及国际化和多元化的趋势，加大了地理标志农产品风险发生的概率。通过建立地理标志农产品流通质量管理信息系统，更好地保证地理标志农产品质量安全。建立地理标志农产品流通质量信息管理系统应该基于供应链管理的思想,利用信息和通信技术将农户、农产品流通企业、中间批发商、零售商和政府监管机构联系在一起,实现从生产到最终消费环节的集成化的、无缝的地理标志农产品安全质量信息流和控制过程,在此基础上实现安全监控和风险预警。利用这一系统可以实现不同部门之间对流动的农产品的控制和监管信息的共享,使下游机构或最终消费者对农产品流通情况等上游监管信息进行回溯性查询,上游机构对产品流向进行跟踪,从而达到系统化和集成化的管理。基于供应链管理思想设计的农产品质量信息管理系统,通过对供应链各个节点监控达到地理标志农产品质量管理的目的。

地理标志农产品流通质量管理信息系统包括地理标志农产品安全流通标准系统、地理标志农产品流通企业质量管理操作系统、地理标志农产品质量安全信息跟踪与追溯系统、政府监管信息系统、地理标志农产品安全预警系统、地理标志农产品质量信息数据服务系统:

(1)地理标志农产品安全流通标准系统。通过建立统一的标准数据库,利用数据库服务来指导和规范地理标志农产品生产和流通过程。目前在这方面比较领先的一些国际标准包括:良好农业操作规范(GAP)、良好生产操作规范(GMP)标准,危害分析与关键控制点(HACCP)实施原则、规范等;国内标准包括绿色食品标准,国家和地方性安全卫生优质食用农产品标准,食品有毒有害物限量标准等。系统方案设计需要充分吸收国内外一些先进的标准化管理理念,并积极跟踪其最新发展动态,及时更新数据系统以保持其适应性和先进性。

(2)地理标志农产品流通企业质量管理操作信息系统。在信息管理方面,很多农产品流通企业的原始记录不完整且不规范,企业的信息也是封闭的。质量管理操作信息系统面向农产品流通企业,辅助进行生产过程的信息管理和标准化控制。针对不同对象开发出适用的农产品的质量管理操作体系,为企业建立完善的流通档案,为产品实现溯源提供技术保障。目前国际上通用的实施质量控制的方法主要有HACCP、GAP、GMP、卫

第5章 地理标志农产品质量安全治理协同机制的效应分析

生标准操作规范（SSOP）以及 ISO9000 系列和全面质量管理（TQC）等质量管理信息系统。该模块提供上述所有质量管理操作体系的全面信息，包括准备条件、基本原理、操作方法和步骤、技术要点以及相关服务机构如辅导、咨询服务机构和认证机构等多方信息，以指导流通企业实施、认证，改进其质量管理体系。并将企业实行质量管理操作体系的信息输入模块中，以便企业管理机构监管和消费者进行查询。

（3）地理标志农产品质量安全信息跟踪与追溯系统。地理标志农产品安全信息管理体系中各个环节的有关信息通过采用全球卫星定位系统（GPS）、地理信息系统（GIS）与无线射频身份识别技术（RFID）为技术支撑，依靠系统实现对地理标志农产品进行跟踪与追溯。GPS、GIS 等空间信息技术可以对农业的自然资源、生态和环境、气象性和生物性灾害、作物种植和产量估测等进行相当精确的动态监测和实时预报，对农业的产前和产后的生产资料和农产品市场等提供全面的信息服务和决策支持。另外，可以利用条码进行溯源追踪。一种是从上往下进行跟踪，即农场原材料供应商—运输商—加工商—销售商—销售点，这种方法主要用于查找造成质量问题的原因，确定产品的原产地和产品的特征。另一种是从下往上进行追溯，也就是说，消费者在销售点购买的农产品如果出现安全问题，可以向上层层进行追溯，最终确定问题的源头，这种方法主要用于产品的回收或撤销，对产品进行有效的处理。通过系统可以对农产品流通全过程的每一个节点进行有效的标识，建立各个环节信息管理、传递和交换的方案，从而对供应链中地理标志农产品原料、加工、包装、贮存、运输、销售等环节进行跟踪与追溯，对发现问题的产品及时进行妥善处理。

（4）政府监管信息系统。通过建立和完善监管制度和长效机制的监管模块，辅助进行地理标志农产品质量检测和监督。在加强对地理标志农产品抽样检测的同时，充分利用监测数据，将相关数据纳入信息体系中，将市场销售的地理标志农产品质量安全的抽查、检查信息和结果进行通报，追溯不合格品来源，阻止同源农产品继续进入市场，将所有检测数据和结果输入农产品安全预警系统进行预防性预警。在信息管理上，监管系统可以对所有农产品监管信息建立国家数据库，公布监管政策、监管原则和方法，指导企业科学生产和消费者的安全消费。

（5）地理标志农产品安全预警系统。集成各种安全信息数据源进行统计分析，建立预警和快速响应机制。安全预警原则就是将人类健康摆在第一位。为确保高水平的健康保护，应该在有效的科学数据和其他信息的客观评估做出之前，援用预防性原则。也就是说只要认为有潜在的人类健康危险因素，就可以采取以预警原则为基础的保护措施，而不必等到科学充分数据的评估结论出来，更不用等到危害的事实和严重性完全明朗化后采取措施。

（6）地理标志农产品质量信息数据服务系统。地理标志农产品流通安全信息管理体系用现代信息技术和物流技术贯穿于产品流通的始终，把先进的管理理念和科学的政府监管通过信息系统在流通整体应用与实现。通过全过程严格控制整个流通过程，保证向市场提供优质放心的食品，达到全面质量安全控制。地理标志农产品安全信息数据交换库是通过信息网络技术将农产品的流通的各个环节有机地结合起来，形成农产品流通一体化运作，各个环节之间实现无缝衔接，将各个阶段的相关信息收入，并存入服务器的公共数据库，在此基础上形成信息查询平台，所有相关人可以在终端上通过互联网阅读相关信息，了解产品安全质量的所有信息，实现产品安全信息交换和共享。查询系统主要面向政府管理者、零售商和最终顾客，进行农产品生产信息和质量信息的查询。零售商、消费者可以在店铺的终端上通过互联网阅读所购商品的所有相关信息。这种信息查询和分析系统的推广，使消费者在产品购买时通过商品包装可以获取品种、产地以及生产加工流通过程的相关履历信息。从生产的土地、水质的取样化验，到购种、用药、灌溉，甚至包括包装、仓储、运输等，所有的档案一目了然，确保质量安全的每一个环节信息更加透明，提高信息的共享率，减少信息的不对称，从而促进产品安全。

第5章 地理标志农产品质量安全治理协同机制的效应分析

3. 地理标志农产品加工质量管理信息系统

地理标志农产品加工质量管理信息系统包含加工产品信息、加工技术质量信息、加工产品贮藏质量信息、其他投入品信息、加工操作人员信息等内容：

（1）加工产品信息。加工地理标志农产品的质量信息主要包括以下几个方面：感官质量信息（指能依靠视觉、嗅觉、味觉、触觉和听觉等来鉴定的产品的外观形态、色泽、气味、滋味和硬度或稠度等质量信息）、理化质量信息（指主要利用物理、化学以及仪器等分析方法对产品中的各种营养成分、添加剂、矿物质等进行检验；对产品中由于各种原因而携带上的有害有毒的化学成分进行检验，从而得到的质量信息）、加工地理标志农产品的卫生质量信息（指为了正确而客观地揭示产品的卫生情况，保障人们的健康，并对防止某些传染病的发生而需要的质量信息）。

（2）加工技术质量信息。由于在加工环节农产品加工采用不同的加工技术会对产品的质量有很大的影响，为了反映不同的加工技术对质量的影响就需要考虑不同的加工技术对其质量的影响，因而采集加工技术质量信息是必需的。

（3）加工产品贮藏质量信息。由于地理标志农产品的种类繁多，不同种类在加工前对贮藏条件的要求不尽相同，在加工前如果贮藏不当会对产品质量有重要的影响。详细收集加工地理标志农产品的通风、温度、湿度等贮藏信息对于我们判断最终产品的质量是非常有用的。

（4）其他投入品信息。在地理标志农产品的加工过程中很多时候需要加入各种投入品，全面质量管理要求我们关心这些投入品的质量信息。如果投入品的质量不合格也会影响农产品在加工过程中的质量。

（5）加工操作人员信息。由于地理标志农产品特殊性，很多加工都是由操作人员手工完成的，或者在一些环节需要操作人员手工操作完成。如果操作人员操作不当或自身带有影响产品质量安全的隐患便会影响所加工农产品的质量。要全面控制加工地理标志农产品的质量，便需要记录操作人员的信息，以防止在人员方面影响产品质量。

5.3.3 地理标志农产品质量安全信息系统的结构性障碍

我国农产品信息系统建设起步较晚，是伴随着信息技术发展和社会治理需求加大而逐步建立的。随着国家信息化建设的全面铺开以及智慧城市建设的速度加快，目前我国农产品信息系统建设进入快速发展期，但仍有一定不足。在工业化、商业化和网络化的社会背景下，一方面，地理标志农产品经过工业化生产方式的影响具备的科技属性使得消费者难以根据传统的质量安全经验来决定消费，而是更多地依赖于其所附带的信息来判断产品的安全与否。另一方面，在商业化和网络化的影响下，商品打破了原来的地域限制，也拉开了消费者与地理标志农产品生产销售企业之间的熟悉程度。消费者只能依靠对企业的了解和信任程度来进行判断，一般具有从业资质和获得较高网络评价的地理标志农产品能够取得更好的销量。消费者与地理标志农产品之间的疏离，需要借助更多的信息来判断。地理标志的真实有效有利于消费者进行消费判断，法定的从业资质能够增加消费者的信任感，这其中不仅需要发挥企业的作用，同时也要求政府履行一定的职能，但无论是工业化所带来的消费方式的改变还是商业化和网络化所带来的消费经验的积累，两者的核心都是信息。

当前我国地理标志农产品质量安全信息供给不足。地理标志农产品质量安全信息作为一种稀缺资源必然会信息供给不足的情况下引发矛盾。政府想更多的掌控地理标志农产品质量安全信息，企业想更多的排他性占有信息，第三部门想更多的掌握地理标志农产品质量安全信息，消费者想更多的知悉地理标志农产品质量安全信息。这就使得地理标志农产品质量安全信息在供给不足和难以获得的情况下造成不同社会主体间的利益冲突，从而破坏质量安全协同治理的主体稳定性。随着信息技术的发展和地理标志农产品质量安全监管水平的提高，我国地理标志农产品质量安全信息系

第5章　地理标志农产品质量安全治理协同机制的效应分析

统也逐步建立起来，包括地理标志农产品生产质量管理信息系统、地理标志农产品流通质量管理信息系统、地理标志农产品加工质量管理信息系统等。但目前还存在许多结构性障碍，造成减熵机制受阻，主要来自技术和制度两方面原因。

1. 技术上未能形成全程可追溯系统

在地理标志农产品质量安全信息系统的建设方面，无论是地理标志农产品质量安全管理信息系统、地理标志农产品质量安全风险监测与评估信息系统，还是地理标志农产品质量安全信用信息系统、地理标志农产品质量安全可追溯信息系统，我国普遍存在基础建设薄弱、技术落后等问题，各个信息系统的建设均不完备，重点体现在未能形成全程可追溯系统。可追溯性是农业及食品行业保证地理标志农产品质量安全的基石，发达国家对食品的可追溯性有严格规定。为实现供应链的全程监控，我国也积极建设地理标志农产品质量安全可追溯体系，已经做了大量工作，但由于我国的农业及加工业生产分散，信息技术不够成熟，社会对食品可追溯性认识程度不高等原因，普遍实行全程可追溯体系具有相当的难度。目前我国地理标志农产品质量安全可追溯体系还处于起步阶段，地理标志农产品质量安全追溯主要停留在零售结算环节，全程可追溯供应链尚未形成，应用自动追溯系统的企业寥寥无几。少数已经建立起来的地理标志农产品质量安全可追溯系统，也存在兼容性、普及性和信息共享程度不高等问题，未发挥太大作用。

（1）缺少统一规划和资金支持。当前我国虽然鼓励食品可追溯系统建设，但是还没有明确的法律依据和具体实施规范。地理标志农产品质量安全监管的多部门、多地区共同参与建设，缺乏统一规划，缺乏统一标准的引导，各个系统开发原则和目标不同，各自为政。系统的硬件设施、软件配置、关键技术都不尽相同，造成系统软件不兼容、信息流程不一致、溯源信息内容不规范、信息的交换与共享程度低、追溯过程具有滞后性，不能较好地覆盖整个食品供应链，未发挥应有作用。同时，可追溯系统的建设需大量资金支持，检测设备的购置、信息平台建设及软件开发、信息采集和系统维护、人员培训等，都需要大量的人力、物力和财力。这笔支出如果只由企业出资，则无论中小企业还是大型企业，都会不堪重负，这就需要政府给予资金支持。当前我国对地理标志农产品质量安全可追溯系统建设的投入不足，以四川省为例，从2010年起正式启动可追溯系统建设以来，每个项目县补助资金仅5万元，远未达到建立可追溯系统的需求。这也是企业缺乏建设可追溯系统动力的原因之一。

（2）实施难度大、实施动力不足。我国地理标志供应链较复杂，涉及种植、养殖、生产加工、流通以及消费等多个环节，供应链中以小作坊为主，企业规模小、数量多、区域发展不平衡，标识系统不统一，信息化工作推行的难度很大。同时农产品消费常具有品种多、次数频繁的特点，供给者之间多为短暂交易行为，各环节联系不太紧密，致使产品的原料产地、生产加工流程、仓储运输路径等方面的物流信息严重缺乏。实施食品可追溯会降低整个供应链的利润①，企业主动实施的积极性不高，企业主观不愿意推行可追溯系统是一个重要因素。

2. 制度上对地理标志农产品质量安全信息的人为阻断

（1）信息传递渠道不畅通。信息传递渠道的便捷性、畅通性是地理标志农产品质量安全信息系统建设的重要内容。在地理标志农产品质量安全管理信息系统中，地理标志农产品质量安全信息网络平台的运行需要消费者、公众和相关组织的信息提供、支持。目前我国尚未建立起全国统一的投诉举报系统，地区分割和部门主义使投诉举报制度不能有效实施。在地理标志农产品质量安全风险监测与评估系统、地理标志农产品质量安全信用信息系统、地理标志农产品质量安全可追溯系统中，也存在着只重政府监管、忽视公众参与的现象。尤其是在地理标志农产品质量安全评估环节，地理标志农产品质量安全评估的核心是人体健康，以人为本必然是其

---

① 谢康. 中国食品安全治理：食品质量链多主体多中心协同视角的分析［J］. 产业经济评论, 2014 (3).

第5章 地理标志农产品质量安全治理协同机制的效应分析

本质要求,但我国在地理标志农产品质量安全评估时,仅由政府机关和有关专家进行,消费者和公众没有参与的途径,公众的真实意愿无法表达,致使在地理标志农产品质量安全评估中,以人为本目标常常降到了经济发展目标之后。

(2)信息公开不充分。在地理标志农产品质量安全领域,世界各国立法都以满足公众对食品信息的需求作为重要目的,而我国目前尚未制定统一的信息公开法,未以立法的形式规定政府信息公开责任。各监管部门还未建立起一套共享的地理标志农产品质量安全曝光网络平台,信息公开各自为政,阻碍地理标志农产品质量安全信息的传播。在当前的地理标志农产品质量安全监管制度下,人们获取地理标志农产品质量安全信息依赖监管部门的发布,但受利益关系的驱使和制度的限制,监管部门有时并不能充分、及时发布信息,通过正规渠道发布的信息量太少,更新速度滞后,不能满足公众日益增长的对地理标志农产品质量安全信息需求。

(3)信息管理混乱。当前,在信息发布过程中还存在信息来源无权威、信息发布不统一、信息管理混乱等问题。目前,报纸、广播、互联网、微博、微信和短信等大众传播媒介构成农产品质量安全信息传播的主要途径,而新闻媒体选择的题材需要具有轰动效应,"标题党"常常有夸张的成分。在地理标志农产品质量安全问题的报道方面,有些媒体不能扎实、深入调查了解相关危害的范围与程度,有时可能夸大了地理标志农产品质量安全风险,有时又不能全面、准确传递地理标志农产品质量安全危险信息。同时,微博、微信和短信等方式传递的地理标志农产品质量安全信息一般未经过审核,真实性、可靠性不好保障。新闻媒体对地理标志农产品质量安全信息的传播,极大约束了地理标志农产品企业,可以发挥消费者的参与作用,达到稳定大众情绪的效果,但不正确的报道也有可能出现煽动公众情绪的负面效果。不真实的地理标志农产品质量安全信息,非但不能成为消减地理标志农产品质量安全治理系统不确定性的负熵,反而易引起社会恐慌,成为增加系统不确定性的熵。

第 6 章

地理标志农产品质量安全治理协同度评价

——基于黑龙江省 28 个市县的调查数据

协同,即"协同工作",是事物之间的一种和谐关系,是促使系统由无序到有序的动力之源。系统各要素在发展过程中和谐一致的程度,称为协同度(协调度)。地理标志农产品质量安全治理是政府、第三部门、企业、消费者、社会公众等多元主体平等竞争,共同合作,在相互依存、相互作用的环境中共同实现公共利益最大化的过程。多元主体参与地理标志农产品质量安全治理的程度,就是地理标志农产品质量安全治理系统协同度的大小,是实现地理标志农产品质量安全治理协同运行的基础条件。地理标志农产品质量安全治理的重点是各利益相关方进行协同治理(Knudsen, 2010)[①]。提高中国地理标志农产品质量安全治理的绩效关键在于政府、市场与第三方的协同治理(Qin, 2010)[②]。因此,构建地理标志农产品质量安全治理协同度模型并进行实证分析,不仅能够测度地理标志农产品质量安全治理协同机制的状况,而且对于提高地理标志农产品质量安全治理绩效,解决我国的地理标志农产品质量安全问题具有重要的现实意义。

[①] KNUDSEN I. The Safe Foods framework for integrated risk analysis of food: An approach designed for science-based, transparent, open and participatory management of food safety [J]. Food Control, 2010, 21 (12): 1653-1661.

[②] LI QIN. A Effective Way to Improve the Performance of Food Safety Governance Based on Cooperative Game [J]. Agriculture and Agricultural Science Procedia, 2010 (1): 423-428.

6.1 黑龙江省地理标志农产品发展现状

黑龙江省位于中国东北部，具有优越的自然条件，具备发展农业的先天优势，农业生产条件丰富。通过因子分析法，以黑龙江省为例进行了地理标志农产品质量安全治理协同度评价是非常具有代表性的，同时又具有重要意义。

根据中国绿色食品发展中心的资料显示，截至2020年12月15日，黑龙江省地理标志农产品数量有154个。其中粮食类有48个，占总体比例31.18%；果品类有25个，占总体比例16.23%；水产类有25个，占总体比例16.23%；蔬菜类有14个，占总体比例9.09%；食用菌类有14个，占总体比例9.09%；肉类有8个，占总体比例5.19%；油料类有8个，占总体比例5.19%；药材类有4个，占总体比例的2.6%；蜂类产品有3个，占总体比例的1.95%；烟草类产品有2个，占总体比例的1.3%；蛋类有1个，占总体比例0.65%；棉麻类有1个，占总体比例0.65%；其他植物类有1个，占总体比例0.65%，具体见表6-1，产品分布如图6-1所示，黑龙江省各市县地理标志农产品统计如表6-2所示。

表6-1　　　　　　　　黑龙江省地理标志农产品

年份	名称	产品类别
2008	巴彦大豆	油料
	嘉荫木耳	食用菌
	阿城大米	粮食
	巴彦猪肉	肉类
	阿城大蒜	蔬菜
	呼兰大葱	蔬菜

续表

年份	名称	产品类别
2008	嘉荫大豆	油料
	巴彦玉米	粮食
	克山马铃薯	粮食
	呼兰韭菜	蔬菜
	嘉荫水稻	粮食
2009	伊春红松籽	果品
	拜泉芸豆	粮食
	富锦大豆	粮食
	兰岗西瓜	果品
	伊春黑木耳	食用菌
	伊春榛蘑	食用菌
	肇源大米	粮食
	延寿大米	粮食
	穆棱晒烟	烟草
	兰西西瓜	果品
	五大连池鲤鱼	水产
	兰西香瓜	果品
	方正银鲫	水产
	梅里斯油豆角	蔬菜
2010	龙江小米	粮食
	新立胡萝卜	蔬菜
	阿城大白菜	蔬菜
	甘南葵花籽	油料
	东宁黑木耳	食用菌
	克山大豆	油料
	延寿大豆	油料
	虎林椴树蜜	蜂类产品

第6章 地理标志农产品质量安全治理协同度评价

续表

年份	名称	产品类别
2010	兴凯湖大白鱼	水产
	五大连池鲢鱼	水产
	连环湖鳙鱼	水产
	红星水库鲢鱼	水产
	兰西民猪	肉类
2011	扎龙鲫鱼	水产
	阿城粘玉米	粮食
	梧桐河大米	粮食
	尚志红树莓	果品
	古龙小米	粮食
	尚志黑木耳	食用菌
	兰西亚麻	棉麻
	抚远大马哈鱼	水产
	抚远鳇鱼	水产
	抚远鲤鱼	水产
	抚远鲟鱼	水产
	一面坡酒花	其他植物
	依安芸豆	蔬菜
	亚布力晒烟	烟草
	呼玛黑木耳	食用菌
	海林猴头菇	食用菌
	桦川大米	粮食
2012	长林岛金红苹果	果品
	桦南白瓜	果品
	五大连池草鱼	水产
	石人沟鲤鱼	水产
	抚远鳌花鱼	水产

· 157 ·

续表

年份	名称	产品类别
2012	抚远哲罗鱼	水产
	海林黑木耳	食用菌
	托古小米	粮食
	穆棱大豆	粮食
	五大连池鲫鱼	水产
	伊春蓝莓	果品
	甘南小米	粮食
	呼玛马铃薯	粮食
	阿城香瓜	果品
	镜泊湖红尾鱼	水产
2013	黑垦二九〇红小豆	粮食
	兴凯湖大米	粮食
	兰西玉米	粮食
	桦南白瓜籽	蔬菜
	勃利蓝靛果	果品
	泰来绿豆	粮食
	泰来花生	粮食
	双城玉米	粮食
	穆棱肉牛	肉类
	他拉哈大米	粮食
	东宁大米	粮食
	宁安虹鳟鱼	水产
	双城甜瓜	果品
	双城西瓜	果品
	勃利梅花鹿	肉类

续表

年份	名称	产品类别
2014	勃利葡萄	果品
	东宁苹果梨	果品
	林口滑子蘑	食用菌
	杨树小米	粮食
	牡丹江油豆角	蔬菜
	穆棱黑木耳	食用菌
	穆棱冻蘑	食用菌
	五大连池大米	粮食
	五大连池大豆	粮食
2015	牡丹江金红苹果	果品
	五大连池面粉	粮食
	佳木斯大米	粮食
	萝北大米	粮食
	延寿粘玉米	蔬菜
	五大连池鸭蛋	蛋类
	双城菇娘	蔬菜
	萝北黑木耳	食用菌
	长林岛龙垦杏	果品
	香磨山鲢鱼	水产
2016	勃利红松籽	果品
	桦南紫苏	油料
	肇州大瓜子	果品
	肇州糯玉米	蔬菜
	饶河大米	粮食
	双城小米	粮食
	居仁大米	粮食

续表

年份	名称	产品类别
2017	佳木斯大豆	油料
	九三大豆	油料
	萝北红小豆	粮食
	七台河大米	粮食
	交界木耳	食用菌
	兴凯湖梅花鹿	肉类
	东宁椴树蜜	蜂类产品
	连环湖鳜鱼	水产
	连环湖麻鲢鱼	水产
2018	黑垦友谊西瓜	果品
	集贤大豆	粮食
	佳木斯木耳	食用菌
	呼兰马铃薯	粮食
	万宝镇大米	粮食
	雁窝岛黑猪肉	肉类
	绥化鲜食玉米	蔬菜
2019	黑垦友谊香瓜	果品
	黑河马	肉类
	牡丹江龙丰苹果	果品
	刁翎甜瓜	果品
	集贤友好香瓜	果品
	庆安大米	粮食
	呼玛大豆	粮食
	宁安马铃薯	粮食
	萝北蜂蜜	蜂类产品
	绥滨白鹅	肉类
	二龙湖鲢鱼	水产
	镜泊湖胖头鱼	水产
	呼玛细鳞鲑	水产

第6章 地理标志农产品质量安全治理协同度评价

续表

年份	名称	产品类别
2020	瑷珲大豆	粮食
	瑷珲面粉	粮食
	穆棱沙棘	果品
	穆棱红豆杉果	果品
	友谊大豆	粮食
	天问山黄精	药材
	萝北五味子	药材
	杜尔伯特小蒿子防风	药材
	绥滨江鲤	水产
	虎头大米	粮食
	集贤大米	粮食
	宾县大豆	粮食
	林口白鲜皮	药材
	宁安西红柿	蔬菜

资料来源：中国绿色食品发展中心。

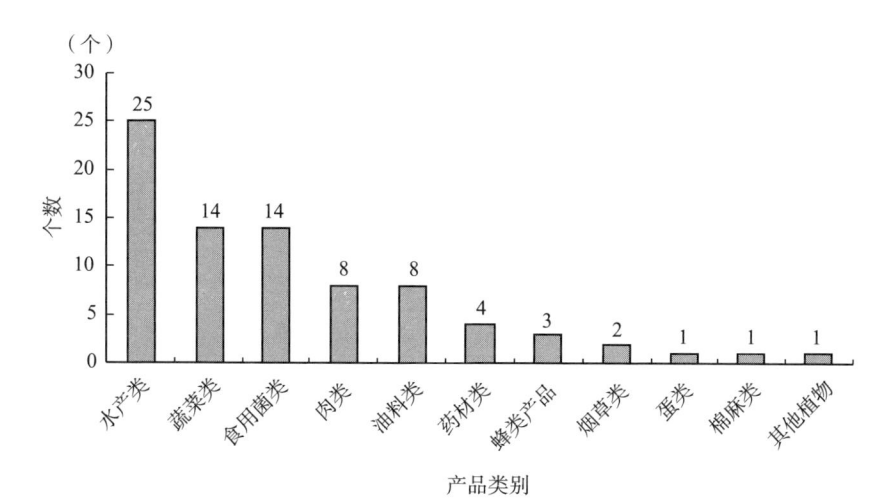

图6-1 黑龙江省地理标志农产品产品类别分布

水产类25，蔬菜类14，食用菌类14，肉类8，油料类8，药材类4，蜂类产品3，烟草类2，蛋类1，棉麻类1，其他植物1

资料来源：中国绿色食品发展中心。

表6-2　黑龙江省各市县地理标志农产品统计（2008~2020年）

各市县	数量（个）	产品名称
哈尔滨市	21	阿城大米、阿城大蒜、阿城大白菜、阿城粘玉米、阿城香瓜、阿城大米、呼兰大葱、呼兰韭菜、呼兰马铃薯、新立胡萝卜、红星水库鲢鱼、双城玉米、双城甜瓜、双城西瓜、双城菇娘、双城小米、杨树小米、九三大豆、交界木耳、万宝镇大米、天问山黄精
伊春市	4	伊春红松籽、伊春黑木耳、伊春榛蘑、伊春蓝莓
牡丹江市	19	牡丹江油豆角、牡丹江金红苹果、牡丹江龙丰苹果、兰岗西瓜、穆棱晒烟、穆棱大豆、穆棱肉牛、穆棱黑木耳、穆棱冻蘑、穆棱沙棘、穆棱红豆杉果、镜泊湖红尾鱼、镜泊湖胖头鱼、宁安虹鳟鱼、宁安马铃薯、宁安西红柿、林口滑子蘑、林口白鲜皮、刁翎甜瓜
大庆市	11	肇源大米、连环湖鳙鱼、连环湖鳜鱼、连环湖麻鲢鱼、古龙小米、托古小米、石人沟鲤鱼、他拉哈大米、肇州大瓜子、肇州糯玉米、杜尔伯特小蒿子防风
黑河市	11	五大连池鲤鱼、五大连池鲢鱼、五大连池草鱼、五大连池鲫鱼、五大连池大米、五大连池大豆、五大连池面粉、五大连鸭蛋、瑷珲大豆、瑷珲面粉、黑河马
齐齐哈尔市	5	梅里斯油豆角、龙江小米、甘南葵花籽、扎龙鲫鱼、依安芸豆
双鸭山市	5	集贤大豆、集贤友好香瓜、集贤大米、雁窝岛黑猪肉、友谊大豆
佳木斯市	7	佳木斯大米、佳木斯大豆、佳木斯木耳、黑垦二九〇红小豆、黑垦友谊西瓜、黑垦友谊香瓜、富锦大豆
抚远市	6	抚远大马哈鱼、抚远鳇鱼、抚远鲤鱼、抚远鲟鱼、抚远鳌花鱼、抚远哲罗鱼
鸡西市	3	兴凯湖大白鱼、兴凯湖大米、兴凯湖梅花鹿
七台河市	1	七台河大米
绥化市	2	绥化鲜食玉米、庆安大米
尚志市	4	尚志红树莓、尚志黑木耳、一面坡酒花、亚布力晒烟
鹤岗市	3	梧桐河大米、绥滨白鹅、绥滨江鲤
虎林市	2	虎林椴树蜜、虎头大米
巴彦县	3	巴彦大豆、巴彦猪肉、巴彦玉米
克山县	2	克山马铃薯、克山大豆

续表

各市县	数量（个）	产品名称
嘉荫县	3	嘉荫木耳、嘉荫大豆、嘉荫水稻
拜泉县	1	拜泉芸豆
延寿县	3	延寿大米、延寿大豆、延寿粘玉米
方正县	1	方正银鲫
东宁市	4	东宁黑木耳、东宁大米、东宁苹果梨、东宁椴树蜜
兰西县	5	兰西西瓜、兰西香瓜、兰西民猪、兰西亚麻、兰西玉米
呼玛县	4	呼玛黑木耳、呼玛马铃薯、呼玛大豆、呼玛细鳞鲑
海林市	2	海林猴头菇、海林黑木耳
桦川县	1	桦川大米
宝清县	2	长林岛金红苹果、长林岛龙垦杏
桦南县	3	桦南白瓜、桦南白瓜籽、桦南紫苏
勃利县	4	勃利蓝靛果、勃利梅花鹿、勃利葡萄、勃利红松籽
泰来县	2	泰来绿豆、泰来花生
萝北县	5	萝北大米、萝北黑木耳、萝北红小豆、萝北蜂蜜、萝北五味子
木兰县	1	香磨山鲢鱼
饶河县	1	饶河大米
宾县	2	居仁大米、二龙湖鲢鱼

注：本表只统计2008～2020年黑龙江省的地理标志农产品，此前已申请保护的如五常大米等不在此表中。

资料来源：中国绿色食品发展中心。

6.2 评价指标的选择

6.2.1 指标选择的原则

（1）完整性原则。地理标志农产品质量安全治理的协同度强调政府、

第三部门、企业、消费者、社会公众等积极参与且正向匹配的程度，指标的选择应涉及多元主体，若忽略了某一主体，则地理标志农产品质量安全治理本身就不完整，协同性亦难以实现。整体性原则是确定地理标志农产品质量安全治理协同度评价指标首先考虑的原则。

（2）科学性原则。为保证评价指标的科学性和可靠性，地理标志农产品质量安全治理协同度评价指标设计应参考食品量安全综合评价管理指标、政府社会管理能力绩效评价指标、政府公共管理效能评价指标等多个评价指标体系，同时将设计好的指标体系提请相关监管部门的领导以及相关专家提出意见，再进行修改和完善。

（3）可操作性原则。可操作性原则是地理标志农产品质量安全治理协同度评价指标选择的基本原则。地理标志农产品质量安全治理的主体是多元的，而每一主体又包括多个组成部分，每一组成部分又包括多种行为方式。在确定评价指标时要考虑相关数据的可获取性，数据来源的可靠性。

6.2.2 评价指标体系

地理标志农产品质量安全治理协同度评价指标体系由4个一级指标和11个二级指标构成。一级指标是各地理标志农产品质量安全治理主体的参与程度，包括政府、消费者与公众、第三部门、企业及农户；二级指标是分项说明，其中政府参与度包括执法、立法、司法三方面4项指标，消费者与社会公众参与度包括3项指标，第三部门参与度包括2项指标，企业及农户参与度包括2项指标[①]，见表6-3。

---

① 这里的"参与度"即为各主体对质量安全治理的贡献程度。假设其均发挥正向作用。

第6章 地理标志农产品质量安全治理协同度评价

表6-3 地理标志农产品质量安全治理协同度评价指标体系

一级指标	二级指标	指标含义
政府参与度	X_1 政府监管主动性	政府监管机关对地进标志农产品质量安全进行监督执法的主动性
	X_2 政府执法公正性	政府监管机关对地进标志农产品质量安全进行监督执法过程中的公正程度
	X_3 地理标志农产品质量安全法规完备性	地理标志农产品质量安全立法的完备程度
	X_4 地理标志农产品质量安全法规威慑力	地理标志农产品质量安全法律法规对生产者、经营者造成的现实威慑
消费者与公众参与度	X_5 消费者维权主动性	消费者通过行政和司法程序主动维权，参与治理的程度
	X_6 公众关注度	公众对地理标志农产品质量安全问题的关注情况和参与治理的主动性、积极性
	X_7 获得信息的及时性	消费者及公众获得信息的及时性和可靠性
第三部门参与度	X_8 检测机构的独立性	第三方检测机构独立行使检验检测职能的程度
	X_9 行业协会发挥作用情况	行业协会对地理标志使用者的监管、服务程度
企业及农户参与度	X_{10} 经营者自律程度	企业及农户约束自己行为的程度
	X_{11} 地理标志农产品质量安全可追溯体系建设情况	企业及农户参加地理标志农产品质量安全可追溯体系的程度

二级指标的具体解释如下：

（1）政府监管主动性。政府监管主动性反映政府机关对地理标志农产品质量安全治理的参与程度，主要指行政执法，即县级以上农业行政主管部门。既包括对地理标志使用者农产品质量安全水平的监管管理，也包括对假冒地理标志农产品品牌行为的查处。政府在地理标志农产品质量安全治理中处于核心地位，其监管投入对食品违法经营者形成直接威慑。该指标由政府在食品安全监管上的经费预算、对经营者每月抽检次数、查处重大食品安全事故情况等具体指标来衡量。

（2）政府执法公正性。政府执法公正性是公众对政府执法公正程度的评价，其本身具有政府失灵的理论基础，若政府与地理标志农产品供给者利益关系不合理，则公正性很难保证。该指标由"地理标志农产品质量安全是否列入政府绩效考核"正向指标和"政府是否与地理标志农产品经营者存在经济利益联系"负向指标共同决定。

（3）地理标志农产品质量安全法规完备性。地理标志农产品质量安全法规完备性是指地理标志农产品质量安全法律法规的建设情况，主要指立法方面。地理标志农产品质量安全法律法规是地理标志农产品质量安全治理的基本依据，包括各参与主体地位和权利的确定、各参与主体相互关系的协调、对违法违规生产者、经营者的处罚措施以及地理标志农产品质量安全信用体系的完善等。

（4）地理标志农产品质量安全法规威慑力。地理标志农产品质量安全法规威慑力是指地理标志农产品质量安全法律法规对地理标志农产品生产者、经营者造成的现实威慑，主要指司法方面。该指标反映了违法者违法成本的大小，由地理标志农产品质量安全法律法规的可操作性和法律的效率性决定。

（5）消费者维权主动性。消费者维权主动性反映消费者对地理标志农产品质量安全治理的参与程度。消费者直接受不安全产品所害，主动维权是其应有的选择与价值追求，但在维权成本高昂的情况下，消费者可能会怠于维权。该指标在一定程度上也反映了消费者对地理标志农产品质量安全治理体系的信心。

（6）公众关注度。公众关注度是指公众对地理标志农产品质量安全治理的关注程度，同时体现了人们参与地理标志农产品质量安全治理的主动性和积极性。

（7）获得地理标志农产品质量安全信息的及时性。获得地理标志农产品质量安全信息的及时性指公众获得地理标志农产品质量安全信息的及时性和可靠性。信息不对称是地理标志农产品质量安全问题产生的经济学基础，同时又是地理标志农产品质量安全治理系统不断减熵的内在动力。该指标不仅决定了消费者和公众参与地理标志农产品质量安全治理程度的大小，同时也反映了地理标志农产品质量安全治理系统运行的效率及有序程度。

（8）检测机构的独立性。检测机构的独立性是第三方检验检测机构独立行使检验检测职能的程度。检测机构包括政府内检测机构和政府外检测机构，本书主要指政府外第三方检测机构。检测机构的独立性是保障政府公正执法以及降低消费者维权成本的关键。

（9）行业协会发挥作用情况。行业协会发挥作用情况是指行业协会对地理标志农产品质量安全治理的参与程度。行业协会是行业的自律组织，同时又是承载政府公共服务外包职能的第三部门，其可以从内部和外部共同作用于地理标志农产品质量安全治理系统，其发挥作用的关键是其特有的独立性——既独立于企业，又独立于政府。地理标志农产品是区域品牌，不允许企业和个人直接申请，政府确定的行业协会可以申请，但要求行业协会对使用地理标志农产品品牌的企业和农户进行监管和服务，该指标即是体现了行业协会对地理标志农产品质量安全治理的参与程度。

（10）经营者自律程度。经营者自律是地理标志农产品生产者、经营者约束自己行为的程度。若地理标志农产品生产者、经营者能完全自律，则地理标志农产品质量安全问题不会存在，但利益的驱动和地理标志农产品生产的复杂性决定了完全自律是不可能的。"造假""搭便车"产生行业的外部性，导致多数生产者、经营者"被动"放弃自律。

（11）地理标志农产品质量安全可追溯体系建设情况。地理标志农产品质量安全可追溯体系建设情况是指企业参与地理标志农产品质量安全可追溯体系的程度。可追溯性是农业及食品行业保证地理标志农产品质量安全的基石，可追溯体系的建设可以由政府投入，也可以由企业投入，还可以由第三方提供，关键是要由企业主动选择加入。该指标在很大程度上反映了地理标志农产品质量安全治理系统的完善程度。

6.3 指标基础数据的获得

关于协同度的计算，曾珍香等（2000）提出基于模糊数学中隶属度的系统协同度模型，认为协同本身内涵明确而外延不清，不能简单定义系统的"协同"或"不协同"，协同就是一个"度"的概念。孟庆松和韩文秀（2000）在科技—经济系统协调度模型基础上，给出了复合系统协同度的定量计算模型。本书应用因子分析法，分析影响地理标志农产品质量安全治理协同度的变量间相互关系，将原变量进行重新组合成少数独立的新变量，以此来概括影响地理标志农产品质量安全治理协同程度的主要因素。

下面以黑龙江省为例进行实证分析，调查对象是黑龙江省 28 个有代表性的市县。鉴于地理标志农产品质量安全治理实质上是多元主体的参与程度及其主观认知，考虑数据的可获得性以及研究内容的模糊性、综合性，本研究选择问卷调查的方式。根据以上 11 项地理标志农产品质量安全治理协同度评价指标设计调查问卷，见附录。每项指标对应一个或几个问题，选项分 5 个档次，记 1~5 分，有些指标同时参考客观数据。考虑到对地理标志农产品的了解程度，调查地定为黑龙江省拥有地理标志农产品的 28 个市县。按地级以上城市 100 份、其他市县 50 份的数量发放问卷，为保证调查的全面性和客观性，尽可能使政府监管人员、消费者、公众、经营者、社会组织等都有相同的比例，即各占 20%。为保证所获数据的准确性和可用性，对被调查者从两个方面进行严格控制：一是知识水平；二是对地理标志农产品质量安全问题的了解程度。调查分两个阶段：第一阶段是预调查，通过网络平台以尽可能便利的方式发放了 100 份问卷，主要目的是了解受访者对问卷问题的理解程度，对整个调查过程进行有效控制。第二阶段是正式调查，在对问卷进行了修改完善的基础上，共发放问卷1980份，收回1556份，数据经标准化处理后得到了可用于进行因子分析的指标值，见表6-4。

表6-4 黑龙江省地理标志农产品质量安全治理协同度指标值

调查地	X_1	X_2	X_3	X_4	X_5	X_6	X_7	X_8	X_9	X_{10}	X_{11}
哈尔滨市	4.14	3.93	4.23	4.21	4.43	4.48	2.75	2.87	2.86	3.65	2.50
大庆市	3.65	3.26	3.42	3.45	3.98	4.57	2.65	2.63	2.94	2.72	2.78
齐齐哈尔市	4.32	3.05	3.98	3.24	4.55	4.29	2.85	3.00	3.14	3.52	3.12
双鸭山市	3.53	3.13	3.56	3.28	4.14	4.15	2.76	2.56	3.12	2.85	2.85
绥化市	3.64	3.43	2.87	3.00	4.23	4.30	2.66	2.63	3.00	2.98	2.74
黑河市	3.82	3.35	3.74	3.15	4.36	4.17	2.78	2.78	2.86	2.56	2.61
五常市	3.61	3.77	3.75	3.43	4.24	4.55	2.69	2.65	3.57	2.78	2.78
佳木斯市	4.23	3.00	3.85	3.95	4.45	4.51	2.48	2.95	4.13	3.56	2.53
牡丹江市	3.83	3.79	3.58	3.37	4.17	4.22	2.57	2.75	2.75	2.63	2.66
北安市	3.52	3.07	2.32	2.96	4.12	4.52	2.80	2.45	2.86	2.80	2.89
虎林市	3.53	3.54	2.85	3.16	4.13	4.56	2.68	2.56	3.14	2.76	2.76
抚远市	3.62	3.14	2.42	3.18	4.23	4.45	2.45	2.68	2.57	2.78	2.46
伊春市	3.71	3.29	3.71	3.10	4.26	4.14	2.79	2.69	3.00	2.63	2.63
七台河市	3.54	2.51	3.92	3.30	4.17	4.54	2.64	2.49	2.85	2.74	2.58
桦川县	3.37	3.24	3.21	3.24	3.96	4.43	2.54	2.45	2.86	2.84	2.63
饶河县	3.42	3.28	2.67	2.86	3.97	4.42	2.46	2.57	2.90	2.87	2.58
桦南县	3.42	3.35	2.85	3.03	3.86	4.17	2.54	2.46	2.86	2.86	2.67
绥芬河市	3.62	3.26	3.83	3.00	4.19	4.45	2.35	2.61	2.36	2.71	2.95
鸡西市	3.76	2.85	2.45	3.20	4.20	4.25	2.36	2.81	3.15	2.75	2.45
尚志市	3.59	3.43	2.56	3.02	4.13	4.31	2.58	2.62	3.12	2.97	2.61
鹤岗市	3.48	3.26	3.15	3.19	3.98	4.18	2.59	2.53	3.21	2.87	2.72
克山县	3.32	2.69	3.20	3.19	3.87	4.25	2.47	2.34	2.45	2.56	2.83
拜泉县	3.23	2.54	3.32	3.28	3.85	4.12	2.45	2.56	2.34	3.01	2.91

续表

调查地	X_1	X_2	X_3	X_4	X_5	X_6	X_7	X_8	X_9	X_{10}	X_{11}
兰西县	2.94	2.55	2.47	3.36	3.83	4.04	2.48	2.23	2.49	3.14	3.09
东宁市	3.11	2.54	3.42	3.24	4.15	4.15	2.47	2.49	2.48	2.68	2.88
宝清县	2.97	2.51	2.28	3.26	3.76	4.11	2.43	2.19	2.26	2.45	2.87
萝北县	3.06	2.53	2.58	3.05	4.13	4.13	2.46	2.83	2.38	2.69	2.64
海林市	3.12	2.53	2.27	3.16	4.00	3.96	2.46	2.38	2.35	2.35	2.73

6.4 SPSS 计算过程

6.4.1 适用性检验

适用性检验是进行因子分析的前提，即检验该变量指标值之间是否存在相关性。KMO 和 Bartlett 检验结果见表 6-5，KMO 值为 0.782，符合因子分析的数据要求，Bartlett 检验的 P 值为 0.000，拒绝原假设，即各变量间有较强的相关性，适合做因子分析。

表 6-5　　　　　　　　KMO 和 Bartlett 检验

取样足够的 Kaiser - Meyer - Olkin 度量		0.782
Bartlett 的球形度检验	近似卡方	160.564
	df	0.55
	Sig.	0.000

6.4.2 因子提取

对数据进行因子分析，采用正交旋转法对因子进行转换，得到解释的总方差如表6-6所示。可以看出，原始提取法和旋转提取法都提取了三个公共因子，成分1的初始特征根为5.268，旋转后解释了31.632%的总方差；成分2的初始特征根为1.314，旋转后解释了26.402%的总方差；成分3的初始特征根为1.133，旋转后解释了12.097%的总方差。三个成分可解释累积70.131%的总方差，因子提取比较成功。

表6-6　　　　　　　　　　解释的总方差

成分	初始特征值			提取平方和载入			旋转平方和载入		
	合计	方差的%	累积%	合计	方差的%	累积%	合计	方差的%	累积%
1	5.268	47.887	47.887	5.268	47.887	47.887	3.480	31.632	31.632
2	1.314	11.944	59.831	1.314	11.944	59.831	2.904	26.402	58.034
3	1.133	10.300	70.131	1.133	10.300	70.131	1.331	12.097	70.131

6.4.3 因子命名

通过对旋转后的因子载荷分析，可以对三个因子进行命名，见表6-7。因子1和政府监管主动性、政府执法公正性、消费者维权主动性、公众关注度、检测机构独立性、行业协会发挥作用情况等指标最为相关，这些指标均受利益机制的影响，可命名为利益机制；因子2与法规完备性、法规威慑力最相关，这些指标反映的是法律制度建设情况，可命名为法律制度；因子3与获得信息及时性、可追溯体系建设情况最相关，这两个指标反映的是信息系统的建设情况，可命名为信息系统。

表 6-7　　　　　　　　　　　旋转成分矩阵

指标	成分 1	成分 2	成分 3
政府监管主动性（X_1）	0.731	0.579	-0.116
政府执法公正性（X_2）	0.807	0.050	-0.129
地理标志农产品质量安全法规完备性（X_3）	0.426	0.624	0.256
地理标志农产品质量安全法规威慑力（X_4）	0.014	0.843	-0.128
消费者维权主动性（X_5）	0.651	0.548	-0.062
公众关注度（X_6）	0.573	0.163	-0.276
获得信息及时性（X_7）	0.439	0.102	0.492
检测机构独立性（X_8）	0.559	0.570	-0.250
行业协会发挥作用情况（X_9）	0.628	0.383	-0.225
经营者自律程度（X_{10}）	0.201	0.410	0.055
可追溯体系建设情况（X_{11}）	-0.259	-0.026	0.883

注：提取方法：主成分分析法。旋转法：具有 Kaiser 标准化的正交旋转法。

从经济学角度来看，地理标志农产品质量安全治理是一个典型的委托—代理过程，由于农产品本身的信用品特征，使生产者、经营者与地理标志农产品质量安全治理主体之间存在信息不对称，其生产者、经营者具有信息的优势，是代理人。地理标志农产品质量安全治理主体具有信息的劣势，是委托人。按照信息经济学的观点，解决委托代理问题的关键是设计合理的激励与约束机制。地理标志农产品质量安全治理过程中的激励机制是调整各主体之间错综复杂利益关系，使其坚持地理标志农产品质量安全价值取向的利益机制，若利益机制合理，则各治理主体对地理标志农产品质量安全投入力度大，反之则小。地理标志农产品质量安全治理的约束机制是对各主体的外在约束，这一约束来自国家的法律制度，若法律制度有效，则约束机制严格，地理标志农产品质量安全治理各主体协同度高，系统运行良好，反之则差。同时，信息不对称是委托代理关系产生的根源，减少信息不对称会减弱委托代理关系中的机会主义行为。在地理标志农产品质量安全治理中，若信息系统畅通，则系统有序度高，各治理主体的协同度高，反之则低。因此，从理论上分析，地理标志农产品质量安全治理协同度的高低受制于三个力量，即利益机制、法律制度、信息系统。以上因子分析的结果与理论分析相一致，三个因子的统计意义与实际意义相吻合，命名后的因子可以作为评价地理标志农产品质量安全治理协同度的标准。

6.4.4 结果分析

由因子得分系数矩阵可以得出各因子不同指标的权重，见表6-8。

表6-8　　　　　　　　　　成分得分系数矩阵

指标	成分 1	成分 2	成分 3
政府监管主动性（X_1）	0.156	0.090	-0.021
政府执法公正性（X_2）	0.363	-0.235	-0.029
地理标志农产品质量安全法规完备性（X_3）	0.026	0.218	0.243
地理标志农产品质量安全法规威慑力（X_4）	-0.278	0.474	-0.091
消费者维权主动性（X_5）	0.132	0.099	0.014
公众关注度（X_6）	0.200	-0.096	-0.164
获得信息及时性（X_7）	0.368	-0.178	0.450
检测机构独立性（X_8）	0.063	0.140	-0.141
行业协会发挥作用情况（X_9）	0.160	0.012	-0.117
经营者自律程度（X_{10}）	-0.161	0.396	0.068
可追溯体系建设情况（X_{11}）	-0.039	0.077	0.666

注：提取方法：主成分分析法。旋转法：具有Kaiser标准化的正交旋转法。

用 F_1、F_2、F_3 表示三个因子的得分，F 表示综合因子得分，表达式如下：

$$F_1 = 0.156 \times X_1 + 0.363 \times X_2 + 0.026 \times X_3 - 0.278 \times X_4 + 0.132 \times X_5 + 0.200 \\ \times X_6 + 0.368 \times X_7 + 0.063 \times X_8 + 0.160 \times X_9 - 0.161 \times X_{10} - 0.039 \times X_{11}$$

$$F_2 = 0.090 \times X_1 - 0.235 \times X_2 + 0.218 \times X_3 + 0.474 \times X_4 + 0.099 \times X_5 - 0.096 \\ \times X_6 - 0.178 \times X_7 + 0.140 \times X_8 + 0.012 \times X_9 + 0.396 \times X_{10} + 0.077 \times X_{11}$$

$$F_3 = -0.021 \times X_1 - 0.029 \times X_2 + 0.243 \times X_3 - 0.091 \times X_4 + 0.014 \times X_5 - 0.164 \\ \times X_6 + 0.450 \times X_7 - 0.141 \times X_8 - 0.117 \times X_9 + 0.068 \times X_{10} + 0.666 \times X_{11}$$

$$F = (0.31632 \times F_1 + 0.26402 \times F_2 + 0.12097 \times F_3)/0.70131$$

由此对黑龙江省各市县地理标志农产品质量安全治理进行协同度评价，得分如表 6-9 所示。

表 6-9　黑龙江省各市县地理标志农产品质量安全治理协同度评价得分

调查地	因子1 得分（F_1）	排名	因子2 得分（F_2）	排名	因子3 得分（F_3）	排名	综合评价 得分（F）	排名
哈尔滨市	3.45805	9	3.95974	2	2.18258	12	3.42691	2
大庆市	3.38691	11	3.12152	9	2.16629	13	3.07645	9
齐齐哈尔市	3.49423	7	3.69860	3	2.66267	1	3.42773	1
双鸭山市	3.35023	13	3.17702	7	2.38696	2	3.11887	8
绥化市	3.50984	6	2.89696	20	2.10517	17	3.03682	12
黑河市	3.58486	3	3.03970	13	2.25870	8	3.15087	5
五常市	3.71738	1	3.11519	10	2.18682	11	3.22667	4
佳木斯市	3.32774	15	4.02058	1	1.86683	26	3.33658	3
牡丹江市	3.55575	4	3.04642	12	2.13663	15	3.11922	7
北安市	3.42765	10	2.68836	28	2.14292	14	2.92773	17
虎林市	3.58640	2	2.80057	24	2.04168	21	3.02411	13
抚远市	3.26990	19	2.87459	21	1.71235	27	2.85241	24
伊春市	3.54820	5	3.02320	14	2.28242	7	3.13222	6

续表

调查地	因子1 得分(F_1)	排名	因子2 得分(F_2)	排名	因子3 得分(F_3)	排名	综合评价 得分(F)	排名
七台河市	3.14896	21	3.32108	5	2.22701	10	3.05473	11
桦川县	3.28016	18	2.99655	18	2.05701	19	2.96241	15
饶河县	3.37504	12	2.73531	27	1.87108	25	2.87478	21
桦南县	3.30756	17	2.82464	22	2.05223	20	2.90922	19
绥芬河市	3.31223	16	3.07998	11	2.37834	3	3.06371	10
鸡西市	3.21082	20	3.01612	16	1.62028	28	2.86317	22
尚志市	3.47303	8	2.82381	23	1.89014	24	2.95559	16
鹤岗市	3.34066	14	3.01626	15	2.11762	16	3.00757	14
克山县	2.97746	22	3.00045	17	2.25053	9	2.86073	23
拜泉县	2.77176	26	3.32432	4	2.35551	4	2.90798	20
兰西县	2.65347	28	3.16979	8	2.33152	6	2.79231	25
东宁市	2.89201	24	3.19851	6	2.34532	5	2.91310	18
宝清县	2.73320	27	2.78978	25	2.09913	18	2.64513	28
萝北县	2.91441	23	2.95678	19	1.96293	23	2.76624	26
海林市	2.85205	25	2.75912	26	2.00617	22	2.67116	27

从表6-9可以看出，在满分为5分的计算标准下，黑龙江省各市县地理标志农产品质量安全治理协同度评价总体得分不高，最高分为3.42773分，而最低分仅为2.64513分，说明地理标志农产品质量安全治理整体协同度水平一般，地理标志农产品质量安全治理主体的参与程度一般，离实现地理标志农产品质量安全治理协同运行的阈值（5分）还有较大的差距。

城市得分偏高，县域得分偏低。这和城市（特别是大城市）执法的正规化、法规的完善程度、人们的维权意识有关。因子综合评价得分前三名的城市是齐齐哈尔、哈尔滨、佳木斯，齐齐哈尔和佳木斯多次获得"中国食品安全十佳城市"称号，城市食品安全整体水平与治理协同度有较大关联。哈尔滨作为省会城市，地理标志农产品数量较多，治理协同度水平较高。

各市县的因子得分均为正值，说明各地对地理标志农产品质量安全治理均有基本投入。而通过表6-5的基础数据可以看出，得分较高的指标是公众关注度和消费者维权主动性，反映了人们参与地理标志农产品质量安全治理的热情。说明黑龙江省实行地理标志农产品质量安全治理有较好的基础条件。

6.5 研究结论

通过因子分析法，以黑龙江省为例进行了地理标志农产品质量安全治理协同度评价，获得影响地理标志农产品质量安全治理协同度的三个公共因子，即利益机制、法律制度、信息系统，这三个公共因子正好就是前面分析的地理标志农产品质量安全治理系统的序参量，亦是地理标志农产品质量安全治理协同实现机制中的激励机制、约束机制、减熵机制，使理论分析得到验证。同时，从社会认知角度评价了地理标志农产品质量安全多元治理主体的参与状况，从一个侧面反映了地理标志农产品质量安全治理的现实状况及基础条件。这对于评价各地地理标志农产品质量安全治理协同程度、确定地理标志农产品质量安全治理协同运行的实现基础和实现程度提供了一般的分析方法，对制定地理标志农产品质量安全治理政策提供了基本依据。评价结果显示，黑龙江省地理标志农产品质量安全治理协同度不高，这是目前地理标志农产品质量安全治理绩效不高的根本原因。只有从利益机制、法律制度、信息系统这三个公共因子出发，完善地理标志农产品质量安全治理的协同实现机制，提高地理标志农产品质量安全治理的协同度水平，才会提高地理标志农产品质量安全治理绩效，才能真正实现地理标志农产品质量安全治理协同运行。

第7章

建立地理标志农产品质量安全治理协同机制的对策

由于地理标志农产品质量安全治理是多元治理主体协同参与的过程，因此实现协同治理需要两个条件：一是子系统的多元化，即打破单一政府监管的现有格局，吸引多元主体参与，且保障各主体的平权性、竞争性；二是序参量的培育和完善，即从各序参量的现状与结构出发，完善主体内部机制，使其在治理由无序到有序的演化进程中发挥支配作用。具体来说主要有以下对策：

7.1 构建多元治理格局——实现主体协同

地理标志农产品实质上是一种准公共品，对其治理属于公共经济的范畴。面对公共经济，托马斯·霍布斯强调主权国家的作用[1]，亚当·斯密坚持市场机制能够自动调节，市场失效的存在使政府矫正成为必需，然而政府又难以克服自身经济人的桎梏陷入政府失灵[2]。公共经济理论一直围绕着市场与政府的博弈，"看不见的手"和"看得见的手"如何运用，是一个恒久不变的主题。地理标志农产品协同治理是市场、政府、社会的互

---

[1] HOBBES T. The english works of Thomas Hobbes of Malmesbury [M]. John Bohn, 1845.
[2] [英]亚当·斯密（Adam Smith）. 国富论 [M]. 北京：中华工商联合出版社，2017.

动过程，也是政府角色转变的过程和多元主体培育的过程。现阶段，我国政府部门一方面要转变政府角色、加强监管力度；另一方面要积极向社会放权，实现多元主体的协同治理。目前，我国监管部门进行了大部制改革，在一定程度上理顺了内部关系，提高了政府工作效率，但想使管理绩效有实质的提高，还需对全球治道变革进行积极回应，改变政府单一监管模式，吸引多元主体参与，构建多元治理格局。

7.1.1 转变政府角色

治理理论认为，在公共物品的生命周期中，大致存在着三个角色：消费者、生产者和连接消费者与生产者的中介者，政府更多是扮演中介者的角色。地理标志农产品质量安全治理并不意味着政府在其管理领域的退出和责任的让渡，而是政府角色和职能的变化。在治理模式下，政府不是"划桨者"而是"掌舵者"；不是无所不包的"全能政府"，而是"有限政府"。要实现地理标志农产品质量安全治理就需要继续转变政府职能，对政府角色重新界定。

目前，监管民间组织参与程度低，多元主体尚未形成，还需发挥政府在监管中的主导作用。政府既是公共品的供给者，又是多元共治主体中的领导者、监督者和协助者，是供给者与需求者之间的双重博弈者。因此，政府首先要理顺内部关系，改变多部门执法的混乱、被动局面，继续整合原有分段监管部门的职权，完成"大部制"改革；其次要改变单一监管者地位，明确多元主体治理中的职能和作用，将可以由社会进行的标准制定、风险评估、检验检测、日常监督等以委托、授权、外包等方式交给第三部门来进行，强调客观性和公正性；最后要加强宏观管理、协调、执法等必须由政府把握的行为，强调全局性和权威性。政府制定协同治理中的宏观框架和参与者的行为规则，创造一个利益共享、责任共担机制，对多元主体之间的合作与竞争进行筹划与引导，营造一个公平的环境，建立政

第7章　建立地理标志农产品质量安全治理协同机制的对策

府主导、多元参与、竞争有序、监管有力的监管服务供给体系。政府由"全能政府"转变为"有限政府"，由直接管理转变为间接管理，由强调分权转变为强调放权，由政府本位跨越到社会本位。

地理标志农产品品牌发展化中，由于外部性、信息不对称等问题的存在，市场失灵现象时有发生，需要政府的介入，政府有责任对地理标志农产品区域品牌进行保护（产品认证和产地认证），规范和建立良好市场秩序，建立农产品质量标准体系和农产品质量监督检测体系等。具体来说，第一，提供地理标志农产品发展所必需的科学研究、技术推广、标准化、生态化环境建设与保护等，通过对农户养殖技术培训引导农户生产行为。第二，建立完善地理标志农产品管理体制。第三，提供地理标志农产品品牌发展所需的政策、制度与法制环境、市场准入制度及相关法律法规等。因此，推进地理标志农产品区域品牌发展已经成为政府履行公共管理职能的具体要求。第四，通过建立专门的监督管理部门，来管理地理标志的统一使用、管理、保护和监督。从法律角度防止地理标志被共享、被侵犯与不规范使用。同时要建立严格的打击假冒伪劣制度，做好科技防伪工作，强化细节管理制度建设，维护地理标志农产品品牌的品牌形象和合法权益。

7.1.2　培育多元主体

地理标志农产品质量安全治理的主体是复合主体，包括政府、企业、非政府组织、消费者、社会公众等。由于地理标志农产品质量安全规制具有复杂性、技术性、经常性、艰巨性等特点，多元主体的参与能有效弥补政府单一监管的不足，满足公众多样性需求，同时利用各主体之间的合作、竞争机制减少政府的寻租腐败行为，是解决地理标志农产品质量安全问题的有效方式。多元主体的核心是独立于政府主体和私人主体之外的第三部门（the third sector），包括消费者协会、行业协会、公益组织、合作组织等公民自发组合的团体。第三部门具有准公共性、自愿性、社会性和专业性等特点，可以更好地代表公共利益，协调政府、农产品供给者和消费者之间的利益矛盾。同时以其在相关领域更专业的服务，减弱治理中的信息不对称，提高治理整体水平。目前我国第三部门发展程度低，实力弱小，还没有在质量安全治理中发挥应有作用。培育第三部门需做好以下几点：（1）宏观上鼓励。赋予第三部门独立的法律地位，保障其独立性；授予第三部门准公共权力，保障其权威性；完善准入制度，保障其专业性。（2）中观上规范管理。建立完整的第三部门组织体系，即建立标准制定机构、检测机构、风险评估机构、信用评估机构，信息收集、分析、披露机构各机构分工合作、相互配合，形成多元治理网络。同时，吸引对某一领域感兴趣的学者、专家提供"扩展服务"，提高治理的技术水平和获取、披露信息的能力。（3）微观上监督约束。建立对第三部门的监督机制，强化内部自律机制，以防止成为权力机关的附属品和被利益集团"俘获"，保证其应有的独立性、公正性、公益性。

  农产品的质量是成就地理标志农产品品质与特色的关键，而农户作为这些农产品的种植养殖者，其生产行为直接决定了所出产产品的质量与安全。换句话说，农户是地理标志农产品产业得以发展的基础主体，保障农户收益是提高农业生产积极性，促进农业良性发展的必要条件。要加大对农户的技术培训力度，农户的科学文化素质关系到农户的生产质量水平和生产效率，关系到地理标志农产品的产出与质量。借助广播、电视、网络等媒体普及相关科技知识，组织线下培训活动，引导和发动更多的农户参与培训，提高农户的生产技术水平，规范操作流程，增强安全责任观，保障地理标志农产品的质量和品质特色。同时要鼓励农户加入农业专业合作社或成为农业企业的基地农户，这样做可以避免单个农户进入市场时所面临的风险，在平台内共享技术、知识等资源，提高农户的生产技术水平，保证地理标志农产品质量。还要提高自身对抗自然风险和经营风险的能力，保障在市场经营活动中站稳脚跟，以质取胜。

  加快发展农业专业合作社、供销合作社、行业协会等第三部门力量，

第7章 建立地理标志农产品质量安全治理协同机制的对策

使其广泛参与到农产品质量安全提高中,依法严格执行农产品的质量管理,通过专业化分工提高效率、降低成本、保障质量。农业专业合作社构成主体多元化,有的由龙头企业组成,有的由专业农户组成等。农民专业合作社是农业产业化重要的组织形式,是利益协调与监管的主体,可以提高农业标准化、市场化和规模化程度。农业专业合作社能够为农户提供专业的产前、产中和产后服务,不仅可以促进农业生产技术的推广,而且提高了农户抵御自然风险、市场风险和经营风险的能力。农业专业合作社架起了政府和企业沟通的桥梁,向上汇报管理情况,向下培训农户并规范企业生产行为。另外,通过对国内外相关农产品市场信息的搜集整理,帮助区域内成员及时掌握产销信息和行业发展动态,依托现代网络信息手段,建立行业内信息交流与共享平台,促进地理标志农产品供应链各环节生产经营者之间的信息沟通与协调,为地理标志农产品协同发展奠定坚实基础。

行业协会是指由地理标志农产品供应链各参与方为增进共同利益维护共同权益而自愿组成的非营利性组织,其既不同于政府也不同于企业,是介于政府与市场之间的第三部门,以自治性、公益性和中介性为主要特征。它是利益协调与监管的主体,主要的职能是协调、服务和监管,基本任务是向政府及时反映会员企业的要求和志愿,并协调有关部门解决生产经营中出现的难题。在双向沟通中,借助技术和管理培训活动,衔接政府部门和相关企业与农户,开展科学研究和协作攻关,提高质量安全水平,推广先进经验和实用技术,提高企业的养殖、加工技术水平。同时要配合政府有关部门的质量监督工作,协调政府和企业间的利益冲突。平时要协助政府规范运行法律法规标准,推动行业标准的制定与实施,开展行业内部质量监督,约束行业内不正当竞争,实现行业自律。还要协助政府制定地理标志农产品品牌发展规划,配合政府宣传地理标志农产品。在对企业和农户的服务和管理方面,为企业提供技术培训、市场信息、交流合作、品牌宣传等服务,积极激励企业外出考察与学习交流,提高地理标志农产品品牌的知名度与认知度；对农户严格执行质量监管规范，从源头上保障地理标志农产品的质量与品质。

企业是市场经济的主体，熟悉市场竞争机制，适应市场经济发展规律，能够准确把握市场信息，市场运作化水平高，注重地理标志农产品的品牌培育和营销。龙头企业，是农业产业化的支柱。农业龙头企业可以为农户提供产加销一条龙的服务，提升农产品的附加值，增加农业的经济效益，实现农业增效，农民增收。要积极培育龙头企业发展，支持龙头企业做优做强，以身作则，发挥表率作用。按照"扶优、扶强、扶大"的原则，大力发展一部分质量有保障、品牌效应强、经营水平高的地理标志农产品龙头型企业，发挥其辐射带动作用。通过龙头企业带动实现农产品质量稳步提升，积极建设高产、优质、高效、生态、安全的现代农业生产基地和标准化示范型基地，实现规模化、专业化、标准化生产。根据国家和地方相关规定，按照标准化生产和管理的要求，确保良种播种、投入品安全使用、农产品生产规范操作、产地环境质量安全，培育强势品牌并与市场对接，发挥农产品区域品牌规模优势，加强产业集群吸引力，整合区域优势，优化生产方式，树立高质量农产品的形象，提升产品附加值，实现区域内产业链上下游合作共赢。

消费者作为地理标志农产品的最终需求者，其消费行为直接影响了市场上地理标志农产品的供给的数量及质量。他们的利益诉求是获得具有特定质量声誉的地理标志农产品，以满足其对食品安全与质量的需求。地理标志品牌通常是高品质和特色风味的代名词，具有质量证明的作用。作为一种质量标志，地理标志可以帮助消费者在众多同类农产品中快速寻找到符合自己要求的高品质产品，有助于消费者选择成本的降低和消费者福利的增加。地理标志之所以存在，就是因为其可以为消费者创造价值，他们之间是鱼和水的关系，没有了消费者，地理标志也就没有了存在的价值。因此，地理标志农产品的发展应始终以消费者为基本支撑，围绕着"满足消费者需求"的理念进行品牌的发展和壮大。消费者应当借助多种信息渠

第7章 建立地理标志农产品质量安全治理协同机制的对策

道来获取农产品质量安全信息，了解可追溯农产品的概念与知识，以此来提高自身的农产品安全意识，选择安全放心的可追溯的地理标志农产品进行消费。同时要立足于更高的层面，将自身的行为与整个社会联系起来，关注农产品质量安全问题，防范农产品质量安全隐患，帮助政府相关部门监管农产品质量安全，支持可追溯农产品的发展，与政府、企业一起参与农产品可追溯体系的建设中来，共同减少农产品质量安全问题的发生。还要提高自身的法律意识，用法律武器维护自身权益，面对农产品质量安全问题时不可妥协。当一些不法商家推出假冒伪劣产品鱼目混珠，扰乱市场秩序，危害身体健康时，消费者要树立正确的消费观，要学会向当地监督管理部门投诉或向消费者保护协会寻求帮助，积极捍卫自身权益，确保农产品质量安全。

社会公众作为农产品质量安全的间接利益相关者，是农产品质量安全协同治理的重要主体，拥有参与质量安全规制的权利。缺乏公众参与的治理势必成为无源之水、无本之木，并使得治理本身的合法性和正当性遭到怀疑。社会公众作为一个有机整体能够独立行使法律赋予的意志自由和行动自由，其对农产品质量安全的追求是自然权利的表达，这就具备了公众参与协同治理的基础。鼓励社会公众积极参与到农产品质量安全治理中去，多维度、多路径、多渠道参与农产品质量安全治理，例如参加听证会、论证会、座谈会以及网络建言等方式保证公民话语权的有效表达，抑或是通过选举民众代表参与到农产品质量安全治理之中，引导社会不同的话语能够在合理的形式和范围内得以表达。另外，社会公众通过建言献策协助国家地理标志产品专门法的成立，提高民众意见的影响力。公众通过揭发检举非法企业的违法违规行为，向政府提供可靠线索，提升公众的维权意识和法律素养。不仅如此，社会公众还通过舆论和诉讼等方式实现对农产品质量安全的治理，把提升安全意识、防御农产品风险作为自己的责任，成为政府监管之外的重要监督力量，而不是规避责任，视而不见。

7.2 建立科学合理的利益机制——实现利益协同

如第5章所述,地理标志农产品协同治理机制中利益机制包括利益导向机制、利益产生机制、利益表达机制、利益制衡机制,当前我国协同治理利益机制的现状表现为:利益导向机制缺失、利益产生机制低效、利益表达机制孱弱、利益制衡机制失灵。因此,应根据治理的目标建立科学合理的利益机制。

7.2.1 培育利益导向机制

利益导向机制能够将人们对不正当利益的追求导向对正当利益的追求。"利益"本身是一种社会需求,不安全产品带来的是金钱、物质享受,充其量是满足人们低层次的生理需要,而安全食品则伴随着责任感、成就感,能满足人们高层次的需要。委托代理理论的假设将代理人与委托人的利益对立起来,但代理人自利和机会主义的假定过于绝对,现代管家理论通过分析经理与股东的关系指出了委托代理理论的局限,认为代理人并非都是自身经济利益最大化的追求者,其对自身尊严、信仰以及内在工作满足的追求,会使他们努力工作,与委托人利益相一致。该理论同样适用于地理标志农产品质量安全治理,相关供给者在责任感、成就感、道德准则的约束下会克服私欲,加强自律,努力为社会提供安全农产品。他们渴望建立健康的市场秩序,并表示愿意进行自律。"道德观随时代的变化而变化,但无论时代多久远,有一种原则始终不变,就是守信。"

因此,应该采取有效措施引导人们追求安全地理标志农产品的利益。第一,应该大力进行公益宣传。宣传不安全农产品对人体和社会的害处以及其循环效应(即投毒、造假者最终会伤害自己)。目前对农产品质量安全问题的宣传多为媒体对不安全食品的曝光，主要面向消费者，而把生产者、经营者作为对立面。如果能面向生产者、经营者作宣传，唤起其内在的责任感，呼吁诚信与道德，且在主流媒体上播放，长期坚持定会有利于供给者改变观念，形成正确的价值观。第二，积极树立典型人物和单位。对于诚实经营的供给者给予认可、表彰与奖励；对于信誉老店给予更多政策优惠；对于高安全水平的经营者给予更高荣誉；弘扬社会正气，使人们看到利益，明确追求安全地理标志农产品利益的诱因。

我国自古注重德治和自主管理，老子说"重积德，则无不克"[①]，当今社会，伦理道德规制也是政府规制的有效手段。在《食品安全法》的修订过程中，强调"要强化食品相关行业协会农民专业合作组织的诚信自律"，这实际上就是在强调企业伦理，"企业既是经济实体又是伦理实体，既具有经济性又具有道德性。企业经济行为与伦理行为具有不可分性，企业经济价值与道德价值也具有不可分性"。制约很重要，但教化和引导同样重要。地理标志农产品质量安全协同治理导向机制作用于伦理道德层面，加强道德诚信建设，强化守信光荣、失信可耻的荣辱观，形成守信受益、失信必损，一处失信、处处受限的利益导向，唤起被市场经济逐利性蒙蔽的正义感、责任心，促使明信知耻良好社会风气的形成。

7.2.2 完善利益产生机制

利益产生机制是通过有效的制度供给来减少市场、制度等因素对相关主体利益的暴力剥夺，保障其利益的持续增加。地理标志农产品质量安全协同治理利益产生机制实质上是各种法律、制度的建立与完善过程。当前我国相关法律制度不完善导致治理产生机制低效，需加强相关制度建设，完善农产品质量安全治理法律法规，提高利益产生机制的有效性（具体详

---

① 杨书案. 老子 [M]. 武汉：长江文艺出版社，1993.

见本书7.3节的介绍,在此不做详述)。

7.2.3　强化利益表达机制

利益表达机制是消费者利益得以表达的渠道。单个消费者实力弱小,要想使自身利益不受侵害,需有集团组织为其表达和实现。传统的表达消费者利益的集团组织是政府,政府通过制定和执行法律,行使公权力矫正市场失灵,保障处于弱势地位的消费者利益不被剥夺。但政府还要负责其他公共事务管理,本身资源有限,且其属于利益相关者中的利益平衡者,不能很好表达消费者的意志。而处于"公"与"私"领域之间的第三部门则是表达消费者利益的更好选择。强大的第三部门将促进政府从国家本位向社会本位理念转变,是协同治理的政治、文化保障。当前我国第三部门发展水平不高,民众的参与精神不足,利益表达机制孱弱。首先,承认民间组织的相对独立性,为其发展提供较大的合法活动空间。其次,培育公民的主体意识、自由意识和法治意识。

7.2.4　调整利益制衡机制

制衡机制关键是培育多种力量,扶持弱势力量,确定各种力量之间的制约关系。在地理标志农产品质量安全协同治理中,利益制衡是使各利益相关者相互制约,平衡分配治理利益。地理标志农产品质量安全治理主体间合理的利益关系主要包括三个字:"有""无""设"。首先,"有"指的是供给者之间有利益联系。通常表现为供应链上的多个生产者、销售者、经营者以及代理人之间,供给者如果能成为利益共同体,会出现"一荣俱荣、一损俱损"的状况,会相互促进、相互监督,共同构建安全的食品产业链。其次,"无"指的是政府、非政府组织与企业无经济利益联系。这样能有效制止权力寻租,促使其对公信力和公益价值的追求，有效发挥政府的宏观管理和执法功能，发挥非政府组织客观、公正的检测认证功能。最后，"设"指的是设立利益联系，对于公众举报、企业自律、政府监管投入等均设立利益供给，可以是物质方面，也可以是精神方面。

7.3 完善法律制度——实现体制协同

地理标志农产品质量安全治理法律制度的建立，可以大大节约交易成本。地理标志农产品质量安全治理法律制度主要包括地理标志农产品质量安全标准制度、地理标志农产品质量安全经营管理制度、地理标志农产品质量安全风险管理制度、地理标志农产品质量安全赔偿制度以及地理标志农产品质量安全诉讼制度。目前，我国地理标志农产品质量安全治理法律制度还很不健全，导致地理标志农产品质量安全治理约束机制低效。

7.3.1 提高法律制度的可操作性

地理标志农产品质量安全治理法律制度按照制定机关和效力层次可以分为法律、行政法规、地方性法规和规章。应该以《食品安全法》为基础，加紧出台具体的实施细则和地方性法规，提高现有法律法规的可操作性。第一，要进一步明确相关制度。制定"细法"，将某些原则性规定落到实处。如明确食品召回制度，明确公众参与风险交流的渠道、程序，明确食品添加剂责任追究制度等。第二，要加强对政府行为的约束。法律法规只有经行政执法才能体现出生命力和价值，但当前我国执法效率低下，大部制改革尚未在全国完成，行政不作为、地方保护等行政垄断的惯性还在。因此，要在相关法规中，继续明确政府行为边界，加强监督，严格渎职责任追究。第三，促使政府向社会放权。当前，我国非政府组织法律地位不明确，整体实力弱小，公众参与的动力机制不足。应该完善治理主体法规，合理确定政府与非政府组织的管理权限、规定消费者与公众参与治理的条件等。第四，提高质量安全标准。将质量安全标准立法，提高其威慑力；减少质量安全标准的内外差别；取消公众在食品安全检测过程中的程序性障碍。第五，提高检测、风险评估的技术水平，提高对 HACCP 制度的经费支持与科学研究工作。第六，加快法律体系建设，采取专门法律系统化保护方式，即在废除现有规范的基础上，实行强势的专门法统一保护，由全国人大制定专门的《地理标志保护法》，并建立专门的地理标志主管机构对其实行统一注册、统一标识和统一管理。

7.3.2 完善地理标志农产品质量安全责任保险制度

地理标志农产品质量安全风险具有复杂性、不确定性和广泛性，地理标志农产品质量安全事故往往带来严重的危害后果。对于消费者来说，事故给其造成了巨大的健康损害和精神损害，而由于地理标志农产品质量安全民事赔偿举证难和执行难，消费者权益很难保障；对于企业来说，事故带来的巨额赔偿和长期诉讼可能会使其信誉和财产蒙受致命打击，难以继续经营；对于政府来说，为弥补消费者损失，减少社会矛盾，往往在企业无力赔偿时承担赔偿责任，这既加重了政府的财政负担，又造成新的不公平、不合理。为分散地理标志农产品质量安全风险，保护消费者权益，减少企业损失，减轻政府压力，应该引入商业保险机制，建立地理标志农产品质量安全责任保险制度，有效解决地理标志农产品质量安全事故赔偿问题。同时，为避免保险市场因信息不对称而产生的逆向选择，应建立强制性的地理标志农产品质量安全责任保险制度。

部分省市积极进行试点工作，试点工作领导小组在充分考察调研的基础上，广泛听取各方面意见建议，进行了充分的前期论证和可行性分析，以契合市场需求为导向，以简便操作可行为原则，以"基本责任险+附加险"为结构，创新开发责任保险产品，拟定公平合理的责任保险条款和费率，制定保险理赔、费率联动、市场推广、专户管理等制度，这些制度有效地加强了质量安全责任险的吸引力。今后，国家还应制定出台相关鼓励政策，指导产品创新，合理设计保险产品条款，科学厘定费率，简化并完善承保、理赔流程，满足多样化保险需求，推动质量安全责任保险发展。

7.3.3 实行地理标志农产品质量安全举证责任倒置制度

举证责任在权益纠纷中具有重要意义，直接关系到诉讼主张能否被认可。食品安全民事案件属于产品责任纠纷，证明规则主要体现在《最高人民法院关于民事诉讼证据的若干规定》及《产品质量法》中。关于缺陷产品致人损害的侵权诉讼，现行立法只是规定了要由产品生产者就法律规定的免责事由承担举证责任，基本上还是适用"谁主张，谁举证"的一般规则。对于地理标志农产品质量安全案件的受害人来说，其不仅要证明涉诉食品具有某种缺陷及给其造成的损害后果，还要证明损害后果与食品缺陷之间的因果关系。然而，在科技发展日新月异的现代社会，食品生产及流通过程包含了越来越多的科技内容，这些科技内容几乎全部被食品生产、经营者掌握，消费者处于信息劣势地位。基于自身利益的考虑，食品企业对消费者的调查取证常会设置障碍，而有些检测机构亦以"对公不对个人"为由不提供检测服务，导致消费者常面临举证不能的困境，从而放弃维权。

由此，在地理标志农产品侵权纠纷中，可以实行举证责任倒置制度，由食品生产者、经营者来证明食品不存在缺陷或损害后果与产品缺陷之间不存在因果关系。食品生产者、经营者掌握食品原材料来源、加工、包装、贮藏、运输、流通、销售等全部过程信息，控制食品的生产加工过程，掌握专业程序和技术，比消费者拥有更多的资源，更有能力收集证据。由食品生产者、经营者承担举证责任，符合"由距离证据近的一方当事人负担举证责任"的民事诉讼规则原理[①]。有助于降低消费者维权成本，提高维权的成功概率，实现经营者与消费者之间的实质平等。实行举证责任倒置制度，更能体现食品安全相关法律法规的公平、公正与合理，同时更能节约社会成本，提高食品安全相关法律法规的运行效率。当然，也要加强鉴别，遏制"职业打假"等机会主义行为。

7.3.4 加大地理标志农产品质量监督的执法力度

为有效保障农产品的质量，完善农产品的监测体系十分重要。加大地理标志农产品质量监督的执法力度具体应该做好以下工作：一方面，相关部门应该定期对农产品进行抽检，只有保证了地理标志农产品的质量，才能实现地理标志质量抽检的工作制度化及规范化，对于发现的质量不合格问题立即依法处理。另一方面，我国政府的相关部门应该严厉打击假冒伪劣的具有地理标志的农产品生产单位，定期开展具有专项性的整治活动。其整治内容应该包括：及时解决农产品地理标志使用不规范或者使用率低的问题、严厉打击假冒及超期使用地理标志的不法行为。同时，我国政府的相关部门还应该积极的对农产品的包装标识环节做好严格的监督及检查工作，以尽快健全农产品地理标志的管理规范。力争在最短的时间内，全面实现具有"三品一标"的农产品的上市。并建立专门负责农产品质量安全的内检员责任制，与责任人签订相关的目标责任书，加强监督及考核，保证监管到位[②]。

---

① 尹红强. 论食品安全法律中的民事责任制度——兼论《食品安全法》（修订草案送审稿）中的相关规定［J］. 食品科学，2014（1）.

② 梁天宝. 浅谈地理标志农产品质量安全保障策略［J］. 物流工程与管理，2015（2）.

7.4 建立畅通的信息系统——实现信息协同

信息系统能够从源头上减少地理标志农产品质量安全问题，减弱市场失灵，是地理标志农产品质量安全治理的减熵机制。但当前地理标志农产品质量安全信息系统还存在许多结构性障碍，建立畅通的地理标志农产品质量安全信息系统是实现地理标志农产品质量安全治理协同运行的重要条件。

7.4.1 建立地理标志农产品质量安全治理网络信息化基础平台

地理标志农产品质量安全治理网络信息化基础平台是地理标志农产品质量安全治理信息化建设的基础环节，该平台设计的目的一是为了实现政府部网格化监管，二是为了实现多元主体之间的信息共享。网格化的优点是可以明确监管责任，去除监管盲区，将各监管部门监管资源有效整合，进行联运协同执法，形成地理标志农产品质量安全全程监控；信息共享有利于将生产、经营信息及地理标志农产品质量安全治理信息及时、有效传播，在全社会形成地理标志农产品质量安全治理合力。地理标志农产品质量安全治理网络信息化基础平台是全管理信息系统、风险监测与评估信息系统、信用信息系统、可追溯信息系统建立的基础和保障。信息化基础平台建设的重点和难点是网格化的技术支持，主要包括网格化业务细分、业务数据的标准化定制、业务流程整合、多权限角色设计四个方面。当前我国监管部门都有自己的业务系统，数据信息格式不统一，生产者、经营者的基本信息、信用档案信息等数据分散在不同监管部门，加上监管体制改革的影响及地区性差异，将这些分散的、局部的信息用相同格式和表现方式转化为高度标准化和抽象化的统一数据库信息，是非常困难的事情。网络信息化平台从宏观角度全方位挖掘食品市场主体的信息,将监管权限任务细化并合理分配到各级监管部门,并向社会公开,吸引社会的支持与监督。从软件业务模型角度来看,网络信息化基础平台建设实际上是应用系统架构模型、数据资源架构模型、业务流程架构模型及用户组织架构模型的建模过程,合理选择相应的技术设计模式,将会在保持最终设计目标的同时,降低整个系统的设计难度[①]。

网络信息化基础平台还需在全国范围内建设云计算中心。建设统一的云计算中心可以为政府部门提供全面、统一的市场运作及管理信息,保证信息的完整性,实现供应链全程管理的信息互通,并且通过云计算中心提供的超级存储及处理能力,建立起可供社会共享的信息资源,减少信息系统的重复建设投资,最大限度地保护广大消费者的利益。

7.4.2 健全追溯管理法律制度

可追溯性是地理标志农产品质量安全的重要保障,是农业产业发展的重要条件,地理标志农产品质量安全追溯管理信息系统是地理标志农产品质量安全协同治理信息系统的重要内容。发达国家从20世纪90年代就开始应用可追溯体系对质量安全进行管理,已经取得了丰富的经验。我国目前虽然也建立了地理标志农产品质量安全可追溯制度,但还未能建立起全程可追溯的信息系统,地理标志农产品质量安全可追溯体系还处于起步和试点阶段,还需要从多个方面进行完善。

将可追溯性纳入法律是发达国家通行的做法。欧盟2000年的《食品安全白皮书》,将"从田间到餐桌"的全程监控原则作为新的卫生政策提出来,强化食品生产者责任、并对食品和食品成分的可追溯性进行强制性规定。美国关于食品安全可追溯制度形成了健全的法律体系,如2002年

---

① 杨洋.浅议食品安全网络信息化平台建设[J].信息与电脑,2013(1).

的《生物性恐怖主义法案》《食品安全跟踪条例》《联邦安全和农业投资法案》等，要求所有食品生产企业必须建立食品质量可追溯制度。我国《食品安全法》第四十二条提出"国家建立食品全程追溯制度"，规定生产经营者应当依照本法的规定，建立追溯体系，保证可追溯性。目前我国对于可追溯的内容、实现的方法、技术、完成的期限等还缺少具体规定，还需要健全相关法规，清理、整合现有法规，对可追溯制度进行更细致、全面的规定，配合《食品安全法》的基本原则，保障可追溯制度有效实施。

7.4.3 加大对可追溯信息平台的基础投入

信息化是可追溯制度实施的必要条件，能够将生产、加工、运输、储运、销售的全过程信息统一起来，适时跟踪，快速查询。《食品安全法》规定"鼓励食品生产经营企用信息化段建立食品追溯体系"。目前我国地理标志农产品生产、加工企业整体规模小、数量多，技术落后，信息化水平较低，自愿建立食品安全可追溯信息系统的企业较少，且可追溯的信息不完整，终端查询系统不健全。因此，应加大政府对信息平台的基础投入，实行统一规划；推广全球统一标识系统（EAN.UCC），利用GAP、GMP、HACCP技术，建立基于信息技术的追溯体系；提高检测技术，加强物流基础设施建设。

另外，还可以考虑将PDCA循环管理系统信息系统引入地理标志农产品的质量管理当中，用于化解生产分散性与品质同一性之间的矛盾。通过计划（plan）、实施（do）、检查（check）、处理（action）四个阶段将地理标志农产品生产和经营过程中的质量信息收集起来，形成高效稳定的循环体系，维护地理标志农产品的质量和品质。第一阶段，对现有农产品质量状况进行调查，并在此基础上分析关键影响因素和主要原因，上传到信息系统中，作为准入门槛。第二阶段，整合生产者、行业协会、政府的力量，形成有效的质量合作机制，推动相关质量标准的制定和执行。第三阶段，通过"从田间到餐桌"多层次质量监管体系和"从餐桌到田间"的全程质量追溯系统的有机融合对地理标志农产品质量标准的执行状况和实施效果进行反馈，发现问题并总结经验。第四阶段，对前述信息归纳和总结，探究存在的问题与制约瓶颈，为下个循环提供信息和资料。

7.4.4 提高社会对可追溯制度的认知

可追溯信系统的运行需要生产者、经营者、销售者、购买者的全程配合，共同努力。美国实行食品协会与企业建立自愿性可追溯系统，可调动企业参与的积极性，节约政府开支，我国也可以借鉴这种方式，动员行业协会等第三方与企业共同投入，设计可行的激励机制，将对企业的"鼓励"落到实处。同时，对消费者及公众加强宣传，利用大众传播媒介多渠道宣传可追溯制度，介绍可追溯的相关知识，培养消费者利用可追溯信息系统的意识及习惯，提高全社会对可追溯信息系统的认知度。

7.4.5 加强可追溯相关制度建设

可追溯信息系统的运行不是孤立的，需要相关制度的配合，如召回制度、信息通报制度、农产品标准制度、原产地标准制度，以及与国外农产品管理体系相接轨的认证认可制度等。此外，要特别强调严格的监管制度，建立从生产、加工到运输、销售等整个供应链的全程监控、管理体系，对违反违规生产者、经营者要严厉处罚。

建立农产品的可追溯体系不仅有利于提高农产品的品质，也利于对不合格农产品进行定位并及时召回。各地区可以借鉴当前已经比较成熟的关于猪肉质量安全管理的可追溯体系，不断完善当地的肉类蔬菜流通的追溯体系。遵循"政府推动、社会参与、市场运作"的基本原则，充分利用先进的科技手段和标准化管理方式，实现优质农产品流通过程中的索证索票和购销台账的信息化。将各地区的追溯管理平台作为核心，批零市场的节点作为终端，实现流通主体的实名管理和远程视频监控的农产品流通的追溯体系。通过对农产品的来源进行追溯、去向进行查证、责任进行追究的地理标志农产品质量安全的追溯管理链条，进而实现地理标志农产品质量安全管理的全程化。

结　　论

"国以民为本，民以食为天，食以安为先。"自古以来，健康就是人类不懈追求的永恒话题，而食品安全则是健康的保障和依托，食品安全问题是人们关注的热点内容。随着居民生活水平的提高，城乡居民食品消费结构正在转型，全社会对高层次、优质物质产品的需求不断加大，对产品的安全要求也在迅速提高，人们的消费观和价值观逐步发生改变，食品消费趋向健康化，更加注重健康生活，越来越关注食品安全及营养健康。安全和健康观念渗透人类生活的方方面面，渐渐转变为人们购买绿色食品、有机食品、地理标志食品的动机。地理标志农产品，作为特殊的区域品牌产品，具有高品质性和特色声誉性，是农产品质量和信誉的有力保证。消费者同时可以凭借购买地理标志农产品，将其与普通农产品进行分辨，减少选择成本，降低认知风险，提升选择效率。然而，当前我国地理标志农产品存在较严重的质量安全问题，"冒牌""造假""违法添加"等现象较多，限制了地理标志农产品进一步发展，同时也造成了社会不公平，加大了社会交易成本，带来了信任危机。因此，推动地理标志农产品发展，提升农产品内在品质势在必行。

通过梳理相关研究文献以及收集第一手资料，经过系统的规范分析与实证分析，本书得出以下创新性观点：

（1）地理标志农产品质量安全协同治理是一种有效率的方式。它能够从根本上解决地理标志农产品质量安全问题，实现社会实质公平；能够改善政府监管，提高效率；能够调动多元主体参与治理的积极性，实现民众自主。

（2）地理标志农产品质量安全问题的产生在于"利益"追逐的误区。不安全农产品能够带来利益，属不正当利益、短期利益；安全农产品也能带来利益，属正当利益、长期利益。当前此问题的存在实际上是人们对不安全农产品利益的追逐超过了对安全农产品利益的追求。

（3）当前的治理困境是由于我国地理标志农产品治理缺少协同机制，多元治理主体尚未形成，协同动力机制不足。激励机制、约束机制、减熵机制都存在结构性障碍，协同实现机制缺失，致使当前地理标志农产品治理系统处于无序状态。

（4）地理标志农产品质量安全协同治理的实现还具有相当大的难度。我国规制制度改革存在较明显的路径依赖，主要表现为单一政府监管，固有的利益结构很难打破。以黑龙江省为例进行的实证分析结果显示，当前我国治理的协同度不高，多元主体参与治理的程度较低。因此，突破原有体制惯性的桎梏，转变人们的固有思维，还是一个长期而艰巨的过程。

（5）地理标志农产品质量安全协同治理是一个系统工程。解决地理标志农产品质量安全问题需要各种社会力量的全方位投入，需要政府、第三部门、企业及农户、消费者、公众等治理主体之间的协同，也需要经济利益、法律制度、信息系统等各领域的内部协同与外部协同。

本书剖析了地理标志农产品质量安全问题存在的根本原因，所构建的地理标志农产品质量安全协同治理格局可以作为我国规制制度改革的参考。但还存在许多不足，期待在未来的研究中进一步完善。

附录 I 地理标志农产品质量安全治理现状调查问卷

尊敬的先生/女士：

您好！

我们是哈尔滨商业大学科研项目《地理标志农产品质量安全治理协同机制研究》课题组成员，目前以问卷调查的方式了解我省地理标志农产品质量安全治理的现状，即政府、社会组织、企业及农户、消费者、社会公众等对地理标志农产品质量安全治理共同参与的程度和治理效果。如果您了解地理标志农产品，则诚挚邀请您参与这次调查活动。本调查采用无记名方式，调查结果仅做学术研究之用。

谢谢您的支持！

《地理标志农产品质量安全治理协同机制研究》课题组
2021 年 1 月 12 日

1. 在日常生活中，您关注"地理标志农产品"吗？（　　）

    A. 非常关注　　　　　　B. 比较关注

    C. 一般　　　　　　　　D. 不太关注

    E. 从不关注

2. 您认为地理标志农产品的质量水平：（　　）

    A. 质量确实好，优于普通农产品

    B. 很一般，和普通农产品差不多

    C. 不好，大多是冒牌的，还不如普通农产品

3. 您对当前地理标志农产品质量安全状况的总体看法是：（　　）

    A. 问题非常严重

B. 问题比较严重

C. 一般

D. 地理标志农产品质量安全状况比较好

E. 地理标志农产品质量安全状况非常好

4. 面对地理标志农产品质量安全问题，您的态度是：（   ）

A. 应当积极维权

B. 等政府或其他机关处理

C. 没办法，自认倒霉

5. 您认为当前政府部门对地理标志农产品质量安全监管的主动性：（   ）

A. 很高　　　　　　　　B. 比较高

C. 一般　　　　　　　　D. 不太高

E. 很不高

6. 您认为当前政府对地理标志农产品质量安全的监管：（   ）

A. 很有效果　　　　　　B. 比较有效果

C. 一般　　　　　　　　D. 基本没效果

E. 很没效果

7. 您认为政府在对地理标志农产品质量安全问题进行政执法时：（   ）

A. 非常公正　　　　　　B. 比较公正

C. 一般　　　　　　　　D. 比较不公正

E. 非常不公正

8. 您认为当前地理标志农产品生产企业及农户的自律程度：（   ）

A. 非常高　　　　　　　B. 比较高

C. 一般　　　　　　　　D. 比较差

E. 很差

9. 当前对地理标志农产品质量安全的检测机构独立性如何？（   ）

A. 非常独立，检测结果客观公正

B. 一般

C. 很不独立，受利益关系影响

10. 您认为当前地理标志农产品质量安全管理的法律法规：（   ）

    A. 非常完备　　　　　　　　B. 比较完备

    C. 一般　　　　　　　　　　D. 较不完备

    E. 非常不完备

11. 您认为目前地理标志农产品质量安全法律法规的威慑力：（   ）

    A. 非常大　　　　　　　　　B. 比较大

    C. 一般　　　　　　　　　　D. 比较小

    E. 很小

12. 您认为目前地理标志农产品质量安全信用体系建设：（   ）

    A. 很完善　　　　　　　　　B. 比较完善

    C. 一般　　　　　　　　　　D. 比较不完善

    E. 很不完善

13. 您是否能及时获得地理标志农产品质量安全信息？（   ）

    A. 及时　　　　　　　　　　B. 不及时

14. 您了解食品安全可追溯体系吗？（   ）

    A. 了解　　　　　　　　　　B. 不了解（跳过15题）

15. 您认为地理标志农产品质量安全可追测体系的建设情况如何？（   ）

    A. 非常好　　　　　　　　　B. 比较好

    C. 一般　　　　　　　　　　D. 不太好

    E. 很不好

16. 您认为行业协会在是否发挥了对地理标志农产品生产者的监督和服务作用？（   ）

    A. 很好地发挥了作用　　　　B. 一般

C. 基本没发挥作用

17. 如果您身边有一个促进地理标志农产品质量安全的社会组织，您愿意参加吗？（　　）

  A. 愿意   B. 不愿意

附录 Ⅱ　2020 年全国农产品地理标志登记汇总表

序号	年份	产品名称	所在地域	证书持有人名称	产品类别	登记证书编号
1	2020	上方山香椿	北京	北京市房山区农业环境和生产监测站	蔬菜	AGI02780
2	2020	北京油鸡	北京	北京市畜牧总站	肉类产品、蛋类产品	AGI02781
3	2020	小站稻	天津	天津市津南区农业技术推广服务中心	粮食	AGI02782
4	2020	张北莜麦	河北	张北县家庭农场协会	粮食	AGI02783
5	2020	赵县黄冠梨	河北	赵县绿色梨果产业协会	果品	AGI02784
6	2020	阜城杏梅	河北	阜城县农业环境与农产品质量监督管理站	果品	AGI02785
7	2020	马营西瓜	河北	赤城县无公害农产品管理站	果品	AGI02786
8	2020	赤城赤芍	河北	赤城县农业技术推广站	药材	AGI02787
9	2020	右卫土豆	山西	右玉县古风土豆种植协会	粮食	AGI02788
10	2020	代县大米	山西	代县雁丰农产品协会	粮食	AGI02789
11	2020	广灵黑豆	山西	广灵县豆制品协会	粮食	AGI02790
12	2020	涑川茼蒿	山西	闻喜县蔬菜产业协会	蔬菜	AGI02791
13	2020	平顺花椒	山西	平顺县农业技术推广中心	香料	AGI02792
14	2020	绛县柴胡	山西	绛县果业发展中心	药材	AGI02793
15	2020	牙克石马铃薯	内蒙古	牙克石市农业技术推广中心	粮食	AGI02794
16	2020	克什克腾亚麻籽	内蒙古	克什克腾旗亚麻籽种植协会	油料	AGI02795
17	2020	丰镇胡麻	内蒙古	丰镇市农产品质量安全监管站	油料	AGI02796

附录Ⅱ 2020年全国农产品地理标志登记汇总表

续表

序号	年份	产品名称	所在地域	证书持有人名称	产品类别	登记证书编号
18	2020	溪柳紫皮蒜	内蒙古	突泉县农畜产品质量安全管理站	蔬菜	AGI02797
19	2020	克旗黄芪	内蒙古	克什克腾旗经济作物工作站	药材	AGI02798
20	2020	喀喇沁山葡萄	内蒙古	喀喇沁旗农业产业联合会	果品	AGI02799
21	2020	清水河花菇	内蒙古	清水河县食用菌协会	食用菌	AGI02800
22	2020	阿拉善蒙古牛	内蒙古	阿拉善白绒山羊协会	肉类产品	AGI02801
23	2020	阿拉善蒙古羊	内蒙古	阿拉善白绒山羊协会	肉类产品	AGI02802
24	2020	乌审马	内蒙古	乌审旗红土地魅力草原农畜产品推广协会	肉类产品	AGI02803
25	2020	铁岭榛子	辽宁	铁岭市榛子产业管理办公室	果品	AGI02804
26	2020	岫岩软枣猕猴桃	辽宁	岫岩满族自治县软枣猕猴桃协会	果品	AGI02805
27	2020	白山蓝莓	吉林	白山市蓝莓协会	果品	AGI02806
28	2020	瑷珲大豆	黑龙江	黑河市爱辉区农业技术推广中心	粮食	AGI02807
29	2020	瑷珲面粉	黑龙江	黑河市爱辉区农业技术推广中心	粮食	AGI02808
30	2020	穆棱沙棘	黑龙江	穆棱市农业技术推广中心	果品	AGI02809
31	2020	穆棱红豆杉果	黑龙江	穆棱市农业技术推广中心	果品	AGI02810
32	2020	友谊大豆	黑龙江	友谊农场绿色食品协会	粮食	AGI02811
33	2020	天问山黄精	黑龙江	哈尔滨市阿城区金源绿色农畜产品协会	药材	AGI02812
34	2020	萝北五味子	黑龙江	萝北县多种经营办公室	药材	AGI02813
35	2020	杜尔伯特小蒿子防风	黑龙江	杜蒙县中草药产业协会	药材	AGI02814
36	2020	绥滨江鲤	黑龙江	绥滨县水产技术服务中心	水产动物	AGI02815

续表

序号	年份	产品名称	所在地域	证书持有人名称	产品类别	登记证书编号
37	2020	青浦薄稻米	上海	上海市青浦区稻米协会	粮食	AGI02816
38	2020	桑墟榆叶梅	江苏	沭阳县桑墟镇榆叶梅协会	花卉	AGI02817
39	2020	利民芦蒿	江苏	宿迁市宿豫区陆集镇农业经济技术服务中心	蔬菜	AGI02818
40	2020	四河青萝卜	江苏	泗洪县四河乡农业经济技术服务中心	蔬菜	AGI02819
41	2020	茅山长青	江苏	句容市茶叶协会	茶叶	AGI02820
42	2020	东台西瓜	江苏	东台市农业技术推广中心	果品	AGI02821
43	2020	潼阳西瓜	江苏	沭阳县潼阳镇农业经济技术服务中心	果品	AGI02822
44	2020	大兴瓜蒌	江苏	宿迁市宿豫区大兴镇农业经济技术服务中心	果品	AGI02823
45	2020	土桥大米	江苏	南京市江宁区淳化街道办事处农业服务中心	粮食	AGI02824
46	2020	宿迁籼米	江苏	宿迁市农业技术综合服务中心	粮食	AGI02825
47	2020	董浜筒管玉丝瓜	江苏	常熟市董浜镇农技推广服务中心	蔬菜	AGI02826
48	2020	王庄西瓜	江苏	常熟市尚湖镇农技推广服务中心	果品	AGI02827
49	2020	马山杨梅	江苏	无锡市滨湖区马山杨梅产业协会	果品	AGI02828
50	2020	铜山金杏	江苏	徐州市铜山区果桑技术指导站	果品	AGI02829
51	2020	陈集葡萄	江苏	宿迁市宿城区陈集镇农业经济技术服务中心	果品	AGI02830
52	2020	东山白沙枇杷	江苏	苏州市吴中区东山镇农林服务站	果品	AGI02831

附录Ⅱ 2020年全国农产品地理标志登记汇总表

续表

序号	年份	产品名称	所在地域	证书持有人名称	产品类别	登记证书编号
53	2020	响水西兰花	江苏	响水县西兰花产业协会	蔬菜	AGI02832
54	2020	弶港甜叶菊	江苏	东台市弶港镇农业技术推广综合服务中心	蔬菜	AGI02833
55	2020	仪征紫菜薹	江苏	仪征市蔬菜行业协会	蔬菜	AGI02834
56	2020	泗阳白酥梨	江苏	泗阳县农业技术推广中心	果品	AGI02835
57	2020	魏营西瓜	江苏	泗洪县魏营镇农业经济技术服务中心	果品	AGI02836
58	2020	龙集莲子	江苏	泗洪县龙集镇农业经济技术服务中心	蔬菜	AGI02837
59	2020	下原蘘荷	江苏	如皋市下原镇农业服务中心	蔬菜	AGI02838
60	2020	凤凰水蜜桃	江苏	张家港市凤凰镇农业服务中心	果品	AGI02839
61	2020	埠子蚕茧	江苏	宿迁市宿城区埠子镇农业经济技术服务中心	棉麻蚕桑	AGI02840
62	2020	阳澄湖大闸蟹	江苏	苏州市阳澄湖大闸蟹行业协会	水产动物	AGI02841
63	2020	溱湖簖蟹	江苏	泰州市姜堰区水产技术指导站	水产动物	AGI02842
64	2020	董家茭白	浙江	桐乡市乌镇镇农业经济服务中心	蔬菜	AGI02843
65	2020	天目笋干	浙江	杭州市临安区竹产业协会	蔬菜	AGI02844
66	2020	萧山萝卜干	浙江	杭州市萧山区农产品加工业行业协会	蔬菜	AGI02845
67	2020	胥仓雪藕	浙江	长兴县农业技术推广服务总站	蔬菜	AGI02846
68	2020	开化龙顶茶	浙江	开化县农业特色产业发展中心	茶叶	AGI02847
69	2020	磐安云峰	浙江	磐安县茶业协会	茶叶	AGI02848
70	2020	温州早茶	浙江	温州市特产站	茶叶	AGI02849
71	2020	大佛龙井	浙江	新昌县名茶协会	茶叶	AGI02850
72	2020	淳安白花前胡	浙江	淳安县农业技术推广中心	药材	AGI02851

续表

序号	年份	产品名称	所在地域	证书持有人名称	产品类别	登记证书编号
73	2020	丽水枇杷	浙江	丽水市莲都区农业技术推广中心	果品	AGI02852
74	2020	二都杨梅	浙江	绍兴市上虞区二都杨梅协会	果品	AGI02853
75	2020	仙居杨梅	浙江	仙居县果品产销协会	果品	AGI02854
76	2020	嵊州桃形李	浙江	嵊州市剡溪果业协会	果品	AGI02855
77	2020	处州白莲	浙江	丽水市莲都区农业特色产业办公室	蔬菜	AGI02856
78	2020	缙云黄花菜	浙江	缙云县蔬菜协会	蔬菜	AGI02857
79	2020	婺州蜜梨	浙江	金华市金东区婺州蜜梨专业技术协会	果品	AGI02858
80	2020	桐琴蜜梨	浙江	武义县农学会	果品	AGI02859
81	2020	江山猕猴桃	浙江	江山市猕猴桃产业化协会	果品	AGI02860
82	2020	临海蜜桔	浙江	临海市特产技术推广总站	果品	AGI02861
83	2020	青田御茶	浙江	青田县经济作物管理站	茶叶	AGI02862
84	2020	遂昌龙谷茶	浙江	遂昌县茶叶技术推广站	茶叶	AGI02863
85	2020	遂昌土蜂蜜	浙江	遂昌县畜牧兽医局	蜂类产品	AGI02864
86	2020	温州大黄鱼	浙江	温州市渔业技术推广站	水产动物	AGI02865
87	2020	湖州桑基塘鱼	浙江	湖州市桑基鱼塘产业协会	水产动物	AGI02866
88	2020	嵊泗贻贝	浙江	嵊泗县贻贝行业协会	水产动物	AGI02867
89	2020	古林蔺草	宁波	宁波市海曙区蔺草协会	其他植物	AGI02868
90	2020	泗县金丝绞瓜	安徽	泗县农业技术推广中心	蔬菜	AGI02869
91	2020	涡阳苔干	安徽	涡阳县绿色食品发展服务中心	蔬菜	AGI02870
92	2020	太和香椿	安徽	太和县香椿产业协会	蔬菜	AGI02871
93	2020	黄山毛峰	安徽	黄山市农业技术推广中心	茶叶	AGI02872
94	2020	敬亭绿雪	安徽	宣城市宣州区茶叶行业协会	茶叶	AGI02873
95	2020	亳天花粉	安徽	亳州市中药材种植协会	蜂类产品	AGI02874

附录 II 2020 年全国农产品地理标志登记汇总表

续表

序号	年份	产品名称	所在地域	证书持有人名称	产品类别	登记证书编号
96	2020	长丰草莓	安徽	长丰县草莓协会	果品	AGI02875
97	2020	三潭枇杷	安徽	歙县深渡镇绿色枇杷专业技术协会	果品	AGI02876
98	2020	闻集草莓	安徽	阜阳市颍泉区草莓协会	果品	AGI02877
99	2020	凤阳花生	安徽	凤阳县农业科学研究所	果品	AGI02878
100	2020	乔亭小籽花生	安徽	旌德县小籽花生专业技术协会	果品	AGI02879
101	2020	怀远石榴	安徽	怀远县石榴协会	果品	AGI02880
102	2020	蒙城篱笆黄花梨	安徽	蒙城县种植业发展中心	果品	AGI02881
103	2020	旌德青蔗	安徽	旌德县青蔗专业技术协会	果品	AGI02882
104	2020	砀山油桃	安徽	砀山县农产品质量安全监管中心	果品	AGI02883
105	2020	永丰萱草	安徽	黄山市黄山区永丰萱草产业协会	蔬菜	AGI02884
106	2020	铜陵白姜	安徽	铜陵市农业科学研究所	蔬菜	AGI02885
107	2020	铜陵凤丹	安徽	铜陵市义安区牡丹产业协会	药材	AGI02886
108	2020	王庄花生	安徽	固镇县王庄镇花生种植协会	油料	AGI02887
109	2020	滁菊	安徽	滁州市南谯区滁菊协会	茶叶	AGI02888
110	2020	枞阳媒鸭	安徽	铜陵市农业科学研究所	肉类产品	AGI02889
111	2020	万佛湖鳙鱼	安徽	舒城县水产站	水产动物	AGI02890
112	2020	五河螃蟹	安徽	五河县螃蟹协会	水产动物	AGI02891
113	2020	金沙薏米	福建	仙游县金沙薏米产业发展技术协会	粮食	AGI02892
114	2020	龙岩烤烟	福建	龙岩市烟草学会	烟草	AGI02893
115	2020	大铭生姜	福建	德化县农业科学研究所	蔬菜	AGI02894

续表

序号	年份	产品名称	所在地域	证书持有人名称	产品类别	登记证书编号
116	2020	山格淮山	福建	安溪县山格淮山产业技术研究会	蔬菜	AGI02895
117	2020	武夷岩茶	福建	武夷山市茶叶科学研究所	茶叶	AGI02896
118	2020	度尾文旦柚	福建	仙游县度尾镇文旦柚协会	果品	AGI02897
119	2020	晋江胡萝卜	福建	晋江市农学会	蔬菜	AGI02898
120	2020	云霄枇杷	福建	云霄县枇杷协会	果品	AGI02899
121	2020	一都枇杷	福建	福清市一都镇农业服务中心	果品	AGI02900
122	2020	邵武碎铜茶	福建	邵武市经济作物站	茶叶	AGI02901
123	2020	永福高山茶	福建	龙岩市漳平台湾农民创业园区管理委员会	茶叶	AGI02902
124	2020	德化黑鸡	福建	德化县农业科学研究所	肉类产品	AGI02903
125	2020	上杭槐猪	福建	上杭县槐猪产业协会	肉类产品	AGI02904
126	2020	福州金鱼	福建	福州市金鱼行业协会	水产动物	AGI02905
127	2020	莆田花蛤	福建	莆田市花蛤行业协会	水产动物	AGI02906
128	2020	安海土笋冻	福建	晋江市安海文化创意发展协会	水产动物	AGI02907
129	2020	平潭坛紫菜	福建	平潭综合实验区海洋与渔业技术中心	水生植物	AGI02908
130	2020	鄱阳大米	江西	鄱阳县水稻产业协会	粮食	AGI02909
131	2020	德兴葛	江西	德兴市葛产业专业技术协会	蔬菜	AGI02910
132	2020	遂川狗牯脑茶	江西	遂川县茶业局	茶叶	AGI02911
133	2020	商河大蒜	山东	商河县白桥镇大蒜协会	蔬菜	AGI02912
134	2020	李桂芬梨	山东	商河县殷巷镇李桂芬梨种植协会	果品	AGI02913
135	2020	商河魁王金丝小枣	山东	商河县殷巷镇魁王金丝小枣种植协会	果品	AGI02914
136	2020	长虹岭花生	山东	沂南县花生产业协会	油料	AGI02915

附录Ⅱ 2020年全国农产品地理标志登记汇总表

续表

序号	年份	产品名称	所在地域	证书持有人名称	产品类别	登记证书编号
137	2020	金口芹菜	青岛	即墨市金口芹菜行业协会	蔬菜	AGI02916
138	2020	湍湾紫蒜	青岛	青岛市大蒜产业协会	蔬菜	AGI02917
139	2020	襄城红薯	河南	襄城县农业技术推广中心	粮食	AGI02918
140	2020	新野大白菜	河南	新野农产品质量安全监测站	蔬菜	AGI02919
141	2020	惠楼山药	河南	虞城县惠楼山药协会	蔬菜	AGI02920
142	2020	柘城辣椒	河南	柘城县农产品质量安全检测中心	蔬菜	AGI02921
143	2020	汤阴北艾	河南	汤阴县医药行业管理办公室	药材	AGI02922
144	2020	渑池柴胡	河南	渑池县坡头乡农业服务中心	药材	AGI02923
145	2020	李口西瓜	河南	商丘市睢阳区瓜菜研究会	果品	AGI02924
146	2020	善堂花生	河南	浚县花生协会	果品	AGI02925
147	2020	兰考花生	河南	兰考县农产品质量安全检测中心	果品	AGI02926
148	2020	民权花生	河南	民权县农产品质量安全中心	果品	AGI02927
149	2020	唐河西瓜	河南	唐河县农产品质量检测站	果品	AGI02928
150	2020	瓦岗红薯	河南	确山县瓦岗镇农业服务中心	粮食	AGI02929
151	2020	遂平香椿	河南	遂平县农产品质量安全检测中心	蔬菜	AGI02930
152	2020	郭村马铃薯	河南	商丘市睢阳区郭村镇农业服务中心	蔬菜	AGI02931
153	2020	虞城酥梨	河南	虞城县田庙乡"木兰渡"酥梨协会	果品	AGI02932
154	2020	露峰山葡萄	河南	鲁山县农业技术推广站	果品	AGI02933
155	2020	通许小麦	河南	通许县农产品质量安全检测中心	粮食	AGI02934

续表

序号	年份	产品名称	所在地域	证书持有人名称	产品类别	登记证书编号
156	2020	尉氏桃	河南	尉氏县农产品质量安全监测中心	果品	AGI02935
157	2020	济源核桃	河南	济源市核桃产业协会	果品	AGI02936
158	2020	宿鸭湖鳙鱼	河南	汝南县农产品标准化质量检测检验中心	水产动物	AGI02937
159	2020	宜昌宜红	湖北	宜昌市农业科学研究院	茶叶	AGI02938
160	2020	荆门油菜	湖北	荆门市农业技术推广中心	油料	AGI02939
161	2020	阳新湖蒿	湖北	阳新县蔬菜办公室	蔬菜	AGI02940
162	2020	岳口芋环	湖北	天门市岳口镇农业技术服务中心	蔬菜	AGI02941
163	2020	新洲龙王白莲	湖北	武汉市新洲区双柳街农业服务中心	蔬菜	AGI02942
164	2020	唐崖茶	湖北	咸丰县茶叶协会	茶叶	AGI02943
165	2020	董河碧珍茶	湖北	浠水县散花镇董河茶叶专业技术协会	茶叶	AGI02944
166	2020	资丘独活	湖北	长阳土家族自治县资丘镇农技服务中心	药材	AGI02945
167	2020	英山茯苓	湖北	英山县中药材行业协会	药材	AGI02946
168	2020	松滋蜜柚	湖北	松滋市蜜柚产销协会	果品	AGI02947
169	2020	百丈潭茶	湖北	通城县土特产品协会	茶叶	AGI02948
170	2020	罗田香露茶	湖北	罗田县农业技术推广中心	茶叶	AGI02949
171	2020	五里界豆	湖北	武汉市江夏区农业科学研究所	蔬菜	AGI02950
172	2020	蕲春再生稻	湖北	蕲春县农业技术推广中心	粮食	AGI02951
173	2020	郧西香椿	湖北	郧西县农业生态环境保护站	蔬菜	AGI02952
174	2020	曲溪绿茶	湖北	长阳土家族自治县资丘镇农技服务中心	茶叶	AGI02953

附录Ⅱ 2020年全国农产品地理标志登记汇总表

续表

序号	年份	产品名称	所在地域	证书持有人名称	产品类别	登记证书编号
175	2020	天门黄花菜	湖北	天门市汪场镇农业技术服务中心	蔬菜	AGI02954
176	2020	江陵三湖黄桃	湖北	江陵县三湖黄桃协会	果品	AGI02955
177	2020	大悟泥鳅	湖北	大悟县泥鳅养殖协会	水产动物	AGI02956
178	2020	永顺莓茶	湖南	永顺县经济作物技术推广站	茶叶	AGI02957
179	2020	安化黄精	湖南	安化县中医药健康产业协会	药材	AGI02958
180	2020	水云峰黄桃	湖南	冷水江市黄桃协会	果品	AGI02959
181	2020	迥峰蜜柑	湖南	永州市回龙圩管理区经济作物管理办公室	果品	AGI02960
182	2020	龙山百合	湖南	龙山县百合产业协会	蔬菜	AGI02961
183	2020	白云贡米	湖南	吉首市农业技术推广中心	粮食	AGI02962
184	2020	常德红茶	湖南	常德市茶业协会	茶叶	AGI02963
185	2020	慈利杜仲	湖南	慈利县农业技术服务中心	药材	AGI02964
186	2020	桂阳五爪辣	湖南	桂阳县辣椒产业协会	蔬菜	AGI02965
187	2020	衡阳台源乌莲	湖南	衡阳台源乌莲产业协会	蔬菜	AGI02966
188	2020	会同魔芋	湖南	会同县经济作物工作站	蔬菜	AGI02967
189	2020	邵东玉竹	湖南	邵东县种子工作站	药材	AGI02968
190	2020	新宁博落回	湖南	新宁县中药材开发管理办公室	药材	AGI02969
191	2020	永顺猕猴桃	湖南	永顺县农业技术推广中心	果品	AGI02970
192	2020	永顺蜜桔	湖南	永顺县农业技术推广中心	果品	AGI02971
193	2020	衡阳湘黄鸡	湖南	衡阳市家禽行业协会	肉类产品	AGI02972
194	2020	耒阳大和草鱼	湖南	耒阳市大和圩乡养殖协会	水产动物	AGI02973
195	2020	海丰油占米	广东	海丰县农业科学研究所	粮食	AGI02974
196	2020	恩平濑粉	广东	恩平市农业技术推广服务中心	粮食	AGI02975
197	2020	惠东马铃薯	广东	惠东县马铃薯协会	蔬菜	AGI02976
198	2020	东源板栗	广东	东源县船塘镇板栗协会	果品	AGI02977

续表

序号	年份	产品名称	所在地域	证书持有人名称	产品类别	登记证书编号
199	2020	雷州青枣	广东	雷州市农业技术推广中心	果品	AGI02978
200	2020	鹤山粉葛	广东	鹤山市双合镇农业综合服务中心	蔬菜	AGI02979
201	2020	麻榨杨桃	广东	龙门县农产品行业协会	果品	AGI02980
202	2020	矮陂梅菜	广东	惠州市惠城区菜篮子工程科学技术研究所	蔬菜	AGI02981
203	2020	梅县绿茶	广东	梅州市梅县区茶叶协会	茶叶	AGI02982
204	2020	恩平大米	广东	恩平市农业技术推广服务中心	粮食	AGI02983
205	2020	台山蚝	广东	台山市蚝业协会	水产动物	AGI02984
206	2020	环江香糯	广西	环江毛南族自治县农业技术中心推广站	粮食	AGI02985
207	2020	南丹巴平米	广西	南丹县农业技术推广站	粮食	AGI02986
208	2020	横县甜玉米	广西	横县甜玉米生产流通协会	蔬菜	AGI02987
209	2020	象州沙糖桔	广西	象州县农业技术推广站	果品	AGI02988
210	2020	凤山核桃	广西	凤山县核桃科研开发中心	果品	AGI02989
211	2020	木格白玉蔗	广西	贵港市港南区农产品质量安全监督管理站	果品	AGI02990
212	2020	来宾甘蔗	广西	来宾市农业科学院	果品	AGI02991
213	2020	灵山荔枝	广西	灵山县龙武香荔桂味荔枝协会	果品	AGI02992
214	2020	浦北妃子笑荔枝	广西	浦北县水果局	果品	AGI02993
215	2020	南丹苞谷李	广西	南丹县水果生产管理局	果品	AGI02994
216	2020	兴安蜜桔	广西	兴安县水果生产技术指导站	果品	AGI02995
217	2020	南宁火龙果	广西	南宁市水果生产技术指导站	果品	AGI02996
218	2020	大新龙眼	广西	大新县水果生产服务站	果品	AGI02997
219	2020	北流百香果	广西	北流市农业技术推广站	果品	AGI02998

附录 II 2020 年全国农产品地理标志登记汇总表

续表

序号	年份	产品名称	所在地域	证书持有人名称	产品类别	登记证书编号
220	2020	融水灵芝	广西	融水苗族自治县农业技术推广中心	药材	AGI02999
221	2020	古琶茶	广西	广西壮族自治区象州县经济作物技术指导站	茶叶	AGI03000
222	2020	灵山绿茶	广西	灵山县经济作物技术推广站	茶叶	AGI03001
223	2020	南丹瑶蚕平板丝	广西	南丹县蚕种站	棉麻蚕桑	AGI03002
224	2020	大新苦丁茶	广西	大新县农业技术推广站	茶叶	AGI03003
225	2020	合浦鹅	广西	合浦县畜牧站	肉类产品	AGI03004
226	2020	德保黑猪	广西	德保县畜牧技术推广站	肉类产品	AGI03005
227	2020	云龙淮山	海南	海口市琼山区云龙镇农业服务中心	蔬菜	AGI03006
228	2020	大坡胡椒	海南	海口市琼山区大坡镇农业服务中心	香料	AGI03007
229	2020	三门坡荔枝	海南	海口市琼山区三门坡镇农业服务中心	果品	AGI03008
230	2020	万宁槟榔	海南	万宁市热作学会	果品	AGI03009
231	2020	琼海胡椒	海南	琼海市农业技术推广服务中心	香料	AGI03010
232	2020	琼海青皮冬瓜	海南	琼海市农业技术推广服务中心	蔬菜	AGI03011
233	2020	澄迈无核荔枝	海南	澄迈县无核荔枝产销协会	果品	AGI03012
234	2020	马喇湖贡米	重庆	重庆市黔江区农产品质量安全管理站	粮食	AGI03013
235	2020	涪陵青菜头	重庆	重庆市涪陵区榨菜管理办公室	蔬菜	AGI03014
236	2020	巫溪独活	重庆	巫溪县道地中药材协会	药材	AGI03015
237	2020	巫山脆李	重庆	巫山县果品产业发展中心	果品	AGI03016
238	2020	奉节脐橙	重庆	奉节县脐橙产业协会	果品	AGI03017

续表

序号	年份	产品名称	所在地域	证书持有人名称	产品类别	登记证书编号
239	2020	丰都锦橙	重庆	丰都县农产品协会	果品	AGI03018
240	2020	二圣梨	重庆	重庆市巴南区二圣镇农业服务中心	果品	AGI03019
241	2020	太和黄桃	重庆	重庆市合川区太和镇农业服务中心	果品	AGI03020
242	2020	铜梁莲藕	重庆	重庆市铜梁区农业技术推广服务中心	蔬菜	AGI03021
243	2020	新都大蒜	四川	成都市新都区蔬菜协会	蔬菜	AGI03022
244	2020	石棉老鹰茶	四川	石棉县农业局经济作物站	茶叶	AGI03023
245	2020	盐亭桑叶	四川	盐亭县蚕桑种养殖协会	棉麻蚕桑	AGI03024
246	2020	涪城蚕茧	四川	绵阳市涪城区蚕业科学技术协会	棉麻蚕桑	AGI03025
247	2020	德昌草莓	四川	德昌县经济作物站	果品	AGI03026
248	2020	井研柑橘	四川	井研县农业局多种经营站	果品	AGI03027
249	2020	梓江鳜鱼	四川	盐亭县梓江鳜鱼养殖协会	水产动物	AGI03028
250	2020	苍溪鳖	四川	苍溪县水产渔政管理局	水产动物	AGI03029
251	2020	板当苡仁米	贵州	紫云苗族布依族自治县农业技术推广站	粮食	AGI03030
252	2020	紫云红芯红薯	贵州	紫云苗族布依族自治县农业技术推广站	粮食	AGI03031
253	2020	兴义甘蔗	贵州	兴义市果树蔬菜技术推广站	糖料	AGI03032
254	2020	桐梓魔芋	贵州	桐梓县农产品质量安全监督检验检测中心	蔬菜	AGI03033
255	2020	兴义白杆青菜	贵州	兴义市果树蔬菜技术推广站	蔬菜	AGI03034
256	2020	黄杨小米辣	贵州	绥阳县经济作物站	蔬菜	AGI03035
257	2020	兴义红皮大蒜	贵州	兴义市果树蔬菜技术推广站	蔬菜	AGI03036

附录 Ⅱ　2020年全国农产品地理标志登记汇总表

续表

序号	年份	产品名称	所在地域	证书持有人名称	产品类别	登记证书编号
258	2020	兴义生姜	贵州	兴义市果树蔬菜技术推广站	蔬菜	AGI03037
259	2020	习水仙人掌	贵州	习水县农产品质量安全检测中心	其他植物	AGI03038
260	2020	兴义山银花	贵州	兴义市中药材和茶叶技术推广站	药材	AGI03039
261	2020	兴仁猕猴桃	贵州	兴仁市农业技术推广中心	果品	AGI03040
262	2020	湄潭红肉蜜柚	贵州	湄潭县果蔬工作站	果品	AGI03041
263	2020	凤冈红心柚	贵州	凤冈县特色产业服务中心	果品	AGI03042
264	2020	镇宁小黄姜	贵州	镇宁布依族苗族自治县植保植检站	蔬菜	AGI03043
265	2020	黄平线椒	贵州	黄平县农业技术推广中心	蔬菜	AGI03044
266	2020	黄平白及	贵州	黄平县农业技术推广中心	药材	AGI03045
267	2020	紫云冰脆李	贵州	紫云苗族布依族自治县农业技术推广站	果品	AGI03046
268	2020	紫云蓝莓	贵州	紫云苗族布依族自治县农业技术推广站	果品	AGI03047
269	2020	独山大米	贵州	独山县农村经济管理站	粮食	AGI03048
270	2020	独山高寨茶	贵州	独山县农村经济管理站	茶叶	AGI03049
271	2020	白水贡米	贵州	铜仁市碧江区滑石乡农业服务中心	粮食	AGI03050
272	2020	龙里刺梨	贵州	龙里县蔬果办公室	果品	AGI03051
273	2020	海龙贡米	贵州	遵义市红花岗区农业技术推广站	粮食	AGI03052
274	2020	金竹贡米	贵州	沿河土家族自治县农业技术推广中心	粮食	AGI03053
275	2020	凯里生姜	贵州	凯里市旁海镇农业服务中心	蔬菜	AGI03054

续表

序号	年份	产品名称	所在地域	证书持有人名称	产品类别	登记证书编号
276	2020	兴义黑山羊	贵州	兴义市畜禽品种改良技术推广站	肉类产品	AGI03055
277	2020	剑河白香猪	贵州	剑河县畜牧渔业管理办公室	肉类产品	AGI03056
278	2020	黄平黄牛	贵州	黄平县动物卫生监督所	肉类产品	AGI03057
279	2020	天柱骡鸭	贵州	天柱县农业局畜牧技术推广站	肉类产品	AGI03058
280	2020	凤冈蜂蜜	贵州	凤冈县畜禽品种改良站	蜂类产品	AGI03059
281	2020	剑河稻花鲤	贵州	剑河县畜牧渔业管理办公室	水产动物	AGI03060
282	2020	老姆登茶	云南	怒江傈僳族自治州经济作物管理站	茶叶	AGI03061
283	2020	东川大洋芋	云南	昆明市东川区农业技术推广中心	粮食	AGI03062
284	2020	察雅黑青稞	西藏	西藏察雅县农业技术推广站	粮食	AGI03063
285	2020	八宿荞麦	西藏	西藏八宿县畜牧站	粮食	AGI03064
286	2020	阿旺绵羊	西藏	西藏昌都市畜牧总站	肉类产品	AGI03065
287	2020	嘉黎藏香猪	西藏	那曲市畜牧兽医技术推广总站	肉类产品	AGI03066
288	2020	类乌齐牦牛	西藏	西藏昌都市畜牧总站	肉类产品	AGI03067
289	2020	南郑红庙山药	陕西	汉中市南郑区农业技术推广中心	蔬菜	AGI03068
290	2020	孟家原桃	陕西	铜川市王益区农畜产品质量安全检验检测中心	果品	AGI03069
291	2020	石泉桑蚕茧	陕西	石泉县蚕桑发展服务中心	棉麻蚕桑	AGI03070
292	2020	石泉黄花菜	陕西	石泉县农业技术推广站	蔬菜	AGI03071
293	2020	城固猕猴桃	陕西	城固县果业技术指导站	果品	AGI03072
294	2020	宜君党参	陕西	宜君县中医药发展局	药材	AGI03073
295	2020	庄浪马铃薯	甘肃	庄浪县农业技术推广中心	蔬菜	AGI03074

附录 II 2020年全国农产品地理标志登记汇总表

续表

序号	年份	产品名称	所在地域	证书持有人名称	产品类别	登记证书编号
296	2020	通渭苹果	甘肃	通渭县农村合作经济经营管理站	果品	AGI03075
297	2020	秦州大樱桃	甘肃	天水市秦州区绿色食品办公室	果品	AGI03076
298	2020	麦积核桃	甘肃	天水市麦积区绿色食品协会	果品	AGI03077
299	2020	花海甜瓜	甘肃	玉门市农业技术推广中心	果品	AGI03078
300	2020	高台黑番茄	甘肃	高台黑番茄协会	蔬菜	AGI03079
301	2020	张家川乌龙头	甘肃	张家川回族自治县经济作物工作指导站	蔬菜	AGI03080
302	2020	清水花椒	甘肃	清水县宏昊花椒协会	香料	AGI03081
303	2020	崆峒胡麻	甘肃	平凉市崆峒区农产品质量检测站	油料	AGI03082
304	2020	华亭独活	甘肃	华亭市中药材产业发展服务中心	药材	AGI03083
305	2020	华亭大黄	甘肃	华亭市中药材产业发展服务中心	药材	AGI03084
306	2020	康县太平鸡	甘肃	康县太平鸡养殖协会	肉类产品	AGI03085
307	2020	高台河西猪	甘肃	高台县畜牧技术推广站	肉类产品	AGI03086
308	2020	高台胭脂鸡	甘肃	高台县万鹏禽类综合养殖联合会	肉类产品	AGI03087
309	2020	邽山蜂蜜	甘肃	清水县蜂业协会	蜂类产品	AGI03088
310	2020	泽库黑青稞	青海	泽库县有机畜牧业办公室	粮食	AGI03089
311	2020	柴达木双峰骆驼	青海	海西州动物疫病预防控制中心	肉类产品	AGI03090
312	2020	柴达木绒山羊	青海	海西州动物疫病预防控制中心	肉类产品	AGI03091
313	2020	泊头桑椹	河北	泊头市营子镇农业综合服务中心	果品	AGI03092

续表

序号	年份	产品名称	所在地域	证书持有人名称	产品类别	登记证书编号
314	2020	平乡桃	河北	平乡县果树协会	果品	AGI03093
315	2020	深州黄韭	河北	深州市黄韭产业协会	蔬菜	AGI03094
316	2020	兴县大明绿豆	山西	兴县农产品品牌营销协会	粮食	AGI03095
317	2020	北垣秋柿	山西	闻喜县名优土特新产品协会	果品	AGI03096
318	2020	原平紫皮大蒜	山西	原平市蔬菜办公室	蔬菜	AGI03097
319	2020	夏县花椒	山西	夏县花椒协会	香料	AGI03098
320	2020	明安黄芪	内蒙古	乌拉特前旗农牧林水综合行政执法局	药材	AGI03099
321	2020	鄂尔多斯红葱	内蒙古	鄂尔多斯市红葱协会	蔬菜	AGI03100
322	2020	扎鲁特草原羊	内蒙古	扎鲁特旗农畜产品质量安全检验检测中心	肉类产品	AGI03101
323	2020	锡林郭勒奶酪	内蒙古	锡林郭勒盟农牧业科学研究所	奶制品	AGI03102
324	2020	大石桥大红袍李子	辽宁	大石桥市农业农村事务中心	果品	AGI03103
325	2020	虎头大米	黑龙江	虎林市五谷丰水稻种植专业协会	粮食	AGI03104
326	2020	集贤大米	黑龙江	集贤县农产品质量安全检验检测站	粮食	AGI03105
327	2020	宾县大豆	黑龙江	宾县宾州镇农业综合服务中心	粮食	AGI03106
328	2020	林口白鲜皮	黑龙江	林口县种子管理站	药材	AGI03107
329	2020	宁安西红柿	黑龙江	宁安市农业技术推广中心	蔬菜	AGI03108
330	2020	洞庭山碧螺春	江苏	苏州市吴中区洞庭山碧螺春茶业协会	茶叶	AGI03109
331	2020	南京雨花茶	江苏	南京茶叶行业协会	茶叶	AGI03110
332	2020	董浜黄金小玉米	江苏	常熟市董浜镇农技推广服务中心	粮食	AGI03111

附录Ⅱ 2020年全国农产品地理标志登记汇总表

续表

序号	年份	产品名称	所在地域	证书持有人名称	产品类别	登记证书编号
333	2020	新沂水蜜桃	江苏	新沂市农业技术推广中心	果品	AGI03112
334	2020	天岗湖蜜桃	江苏	泗洪县天岗湖乡农业经济技术服务中心	果品	AGI03113
335	2020	棠张桑果	江苏	徐州市铜山区棠张镇农业技术推广服务中心	果品	AGI03114
336	2020	西山青种枇杷	江苏	苏州市吴中区金庭镇农林服务站	果品	AGI03115
337	2020	黄川草莓	江苏	东海县黄川镇农业技术推广服务站	果品	AGI03116
338	2020	树山杨梅	江苏	苏州高新区通安镇农林服务中心	果品	AGI03117
339	2020	沛县黄皮牛蒡	江苏	沛县农业技术推广中心	蔬菜	AGI03118
340	2020	仰化荷藕	江苏	宿迁市宿豫区仰化镇农业经济技术服务中心	蔬菜	AGI03119
341	2020	许河冬瓜	江苏	东台市许河镇农业技术推广综合服务中心	蔬菜	AGI03120
342	2020	太仓白蒜	江苏	太仓市农学会	蔬菜	AGI03121
343	2020	龙池鲫鱼	江苏	南京市六合区龙池街道农业服务中心	水产动物	AGI03122
344	2020	永宁青虾	江苏	南京市浦口永宁街道农业发展服务中心	水产动物	AGI03123
345	2020	泰兴江沙蟹	江苏	泰兴市河蟹协会	水产动物	AGI03124
346	2020	东海老淮猪	江苏	东海县畜牧兽医站	肉类产品	AGI03125
347	2020	高邮鸭蛋	江苏	高邮市鸭蛋行业协会	蛋类产品	AGI03126
348	2020	富安蚕茧	江苏	东台市富安镇农业技术推广综合服务中心	棉麻蚕桑	AGI03127

续表

序号	年份	产品名称	所在地域	证书持有人名称	产品类别	登记证书编号
349	2020	箬阳龙珍	浙江	金华市婺城区茶叶行业协会	茶叶	AGI03128
350	2020	上虞觉农翠茗茶	浙江	绍兴市上虞区农业技术推广中心	茶叶	AGI03129
351	2020	建德苞茶	浙江	建德市农业技术推广中心	茶叶	AGI03130
352	2020	衢州玉露茶	浙江	衢州市衢江区农业技术推广中心	茶叶	AGI03131
353	2020	登步黄金瓜	浙江	舟山市普陀区登步黄金瓜种植协会	果品	AGI03132
354	2020	海盐葡萄	浙江	海盐县农业技术推广中心	果品	AGI03133
355	2020	姚庄黄桃	浙江	嘉善县姚庄黄桃产业管理协会	果品	AGI03134
356	2020	文成杨梅	浙江	文成县文成杨梅协会	果品	AGI03135
357	2020	浦江桃形李	浙江	浦江县农业技术推广中心	果品	AGI03136
358	2020	鸬鸟蜜梨	浙江	杭州余杭鸬鸟镇农业技术服务站	果品	AGI03137
359	2020	丁宅水蜜桃	浙江	绍兴市上虞区丁宅四季仙果休闲协会	果品	AGI03138
360	2020	建德吴茱萸	浙江	建德市农业技术推广中心	药材	AGI03139
361	2020	东阳元胡	浙江	东阳市中药材研究所	药材	AGI03140
362	2020	黄岩茭白	浙江	台州市黄岩区蔬菜办公室	蔬菜	AGI03141
363	2020	安吉竹笋	浙江	安吉县林业技术推广中心	蔬菜	AGI03142
364	2020	七里茄子	浙江	衢州市柯城区农业技术推广中心	蔬菜	AGI03143
365	2020	青田田鱼	浙江	青田县水产技术推广站	水产动物	AGI03144
366	2020	开化清水鱼	浙江	开化县水产协会	水产动物	AGI03145
367	2020	安吉竹林鸡	浙江	安吉县禽业协会	肉类产品	AGI03146
368	2020	龙游麻鸡	浙江	龙游县龙游麻鸡行业协会	肉类产品	AGI03147

附录Ⅱ 2020年全国农产品地理标志登记汇总表

续表

序号	年份	产品名称	所在地域	证书持有人名称	产品类别	登记证书编号
369	2020	庆元香菇	浙江	庆元县食用菌产业中心	食用菌	AGI03148
370	2020	慈溪泥螺	宁波	慈溪市水产技术推广中心	水产动物	AGI03149
371	2020	象山白鹅	宁波	象山县畜牧兽医总站	肉类产品	AGI03150
372	2020	西涧春雪	安徽	滁州市茶叶行业协会	茶叶	AGI03151
373	2020	五合茶叶	安徽	广德市农产品质量监督管理局	茶叶	AGI03152
374	2020	凤阳贡米	安徽	凤阳县大米行业协会	粮食	AGI03153
375	2020	店集贡米	安徽	淮南市潘集区农业技术推广中心	粮食	AGI03154
376	2020	三口柑桔	安徽	歙县新溪口柑桔协会	果品	AGI03155
377	2020	马寨生姜	安徽	颍州区马寨乡子牙生姜种植协会	蔬菜	AGI03156
378	2020	太平湖鳙鱼	安徽	太平湖风景区管理委员会	水产动物	AGI03157
379	2020	花亭湖鳙鱼	安徽	太湖县渔业协会	水产动物	AGI03158
380	2020	淮南麻黄鸡	安徽	淮南市麻黄鸡产业协会	肉类产品	AGI03159
381	2020	福鼎白茶	福建	福鼎市茶业协会	茶叶	AGI03160
382	2020	连城地瓜干	福建	连城县农民创业服务中心	粮食	AGI03161
383	2020	杭晚蜜柚	福建	上杭县园艺产业协会	果品	AGI03162
384	2020	上杭乌梅	福建	上杭县园艺产业协会	果品	AGI03163
385	2020	诏安红星青梅	福建	诏安县青梅协会	果品	AGI03164
386	2020	平和琯溪蜜柚	福建	福建省平和琯溪蜜柚发展中心	果品	AGI03165
387	2020	福鼎黄栀子	福建	福鼎市福鼎黄栀子协会	药材	AGI03166
388	2020	上杭萝卜干	福建	上杭县园艺产业协会	蔬菜	AGI03167
389	2020	宁化牛角椒	福建	宁化县经济作物技术站	蔬菜	AGI03168
390	2020	连城白鸭	福建	连城县农民创业服务中心	肉类产品	AGI03169
391	2020	宜丰盈科泉茶	江西	宜丰县绿色食品发展办公室	茶叶	AGI03170

续表

序号	年份	产品名称	所在地域	证书持有人名称	产品类别	登记证书编号
392	2020	三江镇萝卜腌菜	江西	南昌县三江蔬果协会	蔬菜	AGI03171
393	2020	南丰甲鱼	江西	南丰县龟鳖产业协会	水产动物	AGI03172
394	2020	萍乡两头乌猪	江西	萍乡市畜牧研究所	肉类产品	AGI03173
395	2020	蓼坞小米	山东	淄博市淄川区蓼坞小米协会	粮食	AGI03174
396	2020	麻店西瓜	山东	惠民县麻店镇农业综合服务站	果品	AGI03175
397	2020	沾化冬枣	山东	沾化冬枣产业发展中心	果品	AGI03176
398	2020	黛青山软籽石榴	山东	淄博市河东富硒石榴研究院	果品	AGI03177
399	2020	三河湖韭菜	山东	滨州市滨城区三河湖镇农业综合服务中心	蔬菜	AGI03178
400	2020	半堤胡萝卜	山东	菏泽市定陶区半堤镇农业综合服务中心	蔬菜	AGI03179
401	2020	黄店玫瑰	山东	菏泽市定陶区陶丘玫瑰开发服务中心	花卉	AGI03180
402	2020	崔家集西红柿	青岛	平度市崔家集镇农业农村服务中心	蔬菜	AGI03181
403	2020	信阳毛尖	河南	信阳市农产品质量安全检测中心	茶叶	AGI03182
404	2020	冯桥红薯	河南	睢阳区冯桥镇农业种植协会	粮食	AGI03183
405	2020	尉氏小麦	河南	尉氏县农产品质量安全监测中心	粮食	AGI03184
406	2020	留庄大米	河南	确山县留庄镇农业农村服务中心	粮食	AGI03185
407	2020	上观水蜜桃	河南	宜阳县农产品质量安全监督检测站	果品	AGI03186

附录Ⅱ 2020年全国农产品地理标志登记汇总表

续表

序号	年份	产品名称	所在地域	证书持有人名称	产品类别	登记证书编号
408	2020	内黄桃	河南	内黄县果蔬产业协会	果品	AGI03187
409	2020	虞城苹果	河南	虞城县张集镇园艺技术协会	果品	AGI03188
410	2020	五里岭酥梨	河南	鲁山县董周乡农业服务中心	果品	AGI03189
411	2020	济源冬凌草	河南	济源市王屋山冬凌草研究所	药材	AGI03190
412	2020	确山夏枯草	河南	确山县瓦岗镇农业服务中心	药材	AGI03191
413	2020	夏邑何首乌	河南	夏邑县中药材协会	药材	AGI03192
414	2020	洛阳丹参	河南	洛阳市园艺工作站	药材	AGI03193
415	2020	鹿邑蒲公英	河南	鹿邑县农产品质量安全检测站	蔬菜	AGI03194
416	2020	三乡大蒜	河南	宜阳县农产品质量安全监督检测站	蔬菜	AGI03195
417	2020	舞钢鹌鹑	河南	舞钢市人民政府蔬菜办公室	肉类产品	AGI03196
418	2020	郏县红牛	河南	郏县红牛协会	肉类产品	AGI03197
419	2020	泌阳夏南牛	河南	泌阳县夏南牛研究推广中心	肉类产品	AGI03198
420	2020	南召一化性柞蚕	河南	南召县农产品质量检测站	棉麻蚕桑	AGI03199
421	2020	勒马花生	河南	商丘市睢阳区勒马乡农业服务中心	油料	AGI03200
422	2020	都里大红袍花椒	河南	安阳县都里镇农业综合服务中心	香料	AGI03201
423	2020	渑池花椒	河南	渑池县南村乡农业发展服务中心	香料	AGI03202
424	2020	孝感红	湖北	孝感市茶叶商会	茶叶	AGI03203
425	2020	利川红	湖北	利川市茶产业协会	茶叶	AGI03204
426	2020	英山苍术	湖北	英山县中药材行业协会	药材	AGI03205
427	2020	神农架天麻	湖北	神农架林区农业技术推广中心	药材	AGI03206

续表

序号	年份	产品名称	所在地域	证书持有人名称	产品类别	登记证书编号
428	2020	小南海莲藕	湖北	松滋市南海镇农业技术服务中心	蔬菜	AGI03207
429	2020	涨渡湖黄颡鱼	湖北	武汉市新洲区水产科学研究所	水产动物	AGI03208
430	2020	竹溪蜂蜜	湖北	竹溪县蜂业协会	蜂类产品	AGI03209
431	2020	宝庆朝天椒	湖南	邵阳市大祥区蔬菜协会	蔬菜	AGI03210
432	2020	安化红茶	湖南	安化县茶旅产业发展服务中心	茶叶	AGI03211
433	2020	桃江竹叶	湖南	桃江县茶业协会	茶叶	AGI03212
434	2020	平江烟茶	湖南	平江县烟茶研究院	茶叶	AGI03213
435	2020	洞口雪峰蜜桔	湖南	洞口县雪峰蜜桔协会	果品	AGI03214
436	2020	炎陵黄桃	湖南	炎陵县炎陵黄桃产业协会	果品	AGI03215
437	2020	黔阳黄精	湖南	洪江市中药材产业发展中心	药材	AGI03216
438	2020	平江白术	湖南	平江县中药材产业协会	药材	AGI03217
439	2020	黔阳天麻	湖南	洪江市中药材产业发展中心	药材	AGI03218
440	2020	芷江白蜡	湖南	芷江侗族自治县白蜡研究会	药材	AGI03219
441	2020	托口生姜	湖南	洪江市农业技术推广中心	蔬菜	AGI03220
442	2020	隆回龙牙百合	湖南	隆回县农业综合服务中心	蔬菜	AGI03221
443	2020	会同竹笋	湖南	会同县经济作物工作站	蔬菜	AGI03222
444	2020	邵东黄花菜	湖南	邵东市种子工作站	蔬菜	AGI03223
445	2020	湘潭湘莲	湖南	湘潭县湘莲产业协会	蔬菜	AGI03224
446	2020	汉寿甲鱼	湖南	汉寿县稻田生态种养协会	水产动物	AGI03225
447	2020	常德甲鱼	湖南	常德市畜牧水产事务中心	水产动物	AGI03226
448	2020	寺门前猪	湖南	衡阳县种畜场	肉类产品	AGI03227
449	2020	武冈铜鹅	湖南	武冈市特色产业发展中心	肉类产品	AGI03228
450	2020	五华红薯	广东	五华县农业科学技术研究所	粮食	AGI03229
451	2020	神湾菠萝	广东	中山市神湾镇农业服务中心	果品	AGI03230
452	2020	石岐鸽	广东	中山市农业科技推广中心	肉类产品	AGI03231

附录Ⅱ 2020年全国农产品地理标志登记汇总表

续表

序号	年份	产品名称	所在地域	证书持有人名称	产品类别	登记证书编号
453	2020	陈村蝴蝶兰	广东	佛山市顺德区陈村镇蝴蝶兰协会	花卉	AGI03232
454	2020	广西六堡茶	广西	广西茶业协会	茶叶	AGI03233
455	2020	大苗山红茶	广西	融水苗族自治县农业技术推广中心	茶叶	AGI03234
456	2020	融水紫黑香糯	广西	融水苗族自治县农业技术推广中心	粮食	AGI03235
457	2020	大新酸梅	广西	大新县水果生产服务站	果品	AGI03236
458	2020	大新腊月柑	广西	大新县水果生产服务站	果品	AGI03237
459	2020	融安金桔	广西	融安县水果生产技术指导站	果品	AGI03238
460	2020	柳州螺蛳	广西	柳州市渔业技术推广站	水产动物	AGI03239
461	2020	万宁金椰子	海南	万宁市金椰子产业发展协会	果品	AGI03240
462	2020	冯家湾花螺	海南	文昌市水产养殖协会	水产动物	AGI03241
463	2020	黄瓜山梨	重庆	重庆市永川区南大街街道黄瓜山村果业协会	果品	AGI03242
464	2020	巴南乌皮樱桃	重庆	重庆市巴南区鱼洞街道农业服务中心	果品	AGI03243
465	2020	涪陵榨菜	重庆	重庆市涪陵区榨菜产业发展中心	蔬菜	AGI03244
466	2020	大竹白茶	四川	大竹县茶叶（白茶）产业发展中心	茶叶	AGI03245
467	2020	中江柚	四川	中江县经济作物技术推广站	果品	AGI03246
468	2020	丹棱脆红李	四川	丹棱县农业局多经站（丹棱县蚕桑管理站）	果品	AGI03247
469	2020	得荣树椒	四川	得荣县农业技术推广和土壤肥料站	蔬菜	AGI03248

续表

序号	年份	产品名称	所在地域	证书持有人名称	产品类别	登记证书编号
470	2020	石渠人参果	四川	石渠县农业技术推广和土壤肥料站	蔬菜	AGI03249
471	2020	邛崃中蜂蜜	四川	邛崃市蟲鑫蜂业协会	蜂类产品	AGI03250
472	2020	金堂油橄榄	四川	金堂县油橄榄产业协会	油料	AGI03251
473	2020	茅坝米	贵州	湄潭县农业技术推广站	粮食	AGI03252
474	2020	杠村米	贵州	道真仡佬族苗族自治县农业技术推广站	粮食	AGI03253
475	2020	贞丰四月李	贵州	贞丰县李子专业协会	果品	AGI03254
476	2020	石阡香柚	贵州	石阡县经济作物站	果品	AGI03255
477	2020	金沙黑山羊	贵州	金沙县畜牧技术推广站	肉类产品	AGI03256
478	2020	荔波瑶山鸡	贵州	荔波县畜牧水产发展促进中心	肉类产品	AGI03257
479	2020	乃东青稞	西藏	山南市乃东区农牧综合服务中心	粮食	AGI03258
480	2020	芒康葡萄	西藏	西藏芒康县农业技术推广站	果品	AGI03259
481	2020	加查核桃	西藏	西藏加查县农牧综合服务中心	果品	AGI03260
482	2020	索多西辣椒	西藏	西藏芒康县农业技术推广站	蔬菜	AGI03261
483	2020	娘亚牦牛	西藏	那曲市畜牧兽医技术推广总站	肉类产品	AGI03262
484	2020	山阳天麻	陕西	陕西省山阳县农业技术推广中心	药材	AGI03263
485	2020	乾县香菜	陕西	乾县农产品质量安全检验检测站	蔬菜	AGI03264
486	2020	兰州冬果梨	甘肃	永登县特色农产品产销协会	果品	AGI03265
487	2020	西和半夏	甘肃	西和县经济作物技术推广站	药材	AGI03266
488	2020	叶城核桃	新疆	叶城县农业技术推广站	果品	AGI03267
489	2020	库尔勒香梨	新疆	巴音郭楞蒙古自治州库尔勒香梨协会	果品	AGI03268
490	2020	阿克苏苹果	新疆	阿克苏地区苹果协会	果品	AGI03269

参 考 文 献

[1] 池木胜, 章胜勇. 开发地理标志应对农产品绿色壁垒 [J]. 农村经济, 2007 (11): 57-59.

[2] 代文彬, 华欣. 京津冀食品安全舆情协同治理: 一个文献综述 [J]. 天津商业大学学报, 2019, 39 (1): 48-52.

[3] 董谦. 中国羊肉品牌化及其效应研究 [D]. 北京: 中国农业大学, 2015.

[4] [意] 恩里科·帕塔罗. 法律与权利: 对应然之现实的重新评价 [M]. 武汉: 武汉大学出版社, 2012.

[5] 郭守亭. 对我国实施农产品品牌工程的几点思考 [J]. 农业经济问题, 2005 (12): 61-64.

[6] [德] 哈肯, 赫尔曼. 协同学: 大自然构成的奥秘 [M]. 上海: 上海译文出版社, 2005.

[7] 何庆新. 基于JavaEE实现食品安全信息管理系统 [J]. 电脑知识与技术, 2014, 10 (7): 1413-1415.

[8] 洪琳. 地理标志农产品质量安全管理浅论 [J]. 杭州学刊, 2016 (3): 77-84.

[9] 黄俐晔. 农产品区域品牌研究: 基于主体、机制的角度 [J]. 贵州社会科学, 2008 (4): 97-101.

[10] 黄思棉, 张燕华. 国内协同治理理论文献综述 [J]. 武汉冶金管理干部学院学报, 2015, 25 (3): 3-6.

[11] 黄永军. 自组织管理原理 通往秩序与活力之路 [M]. 北京: 新华出版社, 2006.

[12] 晋雪梅. 我国农产品品牌成长环境的 SWOT 分析 [J]. 生态经济, 2010 (3): 85-87, 92.

[13] 孔繁斌. 多中心治理诠释: 基于承认政治的视角 [J]. 南京大学学报 (哲学·人文科学·社会科学版), 2007 (6): 31-37.

[14] 蓝剑平. 我国社会协同治理的主体障碍及解决路径 [J]. 中共福建省委党校学报, 2018 (12): 71-75.

[15] 李秉龙, 郝亚玮, 尚旭东, 等. 养羊户行为及其对地理标志保护效应的影响分析: 以宁夏"盐池滩羊"为例 [J]. 中国畜牧杂志, 2013, 49 (4): 55-60.

[16] 李忱, 王春和. 可持续发展的协同机制研究 [J]. 中国软科学, 2004 (3): 152-156.

[17] 李怀, 赵万里. 中国食品安全规制问题及规制政策转变研究 [J]. 首都经济贸易大学学报, 2010 (2): 23-29.

[18] 李江鹏. 农产品地理标志品牌建设及经济效益研究 [D]. 兰州: 兰州大学, 2019.

[19] 李静. 食品安全的协同治理: 欧盟经验与中国路径 [J]. 求索, 2016 (11): 104-108.

[20] 李娜娜. 基于 Logistic 二元回归的陕西地理标志农产品经济效益研究 [J]. 浙江农业科学, 2019, 60 (6): 1064-1067.

[21] 李涛, 王思明, 高芳. 中国地理标志品牌发展报告 (2018) [M]. 北京: 社会科学文献出版社, 2018.

[22] 李晓秋. 对农产品领域地理标志法律保护的思考 [J]. 电子知识产权, 2005 (11): 22-25.

[23] 李亚林. 农产品区域品牌: 内涵、特征和作用 [J]. 企业导报, 2010 (2): 107-108.

[24] 李志方. 地理标志农产品质量维护策略研究 [D]. 天津：天津大学管理科学与工程, 2013.

[25] 梁天宝. 浅谈地理标志农产品质量安全保障策略 [J]. 物流工程与管理, 2015, 37 (2)：89-90.

[26] 梁文玲. 基于产业集群可持续发展的区域品牌效应探究 [J]. 经济经纬, 2007 (3)：114-117.

[27] 刘丽. 基于地理标志的农产品区域品牌建设与推广研究：以辽宁西北地区为例 [J]. 农业经济, 2016 (7)：136-138.

[28] 吕丹丹, 刘晓莉. 我国食品安全政府协同治理的制度研究 [J]. 理论与改革, 2016 (6)：119-123.

[29] 马雪松. 黑龙江省地理标志农产品品牌建设问题研究 [D]. 长春：东北农业大学, 2015.

[30] [美] 迈克尔·麦金尼斯. 多中心体制与地方公共经济 [M]. 毛寿龙, 李梅译. 上海：上海三联书店, 2000：75.

[31] 孟庆松, 韩文秀. 复合系统整体协调度模型研究 [J]. 河北师范大学学报, 1999 (2)：38-40.

[32] 苗东升. 系统科学大学讲稿 [M]. 北京：中国人民大学出版社, 2007.

[33] 莫金玲. 农产品品牌建设：山东平度农产品品牌战略的启示 [J]. 华南农业大学学报（社会科学版）, 2006 (S1)：257-263.

[34] 彭贝贝, 周应恒. 信息不对称情况下地理标志农产品"柠檬市场"困境：基于淘宝网"碧螺春"交易数据的分析 [J]. 世界农业, 2019 (5)：91-95.

[35] 戚建刚. 我国食品安全风险监管工具之新探：以信息监管工具为分析视角 [J]. 法商研究, 2012, 29 (5)：3-12.

[36] 乔均. 基于马克思主义市场价值理论的品牌价值研究 [D]. 南京：南京师范大学, 2007.

[37] [法] 让-皮埃尔·戈丹. 何谓治理 [M]. 北京: 社会科学文献出版社, 2010.

[38] 苏悦娟. 基于利益相关者理论对地理标志产品的区域产业品牌培育的分析 [J]. 东南亚纵横, 2009 (10): 97-101.

[39] 孙萍, 闫亭豫. 我国协同治理理论研究述评 [J]. 理论月刊, 2013 (3): 107-112.

[40] 孙亚楠. 地理标志农产品的品质控制及监管效果研究 [D]. 南京: 南京农业大学, 2014.

[41] 田培杰. 协同治理概念考辨 [J]. 上海大学学报（社会科学版）, 2014, 31 (1): 124-140.

[42] 佟德志, 林锦涛. 协同治理的研究主题与前沿热点: 基于CSSCI文献的知识图谱可视化分析 [J]. 社会科学战线, 2020 (4): 206-214.

[43] 王虎, 李长健. 利益矛盾论视野下食品安全治理的一种模式变迁 [J]. 经济体制改革, 2008 (5): 19-25.

[44] 王莉. 欧盟地理标志产品管理研究 [D]. 长春: 吉林大学, 2015.

[45] 王伟, 张海洋. 协同治理: 我国社会治理体制创新的理论参照 [J]. 理论导刊, 2016 (12): 9-13.

[46] 王文龙. 中国地理标志农产品品牌竞争力提升路径研究 [J]. 青海社会科学, 2018 (5): 110-116.

[47] 王彦亮, 林左鸣. 广义虚拟经济价值理论视角的品牌价值研究 [J]. 广义虚拟经济研究, 2013, 4 (1): 37-48.

[48] 王志本. 实施地理标志保护 促进中国东北大豆产业发展 [J]. 中国农村经济, 2006 (12): 25-31.

[49] 韦光, 左停. 农业产业集群发展与"地理标志"区域品牌建设: 基于SWOT分析框架的战略选择研究 [J]. 经济界, 2006 (2): 90-96.

[50] 乌家培等. 信息经济学 [M]. 北京: 高等教育出版社, 2006.

[51] 吴彤. 自组织方法论研究 [M]. 北京: 清华大学出版社, 2001: 3.

[52] 吴元元. 食品安全信用档案制度之建构: 从信息经济学的角度切入 [J]. 法商研究, 2013, 30 (4): 11-20.

[53] 吴元元. 信息基础、声誉机制与执法优化: 食品安全治理的新视野 [J]. 中国社会科学, 2012 (6): 115-133.

[54] 西宝, 陈瑜, 姜照华. 技术协同治理框架与机制: 基于"价值—结构—过程—关系"视角 [J]. 科学学研究, 2016, 34 (11): 1615-1624.

[55] 席恒. 公共物品供给机制研究 [M]. 北京: 中国社会科学出版社, 2006.

[56] 夏龙, 姜德娟, 隋文香. 中国地理标志农产品的空间分布与增收效应 [J]. 产经评论, 2015, 6 (1): 78-91.

[57] 谢康. 中国食品安全治理: 食品质量链多主体多中心协同视角的分析 [J]. 产业经济评论, 2014 (3): 18-26.

[58] 徐海燕, 柴伟伟. 论食品安全侵权的人身损害赔偿制度 [J]. 河北法学, 2013, 31 (10): 23-31.

[59] 徐兴兵. 农民专业合作社联合下我国农产品区域品牌构建与运行机理 [J]. 改革与战略, 2018, 34 (2): 102-105.

[60] [英] 亚当·斯密 (Adam Smith). 国富论 [M]. 北京: 中华工商联合出版社, 2017.

[61] [英] 亚当·斯密. 道德情操论 [M]. 北京: 西苑出版社, 2005.

[62] 闫亭豫. 国外协同治理研究及对我国的启示 [J]. 江西社会科学, 2015, 35 (7): 244-250.

[63] 杨佳利. 农产品区域品牌对消费者感知质量的影响: 以消费者

产品知识、介入度和来源地为调节变量 [J]. 湖南农业大学学报 (社会科学版), 2017, 18 (1): 15-22.

[64] 杨建辉. 不同农产品质量安全规制体系研究 [D]. 济南: 山东师范大学, 2016.

[65] 杨书案. 老子 [M]. 武汉: 长江文艺出版社, 1993.

[66] 杨洋. 浅议食品安全网络信息化平台建设 [J]. 信息与电脑 (理论版), 2013 (2): 54-55.

[67] 杨永. 乡村治理体系现代化中的农产品地理标志发展研究 [J]. 甘肃理论学刊, 2020 (4): 110-115.

[68] 尹红强. 论食品安全法律中的民事责任制度: 兼论《食品安全法》(修订草案送审稿) 中的相关规定 [J]. 食品科学, 2014, 35 (1): 298-302.

[69] 余可发. 品牌竞争力结构维度及其测量研究 [J]. 商业研究, 2008 (4): 41-45.

[70] [美] 约翰·D. 多纳休, [美] 理查德·J. 泽克豪泽. 合作激变时代的合作治理 [M]. 北京: 中国政法大学出版社, 2015.

[71] [美] 詹姆斯·N. 罗西瑙 (James N. Rosenau). 没有政府的治理 [M]. 张胜军, 刘小林等译. 南昌: 江西人民出版社, 2001.

[72] 张晨. 地理标志农产品的法律保护机制研究 [D]. 天津: 天津大学, 2009.

[73] 张宏邦. 食品安全风险传播与协同治理研究: 以 2007~2016 年媒体曝光事件为对象 [J]. 情报杂志, 2017, 36 (12): 58-62.

[74] 张贤明, 田玉麒. 论协同治理的内涵、价值及发展趋向 [J]. 湖北社会科学, 2016 (1): 30-37.

[75] 张昕. 转型中国的治理新格局: 一种类型学途径 [J]. 中国软科学, 2010 (1): 182-188.

[76] 周广亮. 协同治理视域下国家食品安全监管路径研究 [J]. 中

州学刊, 2019 (2): 73-79.

[77] 周曙东, 张西涛. 地理标志对陕西苹果经济效益影响的实证分析 [J]. 农业技术经济, 2007 (6): 56-61.

[78] 朱立龙, 郭鹏菲. 农产品质量安全监管演化博弈与仿真分析 [J]. 统计与决策, 2018, 34 (20): 54-58.

[79] 朱立龙, 郭鹏菲. 政府约束机制下农产品质量安全监管三方演化博弈及仿真分析 [J]. 系统工程, 2017, 35 (12): 75-80.

[80] 邹静琴, 阮思余, 欧阳晓东, 等. 政治学原理 (第2版) [M]. 北京: 科学出版社, 2019.

[81] AGARWAL S, BARONE M J. Emerging issues for geographical indication branding strategies [J]. Midwest Agribusiness Trade Research and Infomation Coneer Publication, 2005 (1).

[82] AHMAD M. Linking people, places and products: a guide for promoting quality linked to geographical origin and sustainable geographical indication [Z]. Rome: Food and Agriculture Organisation, 2010.

[83] AKERLOF G A. The market for "lemons": Quality uncertainty and the market mechanism [M]. Uncertainty in Economics Elsevier, 1978: 235-251.

[84] ANSELL C, GASH A. Collaborative governance in theory and practice [J]. Journal of Public Administration Research and Theory, 2008, 18 (4): 543-571.

[85] ASHWORTH G J, VOOGD H. Selling the city: Marketing approaches in public sector urban planning [M]. Belhaven Press, 1990.

[86] BABURAM S. Registration of geographical indications and Orissa [J]. Orissa Review, 2010 (November): 46-48.

[87] BÉRARD L, MARCHENAY P. Local products and geographical indications: taking account of local knowledge and biodiversity [J]. International

Social Science Journal, 2006, 58 (187): 109 – 116.

[88] CHI K S. Four strategies to transform state governance [M]. IBM Center for the Business of Government, 2008.

[89] CLARKSON M E. A stakeholder framework for analyzing and evaluating corporate social performance [J]. Academy of Management Review, 1995, 20 (1): 92 – 117.

[90] COOPER T L, BRYER T A, MEEK J W. Citizen – centered collaborative public management [J]. Public Administration Review, 2006, 66: 76 – 88.

[91] CULPEPPER P D. Institutional rules, social capacity, and the stuff of politics: Experiments in collaborative governance in France and Italy [R]. Working Papers, 2004.

[92] DONAHUE J. On collaborative governance [R]. Corporate Social Responsibility Initiative Working Paper, 2004, 2.

[93] FISHBEIN M, AJZEN I. Belief, attitude, intention, and behavior: An introduction to theory and research [M]. Reading, MA Addison – Wesley Publishing Company, 1977.

[94] FREEMAN R E. Strategic management: A stakeholder approach [M]. Cambridge University Press, 1984.

[95] GIOVANNUCCI D, BARHAM E, PIROG R. Defining and marketing "local" foods: Geographical indications for US products [J]. The Journal of World Intellectual Property, 2010, 13 (2): 94 – 120.

[96] HARDIN G. The tragedy of the commons [J]. Journal of Natural Resources Policy Research, 1968, 1 (3): 243 – 253.

[97] HELLER, M A. The Tragedy of the Anticommons: Property in the Transition from Marx to Markets [R]. Harvard Law Review, 1998.

[98] HOBBES T. The english works of Thomas Hobbes of Malmesbury

[M]. John Bohn, 1845.

[99] HOLSTI K J. The concept of power in the study of international relations [J]. Background, 1964, 7 (4): 179-194.

[100] IMPERIAL M T. Using collaboration as a governance strategy: Lessons from six watershed management programs [J]. Administration & Society, 2005, 37 (3): 281-320.

[101] KELLER K L. Conceptualizing, measuring, and managing customer-based brand equity [J]. Journal of Marketing, 1993, 57 (1): 1-22.

[102] KNUDSEN I. The Safe Foods framework for integrated risk analysis of food: An approach designed for science-based, transparent, open and participatory management of food safety [J]. Food Control, 2010, 21 (12): 1653-1661.

[103] KOOIMAN J, VAN VLIET M. Self-governance as a mode of societal governance [J]. Public Management an International Journal of Research and Theory, 2000, 2 (3): 359-378.

[104] LI QIN. A Effective Way to Improve the Performance of Food Safety Governance Based on Cooperative Game [J]. Agriculture and Agricultural Science Procedia, 2010 (1): 423-428.

[105] LUNDEQUIST P, POWER D. Putting Porter into practice? Practices of regional cluster building: evidence from Sweden [J]. European Planning Studies, 2002, 10 (6): 685-704.

[106] MENAPACE L, MOSCHINI G C. Strength of protection for geographical indications: promotion incentives and welfare effects [J]. American Journal of Agricultural Economics, 2014, 96 (4): 1030-1048.

[107] MITCHELL R K, AGLE B R, WOOD D J. Toward a theory of stakeholder identification and salience: Defining the principle of who and what really counts [J]. Academy of Management Review, 1997, 22 (4): 853-

886.

[108] NELSON P. Information and consumer behavior [J]. Journal of Political Economy, 1970, 78 (2): 311 – 329.

[109] RAINISTO S. City Branding – Case Studies Lahti and Helsinki [J]. Licentiate Thesis, Helsinki University of Technology, 2001.

[110] RANGNEKAR D. Geographical indications: A review of proposals at the TRIPS council: Extending article 23 to products other than wines and spirits [M]. International Centre for Trade and Sustainable Development (ICTSD), 2003.

[111] ROSENAU J N. Governance in the Twenty – first Century [M]. Palgrave Advances in Global Governance. Palgrave Macmillan, London, 2009: 7 – 40.

[112] SAMUELSON P A. The pure theory of public expenditure [J]. The Review of Economics and Statistics, 1954, 36 (4): 387 – 389.

[113] SCHUMPETER J A. The economics and sociology of capitalism [M]. Princeton University Press, 1991.

[114] STIGLER G J. The economics of information [J]. Journal of Political Economy, 1961, 69 (3): 213 – 225.

[115] THIEDIG F, Sylvander B. Welcome to the club? – An economical approach to geographical indications in the European Union [J]. German Journal of Agricultural Economics/Agrarwirtschaft, 2000, 49 (12): 428 – 437.

[116] TIEBOUT C M. A pure theory of local expenditures [J]. Journal of Political Economy, 1956, 64 (5): 416 – 424.

[117] VAN ITTERSUM K, CANDEL M J J M, MEULENBERG M T G. The influence of the image of a product's region of origin on product evaluation [J]. Journal of Business Research, 2003, 56 (3): 215 – 226.

[118] WILKINSON J, CERDAN C, DORIGON C. Geographical indica-

tions and "origin" products in Brazil – The interplay of institutions and networks [J]. World Development, 2017, 98: 82 – 92.

［119］［日］星野昭吉. Globalization and the Agent – Structure Problem [J]. 独协法学, 1999 (49): 403 – 454.

［120］ZADEK S. The logic of collaborative governance: corporate responsibility, accountability, and the social contract [J]. Corporate Social Responsibility Initiative Working Paper, 2006, 17: 1 – 30.